2023国家统一法律职业资格考试·4

瑞达法考主观题系列

刑事诉讼法

主观题

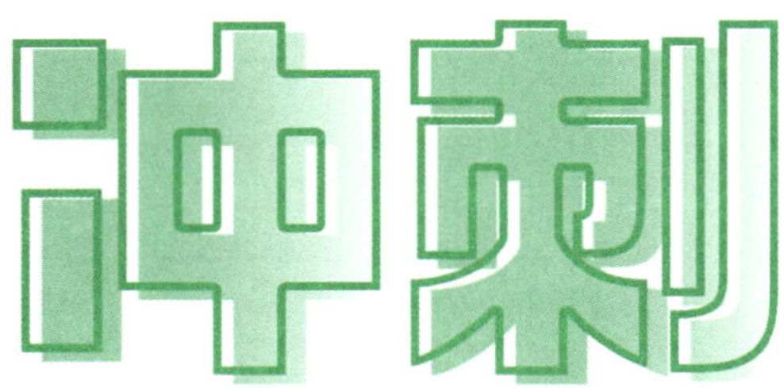

杨雄 编著

中国民主法制出版社

图书在版编目（CIP）数据

2023 国家统一法律职业资格考试．刑事诉讼法主观题冲刺．4 / 杨雄编著
．—北京：中国民主法制出版社，2023.8
（瑞达法考主观题系列）
ISBN 978-7-5162-3280-4

Ⅰ.①2… Ⅱ.①杨… Ⅲ.①刑事诉讼法－中国－资格考试－自学参考资料
Ⅳ.①D920.4

中国国家版本馆 CIP 数据核字（2023）第 117711 号

图书出品人：刘海涛
责 任 编 辑：陈　曦　张雅淇　李　郎　魏敬仁

书　　名／2023 国家统一法律职业资格考试·刑事诉讼法主观题冲刺 4
作　　者／杨雄　编著

出版·发行／中国民主法制出版社
地址／北京市丰台区右安门外玉林里 7 号（100069）
电话／（010）63055259（总编室）　63058068　63057714（营销中心）
传真／（010）63055259
http：//www.npcpub.com
E-mail：mzfz@npcpub.com
经销／新华书店
开本／16 开　710 毫米×1000 毫米
印张／17.5　**字数**／335 千字
版本／2023 年 8 月第 1 版　2023 年 8 月第 1 次印刷
印刷／三河市鑫鑫科达彩色印刷包装有限公司

书号／ISBN 978-7-5162-3280-4
定价／76.00 元

攻克法考刑事诉讼法主观题[1]

在过去五年的法考中，刑事诉讼法主观题约占据了法考主观题总分值（180 分）的六分之一（2018 年、2020 年、2021 年、2022 年法考刑事诉讼法的案例分析题分值为 30 分；2019 年法考刑事诉讼法的案例分析题分值为 27 分），可见，刑事诉讼法是法考主观题中的重要科目之一。

法律职业资格考试主观题考场为考生配备法律法规汇编，这就意味着主观题不是单纯靠死记硬背，会侧重考查考生在法律适用和事实认定等方面的实践能力。比如，2018 年法律职业资格考试主观题第 3 题、2015 年司法考试试卷四第 6 题、2012 年司法考试试卷四第 7 题、2011 年司法考试试卷四第 3 题、2010 年司法考试试卷四第 3 题中都出现要求考生运用证据认定案件事实的案例分析题，此种题目涉及考生对《刑事诉讼法》第 55 条中认定有罪的证明标准即“证据确实、充分”的理解，需要考生运用《刑事诉讼法》《刑法》以及证据理论、常识经验等来作出判断。另外，2019 年法律职业资格考试主观题第 3 题考查对认罪认罚从宽制度的理解和运用；2016 年司法考试试卷四第 3 题中考查对《刑事诉讼法》第 237 条规定的“新的犯罪事实”和“补充起诉”的理解以及对上诉不加刑原则的运用。

法考主观题不仅需要考生对知识点的把握非常熟练，而且应

---

〔1〕 本书涉及四个重要的司法解释和规定：一是《最高人民法院、最高人民检察院、公安部、国家安全部、司法部、全国人大常委会法制工作委员会关于实施刑事诉讼法若干问题的规定》（本书简称为《六机关规定》）；二是《最高人民法院关于适用〈中华人民共和国刑事诉讼法〉的解释》（本书简称为《高法解释》）；三是《人民检察院刑事诉讼规则》（本书简称为《高检规则》）；四是《公安机关办理刑事案件程序规定》（本书简称为《公安部规定》）。

当能够使用准确的法言法语、严谨的逻辑体系表达出来。是否采用法言法语作答，是法考主观题阅卷判分的重要标准之一。只有使用法言法语，才能作答准确、严谨。比如，有的考生在回答指定监视居住适用的条件时将“符合监视居住条件，没有固定住处”写成“符合监视居住条件，没有家的”，这就是不专业的表述，考生应当在备考中养成使用法言法语作答的良好习惯。

一、刑事诉讼法主观题的命题概况

刑事诉讼法的主观题包括案例分析题、论述题和法律文书题三种。

刑事诉讼法案例分析题包括四种类型：一是用证据认定案件事实型案例分析题；二是找错型案例分析题（给出一个案件的诉讼过程，要求考生寻找公、检、法三机关的程序违法之处）；三是解决问题型案例分析题；四是制度分析型案例分析题。从刑事诉讼法案例分析题的考查内容上看，在历年的法律职业资格考试（司法考试）中，刑事诉讼法的案例分析题侧重于对证据、诉讼程序（尤其是审判程序）的考查。

对刑事诉讼法的论述题而言，历年司法考试中刑事诉讼法的论述题曾考查“以审判为中心的诉讼制度改革”“刑事诉讼法对保障刑法实施的价值”“非法证据排除规则的完善过程和诉讼价值”等知识点，这些考点都是对当前司法改革的热点问题或者刑事诉讼的基础理论问题的考查。

对于刑事诉讼相关的法律文书题而言，历年司法考试中曾出现直接撰写法律文书和对法律文书找错误这两种考查方式。法律职业资格考试大纲中所要求掌握的法律文书多数为刑事法律文书，考生应集中针对刑事判决书、刑事附带民事诉讼判决书、起诉书、辩护词、刑事自诉状、附带民事起诉状等主要的刑事法律文书进行复习。

二、刑事诉讼法主观题的命题特点

（一）主观题的综合性

刑事诉讼法的案例分析题和论述题往往不只是考查单个知识

点，而是综合考查一个章节内部的多个知识点，甚至考查多个章节中的多个知识点。其中，对诉讼程序的考查往往不只是涉及某一个诉讼阶段，经常将几个诉讼阶段放在一起加以考查。为了应对法考主观题综合性增强的趋势，考生必须对刑事诉讼法中有关联的知识点进行体系化掌握，而不能是零散的知识堆积。只有对刑事诉讼法的知识点进行体系化掌握，才能在解答题目时融会贯通，迅速地判断出该题是想考查哪些知识点以及从哪些角度加以考查。

（二）主观题的理论性

历年司法考试中刑事诉讼法的论述题必须运用刑事诉讼的相关基础理论进行作答，这种试题的理论性自不待言。在配备法律法规的法考主观题考试中，刑事诉讼法的案例分析题可能会考查考生运用刑事诉讼理论解决实际问题的能力（如 2021 年法律职业资格考试延考的主观题第 3 题中考查强制措施比例原则的运用），也可能考查纯理论问题（比如 2022 年法律职业资格考试主观题第 3 题考查传闻证据的认定）。为了应对法考主观题理论性增强的趋势，考生在复习时，不仅应当注重复习刑事诉讼的基础理论，还应对法条背后的理论给予充分地理解。

（三）主观题的实务性

法律职业资格考试中绝大多数的案例分析题和法律文书题都涉及对具体案件的处理，实务性很强。有的案例分析题的原型系实践中的真实案件，如 2019 年法考刑事诉讼法的主观真题源于吉林省辽源市的王成忠案和云南省昆明市的孙小果案的关联案件。需要注意的是，并不是每个知识点都容易出实务性很强的试题，考生应对容易考查实务性题目的考点进行重点把握。在熟练掌握相关知识点和法条的基础上，考生应当从案例中归纳出有用的信息，提炼出相应的要点，辨别其考查的法条或者知识点，从案例回到法条或者知识点中去，运用法条或者知识点解答案例中的问题。

（四）主观题的重者恒重

类似于客观题，法律职业资格考试主观题所考查的知识点相对集中，从历年法律职业资格考试（司法考试）刑事诉讼法案例分析题的考查内容上看，刑事诉讼法的案例分析题侧重于对证据、诉讼程序（尤其是审判程序）等的考查。

2002 年—2022 年法律职业资格考试（司法考试）刑事诉讼法主观题真题考点一览表

年份	章节	考点	题型	分值
2022 年	证据、强制措施、附带民事诉讼、第一审程序	证据的法定种类和传闻证据规则、拘传与传唤的区别、附带民事诉讼中的“先刑后民”、简易程序转为普通程序、普通程序与简易程序审理的区别、分案审理	逐步发问型案例分析题	30 分
2021 年（统考）	辩护与代理、侦查、刑事审判概述、第一审程序、第二审程序	重大立功的含义、特殊情形下撤销案件的程序、值班律师的诉讼地位、职责和权利、合议庭的组成和人民陪审员制度、单位犯罪案件的诉讼代表人、二审的处理方式、并案审理	逐步发问型案例分析题	30 分
2021 年（福建等地区延考）	回避、证据、强制措施、起诉、刑事审判概述、第一审程序	强制措施适用的比例原则、检察院对鉴定申请的处理、非法证据排除、庭前会议、回避、审判公开、认罪认罚从宽制度	逐步发问型案例分析题	30 分
2021 年（黑龙江地区延考）	证据、附带民事诉讼、起诉、当事人和解的公诉案件诉讼程序	补充侦查、追加起诉、当事人和解的公诉案件诉讼程序、附带民事诉讼赔偿范围、不起诉、事故调查报告	逐步发问型案例分析题	30 分
2020 年（统考）	管辖、证据、第一审程序	计算机网络犯罪的犯罪地、证据的法定种类、专门性问题的报告的审查、收集、提取电子数据的审查、讯问笔录与讯问时录音录像的审查、专家辅助人的意见、举证和质证的方式	逐步发问型案例分析题	30 分
2020 年（新疆延考）	刑事诉讼法的基本原则、刑事审判概述、第一审程序、第二审程序	简易程序、速裁程序、认罪认罚从宽制度、二审的审理和处理方式、补充起诉、两审终审制、控审关系	逐步发问型案例分析题	30 分

续表

年份	章节	考点	题型	分值
2019 年	刑事诉讼法的基本原则、管辖、起诉、第一审程序	立案管辖、交叉管辖、级别管辖、地域管辖、指定管辖、认罪认罚从宽、审查起诉阶段遇到特殊情况的处理、径行起诉	逐步发问型案例分析（含找错型案例分析）	27 分
2018 年	证据、第一审程序	非法证据排除规则、证明标准、运用证据认定案件事实的规则、判决方式	逐步发问型案例分析（含用证据认定案件事实）	30 分
2017 年	第一审程序、第二审程序、审判监督程序	一审和二审的裁判生效、当事人向检察院申诉的程序、审判监督程序的提起主体和权限、再审审理后的处理方式	逐步发问型案例分析	21 分
2016 年	证据、第一审程序、第二审程序、涉外刑事诉讼程序和司法协助	境外取得证据的运用、庭前会议、非法证据排除程序、检察院补充起诉、上诉不加刑、二审的处理方式	逐步发问型案例分析	22 分
2015 年	证据、第一审程序	非法证据排除规则、证明标准、运用证据认定案件事实的规则、以审判为中心的诉讼制度改革	案例分析（含用证据认定案件事实）与论述	26 分
2014 年	附带民事诉讼、审判概述、依法不负刑事责任的强制医疗程序	强制医疗程序、审判公开、附带民事诉讼程序	逐步发问型案例分析（含找错型案例分析）	22 分
2013 年	强制措施、证据、侦查	技术侦查、指定居所监视居住、非法证据排除的程序	逐步发问型案例分析	22 分
2012 年	刑事诉讼法概述、证据	非法证据排除规则、证明标准、运用证据认定案件事实的规则、刑事诉讼法与刑法的关系	案例分析（含用证据认定案件事实）与论述	28 分
2011 年	证据	非法证据的排除程序、证明标准、运用证据认定案件事实的规则、证据关联性的判断	逐步发问型案例分析（含用证据认定案件事实）	22 分

续表

年份	章节	考点	题型	分值
2010 年	证据	证明标准、运用证据认定案件事实的规则	逐步发问型案例分析（含用证据认定案件事实）	21 分
2009 年	第二审程序、死刑复核程序、执行	第二审程序、死刑复核程序、停止执行死刑程序	逐步发问型案例分析	21 分
2008 年	附带民事诉讼、第一审程序、第二审程序	附带民事诉讼的受理、一审、二审程序	逐步发问型案例分析	20 分
2008 年延考	辩护、侦查、第一审程序、第二审程序	委托辩护人、辩护律师的会见权、辨认、追加起诉、质证、二审中发回重审的审判组织	找错型案例分析	20 分
2007 年	第一审程序、第二审程序	共同犯罪案件一审、二审程序	找错型案例分析	20 分
2006 年	证据	非法证据排除规则、口供的运用规则	逐步发问型案例分析（刑法与刑事诉讼法结合）	26 分
2005 年	辩护、附带民事诉讼、第一审程序	刑事附带民事起诉状、辩护词、判决书	直接撰写型法律文书	25 分
2004 年	辩护、第一审程序、第二审程序	补充侦查、法律援助辩护与拒绝辩护、最后陈述阶段提到新事实的处理、上诉及其撤回、申请抗诉权	逐步发问型案例分析	12 分
2003 年	附带民事诉讼	刑事附带民事诉状	找错型法律文书题	11 分
2002 年	第 3 题：管辖、强制措施、第二审程序、执行	立案管辖、逮捕、取保候审、二审抗诉的提出、二审的审理和处理方式、对查封、扣押、冻结财物的处理、交付执行	找错型案例分析	10 分
2002 年	第 10 题：起诉	起诉书	直接撰写型法律文书	10 分

三、备考刑事诉讼法主观题的方法

第一，有针对性地巩固主观题知识点。如果感觉自己没有能力在考场上迅速找到所考查的法条，那就必须对主观题可能考查的知识点熟练掌握，甚至需要熟记。良好的知识储备和理论基础是法考主观题制胜的前提。本书作者精心编写了“刑事诉讼法主观题考前必背精华”，考生们可以结合该内容进行背诵。

第二，以历年真题和高质量模拟题为素材进行演练，提高自身梳理案情、提炼事实、厘清法律关系的解题能力，练就使用法律思维、运用法言法语表达的能力，做到答题时言之有据、说理充分、逻辑严谨、语言流畅、表述准确，提升自身在法律适用和事实认定等方面的法治实践水平。本书除了精析2018年、2019年、2020年（含延考）、2021年（含延考）、2022年法考刑事诉讼法主观真题之外，还在广泛收集法治实践中最高人民法院、最高人民检察院发布的指导性案例、参考性案例、媒体报道的典型案例基础上，结合法律职业资格考试主观题考查的特点，进行深度加工改造后，精心编制31道高仿真主观题，供大家演练。

第三，强化释法说理的能力。2019年、2020年、2021年、2022年法考主观题刑诉真题中均出现了1—2个开放性的设问。开放性的设问主要包括两种：第一种是考查考生综合分析和运用法律能力的问题，需要考生给出一个如何处理的结论。这种设问一般都有一个倾向性的答案，即某种处理方式是最为合理的，但如果考生回答的并非最佳处理方案，但能对自己给出的处理方案进行合理的论证，也可以获得一定的分数。第二种是缺乏明确法律规定，要求考生从理论或者现有的相关的规定的角度进行分析。这就要求考生在复习备考中对法条和制度背后的理论有着娴熟的把握，在考场上能结合相关的法条和理论对自己的结论进行充分的论证。考生应记住，应结合刑事诉讼的基本原理、基本原则以及法律规定进行说理。刑事诉讼法案例分析真题的设问一般是在结论（如是否正确、合法、如何处理等）的基础上进一步追问理由，其中理由是核心，是作答的重点，阅卷时一般采点给分。对理由应分几个方面阐述。对每个理由，应使用专业术语或相应法律规定直接明确作答，无须过多展开论述。

第四，提升运用法条的能力。从近五年法律职业资格考试主观题所配备的法条来看，刑事诉讼法所配备的法条涵盖了法考大纲中所要求的所有刑事诉讼法及其司法解释，共计2000多条（在所配六大部门法法条中占了四分之一），而且，2020年、2021年、2022年法考主观题机考和纸质考场上每位考生都只配备有电子版的法条。故考生在备考主观题时，应当熟悉一下刑事诉讼法和几个主要司法解释的子目录，唯有如此，才能在考场上及时找到所需要的法条。如果有时间，考生可以记住常考重点法条的序号，比如，考查到运用证据认定案件事实的案例分析题，必须引用《刑事诉讼法》第55条、第200条。本书总结了法条检索的技巧和刑事诉讼法主观题的核心法条，以方便大家快速检索。

我在新浪微博"刑诉杨雄"和微信公众号"杨雄刑诉法"上专门为您及时解答阅读本书和备考刑事诉讼法中的一切疑难问题。

漫漫法考路犹如跨栏赛跑，如今的你已经跨越客观题，即将进入主观题考场，胜利女神正在召唤着你，期待听到你过关的好消息！

杨　雄

2023年8月

目　录

刑事诉讼法案例分析题的答题技巧 …………………… 1

刑事诉讼法论述题的答题技巧 …………………… 8

刑事诉讼法主观题法条检索技巧 …………………… 9

专题一　刑事诉讼法概述 …………………… 23

专题二　刑事诉讼法的基本原则 …………………… 26

专题三　管辖 …………………… 32

专题四　回避 …………………… 42

专题五　辩护与代理 …………………… 49

专题六　证据 …………………… 61

专题七　强制措施 …………………… 82

专题八　附带民事诉讼 …………………… 95

专题九　期间、送达 …………………… 103

专题十　立案 …………………… 104

专题十一　侦查 …………………… 106

专题十二　起诉 …………………… 116

专题十三　刑事审判概述 …………………… 131

专题十四　第一审程序 …………………… 135

专题十五　第二审程序 …………………… 178

专题十六　死刑复核程序 …………………… 197

专题十七　审判监督程序 …………………………………… 206
专题十八　涉外刑事诉讼程序与司法协助 ………………… 216
专题十九　执行 ……………………………………………… 217
专题二十　未成年人刑事案件诉讼程序 …………………… 224
专题二十一　当事人和解的公诉案件诉讼程序 …………… 233
专题二十二　缺席审判程序 ……………………………… 241
专题二十三　犯罪嫌疑人、被告人逃匿、死亡案件违法所得没收程序 ……………………………… 248
专题二十四　依法不负刑事责任的精神病人的强制医疗程序 ……………………………………… 254
附录 ………………………………………………………… 260
刑事法律文书备考方法与重要刑事法律文书范本 ………… 260

刑事诉讼法案例分析题的答题技巧

刑事诉讼法案例分析题基本都是一问一答，从考查的内容和发问角度来看，主要包括以下四类：用证据认定案件事实型案例分析题、找错型案例分析题、解决问题型案例分析题和制度分析型案例分析题。

对于刑事诉讼法的案例分析题，在分析时应当采用两个技巧：

第一，先看案情的文字少还是问题的文字少，哪个文字少，就先看哪一个，同时将文字少的部分迅速记住，这样可以带着文字少的部分去看文字多的部分，避免反复回头看文字少的部分，浪费做题时间。

第二，通过画图的方式厘清案情中的法律关系。具体而言，首先在草稿纸上列出案情中提到的诉讼阶段，往往是立案→侦查→起诉→审判→执行（当然也可能只有一个诉讼阶段），然后在每个阶段列出相关的诉讼主体，例如专门机关（公检法等）和诉讼参与人（当事人和其他诉讼参与人），并且，在每个诉讼阶段列出题干中出现的相关情节和处理（例如被告人死亡、严重疾病、补充侦查、补充起诉，等等），如果题干中出现了时间，在每个诉讼阶段上还应标出相关的时间点。

对于用证据认定案件事实的案例分析题，考生应当将每个证据（包括犯罪嫌疑人、被告人供述和辩解，证人证言，被害人陈述，勘验、检查、辨认、侦查实验等笔录，鉴定意见，视听资料，电子数据等）列出来，并在旁边标出每个证据中的关键内容，写出该证据能证明的事项，用不同的符号标出各个证据之间相一致或者相矛盾之处。如果有多个被告人或者有多个犯罪事实，应当以每个被告人的每个犯罪事实为线索，列出相关的证据并进行分析。

下面针对用证据认定案件事实型案例分析题、找错型案例分析题、解决问题型案例分析题和制度分析型案例分析题，分别介绍相应的答题方法。

1. 用证据认定案件事实型案例分析题

刑事证据问题的理论性和实务性都非常强。在最近几年的法律职业资格考试（司法考试）中，曾出现过考查运用证据认定案件事实型案例分析题，即题目中给出基本案情和一系列的证据，要求考生答出法院的判决方式或者能否认定被告人有罪。用证据认定案件事实型案例分析题可以分为两种：有非法证据需要排除型和无非法证据需要排除型。在过去的法律职业资格考试（司法考试）中，曾有四年考查到了有非法证据需要排除型认定案件事实题。对于这种题目，考生需要先将非法证据挑出来，在排除这些证据后，再利用剩下的证据认定案件事实。

对于这种试题，应当采用三段论的方式进行答题，即大前提、小前提和结论。大前提是相关的法律依据和理论，用证据认定案件事实型案例分析题需要使用的大前提是《刑事诉讼法》第55条第2款、第200条，《高法解释》第72条、第295条规定的证明标准以及刑事诉讼证明理论中的认定被告人有罪的证明标准“案件事实清楚，证据确实、充分”，以及“证据确实、充分”的三个条件：

（1）定罪量刑的事实都有证据证明。

（2）据以定案的证据均经法定程序查证属实。

（3）综合全案，对所认定事实已排除合理怀疑。

接着，考生应分析小前提，分析小前提有三种思路：

第一种思路是从《刑事诉讼法》第55条规定的“证据确实、充分”的三个条件出发，具体分析方法如下：

第一，对于第一个条件“定罪量刑的事实都有证据证明”，先分析题干中给出的每个证据能够证明什么，再结合题干中被告人所涉嫌犯罪的构成要件，指出每个要件是否都有证据加以证明，如果有的构成要件没有证据加以证明，必须明确指出来。

第二，对于第二个条件“据以定案的证据均经法定程序查证属实”，考生需指出题干中给出的证据相互之间能否印证，哪个证据与哪个证据之间能够印证，哪个证据与哪个证据之间存在矛盾，证据与案件事实之间能否印证，如果存在矛盾，也应当指出。

第三，对于第三个条件“综合全案，对所认定事实已排除合理怀疑”，主要分析题干给出的证据相互印证后得出的结论是否唯一，如果不能排除其他的可能性，必须指出其他的可能性是什么。

第二种思路是从题目中所给的证据出发，首先分析每个证据是否真实、合法，与其他证据能否印证（是否存在矛盾），与案件事实能否印证（是否存在矛盾），每个证据能证明什么事实，不能证明什么事实，接着，分析现有证据能否形成完整的证据链条，如果不能形成完整的证据链条，指出哪些构成要件的事实没有证据加以证明，随后，分析现有证据相互印证后的结论是否唯一，如果不能排除其他可能，指出其他的可能性是什么。

第三种思路是从题目中所给出的事实出发，首先对事实按照构成要件或者时间顺序进行分解，分析每一个事实环节是否有证据加以证实，证明案件事实的每个证据是否真实、合法（每个证据之间能否印证、证据与事实之间能否印证），接着，指出现有证据能否形成完整的证据链条，指出哪些构成要件的事实没有证据加以证明，随后，分析现有证据相互印证后的结论是否唯一，如果不能排除其他可能，指出其他的可能性是什么。

最后，在前面的大前提和小前提分析基础上作出结论。如果“证据确实、充分”的三个条件均符合，那就意味着达到定罪的证明标准，法院能够认定被告人有罪；如果“证据确实、充分”的三个条件得不到满足（只要有一个条件得不到满足），法院就只能作出证据不足、指控不成立的无罪判决。

需要注意的是，用证据认定案件事实型案例分析题不能仅仅满足于得出结论，还应当注重论证过程。在某种意义上，这类案例分析题中，论证过程的分值比结论的分值要多。

“用证据认定案件事实”的案例分析题之答题模板

大前提：依据《刑事诉讼法》第200条的规定，“（一）案件事实清楚，证据确实、充分，依据法律认定被告人有罪的，应当作出有罪判决……（三）证据不足，不能认定被告人有罪的，应当作出证据不足、指控的犯罪不能成立的无罪判决。”《刑事诉讼法》第55条第2款规定，“证据确实、充分，应当符合以下条件：（一）定罪量刑的事实都有证据证明；（二）据以定案的证据均经法定程序查证属实；（三）综合全案证据，对所认定事实已排除合理怀疑。”

小前提：若有非法证据需要排除，先排除非法证据。

对每个证据进行分析；或者将能够证明相同证明对象（如犯罪动机或者目的、犯罪经过、犯罪结果等）的证据放在一起进行分析（可依据犯罪事实发生的时间线索进行叙述）。

证据一：（1）分析该证据的真实性（看证据本身是否符合常理等）、关联性、合法性（若该证据具有真实性、关联性、合法性，则不必分析，若该证据不具有真实性、关联性、合法性，则应指出）；（2）分析该证据与其他证据是否能印证或者存在矛盾，分析该证据与案件事实是否能印证或者存在矛盾；（3）分析该证据能证明什么事实，不能证明什么事实（切记不要简单地抄写题目中对证据内容的表述）。

证据二：依据上述方法进行分析。

证据三：依据上述方法进行分析。

……

结合《刑事诉讼法》第55条第2款的“证据确实、充分”的三个条件进行总结：

若达到“证据确实、充分”的三个条件，即应这样表述：本案中定罪的事实均有证据加以证明，证据能够形成完整的证明体系（证据链）；证据之间能够相互印证，证据与事实之间能够相互印证；证据相互印证后结论是唯一的、排他的，对所认定的事实已排除合理怀疑。

若未达到“证据确实、充分”的三个条件，即应这样表述：1. 若未达到第一个条件，即表述为：本案中定罪的事实并非都有证据加以证明，证据未形成完整的证明体系（证据链），并结合犯罪构成要件，指出哪些事实没有证据加以证实；2. 若未达到第二个条件，即表述为：证据之间存在矛盾，证据与事实之间存在矛盾，且矛盾无法作合理解释；3. 若未达到第三个条件，即表述为：本案证据相互印证后结论不是唯一的，有其他可能性，并指出其他可能性是什么（例如有其他人作案的可能，或者犯罪事实可能未发生等）。

结论：若达到“证据确实、充分”的三个条件，结论为：综上所述，本案中，（被告人名字）（被告人的罪名）的事实清楚，证据确实、充分，依据《刑事诉讼法》第200条的规定，法院应当作出有罪判决。

若未达到“证据确实、充分”的三个条件，结论为：综上所述，本案中，（被告人名字）（被告人的罪名）的事实不清，证据不足，依据《刑事诉讼法》第200条的规定，法院应当作出证据不足、指控的犯罪不能成立的无罪判决。

2. 找错型案例分析题

找错型案例分析题包括笼统发问型和具体发问型两种。

笼统发问型找错案例分析题一般会在题目中给出一个案件的诉讼过程，要求考生寻找公、检、法三机关在诉讼程序中的违法之处。在对找错型案例分析题作答前，要根据题目给出的分值，先确定要回答几个要点，看与自己找到的信息是否相符，做到心中有数，然后再写清序号，一一作答。对找错型案例分析题进行回答时，考生应从以下几个主要方面来思考：

（1）实施某一行为的主体是否有权进行这种行为；

（2）立案管辖和审判管辖是否符合法律规定；

（3）进行某一行为的根据是否符合法律规定；

（4）进行某种行为时，是否有相应的法律手续；

（5）是否有颠倒或者超越诉讼程序的现象；

（6）结束某一个诉讼阶段所使用的法律文书是否正确；

（7）进行某种行为，是否遵循了诉讼期间的规定；

（8）注意年龄（出生年月日）对诉讼程序的影响（例如未成年人刑事案件的特殊之处），等等。

具体发问型找错题，则针对具体的做法或者处理方式，询问是否正确。这种找错型问题考查的知识点和法律条文能够容易地辨别出来，相比笼统发问型找错题，易于作答。

3. 解决问题型案例分析题和制度分析型案例分析题

所谓解决问题型案例分析题，就是在问题中首先给出一定的情形，再询问公检法机关如何处理或者询问诉讼参与人如何参与诉讼或者获得救济。

制度分析型案例分析题，要么就单个具体的诉讼制度和诉讼程序规定设问，要么对多个具体的诉讼制度和诉讼程序规定设问，后者往往需要考生对相关的制度和程序进行比较后才能正确作答。比如，2022 年法考主观题第 3 题有两问均是此种问题，即“传唤与拘传的区别?”“普通程序与简易程序审理有什么不同?”

解决问题型和制度分析型案例分析题较为简单。这种案例分析题的问题已经将试题的考点指出来，考生只需要在记忆中搜索相对应的法律规定或者理论进行作答即可。在作答时，考生不仅要答出处理案件的方式，还应给出相应的法律依据或者理论依据。

刑事诉讼中的主要制度或程序比较总结

刑事诉讼中的主要制度或程序比较	答题要点
证人和鉴定人	1. 资格不同；2. 了解案情的途径不同；3. 是否属于回避的对象不同；4. 作证和鉴定的对象不同；5. 是否可替代不同
辩护人和诉讼代理人	1. 诉讼地位不同；2. 辩护和代理的依据不同；3. 职能不同；4. 委托主体不同；5. 委托时间存在差别；6. 人员范围相同；7. 诉讼权利基本相同
辩护律师与值班律师	1. 适用的情形不同；2. 诉讼地位不同；3. 职责不同；4. 权利存在异同
传来证据与传闻证据	1. 含义不同；2. 范围不同
传唤和拘传	1. 强制力不同和是否为强制措施不同；2. 适用的对象不同；3. 是否需要法律文书不同；4. 适用主体、时间、地点相同

续表

刑事诉讼中的主要制度或程序比较	答题要点
取保候审与监视居住	1. 决定和执行机关相同；2. 适用的条件不同；3. 需要遵守的规定存在差别；4. 违反规定后的后果存在差异；5. 适用的期限不同
刑事拘留与逮捕	1. 决定和执行机关存在差别；2. 适用的条件不同；3. 审批程序不同；4. 执行程序存在差别；5. 羁押期限不同
讯问犯罪嫌疑人和询问证人	1. 讯问和询问主体相同；2. 讯问和询问地点、时间、程序存在差别；3. 对未成年人、聋哑人讯问和询问程序均有特殊要求
法定不起诉、酌定不起诉、证据不足不起诉、特别不起诉和附条件不起诉	1. 适用的条件不同；2. 适用的程序存在差别；3. 救济方式存在差别；4. 适用的法律后果存在差异
普通程序、简易程序和速裁程序	1. 适用的条件、情形存在差异；2. 审判组织存在差异；3. 简易程序和速裁程序启动方式相同；4. 简易程序和速裁程序简化程度不同；5. 审理期限不同
延期审理、中止审理和终止审理	1. 适用的情形不同；2. 裁决方式不同；3. 适用的阶段不同；4. 中断的活动不同；5. 期间的计算方式存在差别
上诉和二审抗诉	1. 主体不同；2. 是否需要理由不同；3. 方式不同；4. 途径不同；5. 期限相同
上诉和对生效裁判的申诉	1. 主体不同；2. 针对的对象不同；3. 程序不同；4. 效果不同
二审抗诉和再审抗诉	1. 抗诉的对象不同；2. 接受抗诉的审判机关不同；3. 抗诉的期限不同；4. 抗诉的效力不同
对境外的被告人缺席审判和违法所得没收程序	1. 适用的案件范围和条件不同；2. 是否需要公告、送达不同；3. 管辖法院基本相同；4. 审判组织相同；5. 审理程序不同；6. 证明标准不同；7. 救济方式存在差异

刑事诉讼法论述题的答题技巧

在备考刑事诉讼法学科的论述题时，考生首先应当储备一定的理论素材，例如本书第一个专题“刑事诉讼法概述”中的刑事诉讼基本理念、基本范畴、刑事诉讼法与刑法的关系、刑事诉讼法与法治国家的关系，第二个专题“刑事诉讼法的基本原则”中的重要原则；第十三个专题“刑事审判概述”中的审判原则、审判的特征等。考生在回答刑事诉讼法的论述题时，应当始终结合惩罚犯罪与保障人权、程序公正与实体公正、诉讼公正与诉讼效率这些基本理念来进行回答。如果题目和问题还涉及刑事诉讼的具体制度和程序，考生还应结合具体的诉讼制度和程序来进行回答，如2004年的论述题涉及刑事自诉附带民事诉讼制度；2015年的论述题涉及证据裁判原则、非法证据排除等制度。

其次，在构思谋篇时，应当注意以下几个结合：

第一，应当注意将理论和案例（或事例）密切结合，结合案例（或事例）分析理论，在案例（或事例）中总结理论。

第二，将题干中出现的问题和解决对策结合起来，一方面分析问题产生的原因（包括立法和司法实践方面的原因、参与主体的主观原因、社会环境等方面的客观原因等），另一方面针对问题提出相应的完善建议，并分析这种建议的可行性。

第三，将我国的制度与国外的制度结合起来，对中外进行比较，将国外的相关制度（含英美法系和大陆法系国家的制度）作为我国的借鉴。

最后，在答题方法上，最好采用总分总的三段论的答题模式，每一部分开门见山表明观点，最后一段尽可能进行总结升华，拔高到宪法、法理学、中国特色社会主义法治理论的高度。

刑事诉讼法主观题法条检索技巧

一、熟悉司法部推出的主观题模拟答题系统，掌握该系统的法条检索方法

每年法律职业资格考试主观题考试之前，为便于广大考生适应计算机化考试答题方式，熟悉计算机化考试答题要求，司法部会发布国家统一法律职业资格考试主观题计算机化考试模拟答题系统，考生应登录该系统，了解答题的注意事项（即主观题考试应试人员须知），熟悉答题步骤，掌握该系统的法条检索方法。

从2020年、2021年、2022年的司法部主观题模拟答题系统来看，该系统的左边会显示“章节导航”，“章节导航”的下面有一个查询框，该查询框中可以输入关键词，然后进行搜索，但是，只能搜索到“法律或者司法解释的大标题”（如搜索“值班律师”，能搜索到《法律援助值班律师工作办法》这个司法解释）和法律或者司法解释中的“第×章”的关键词（如输入“单位犯罪”，能够搜索到《最高人民法院关于适用〈中华人民共和国刑事诉讼法〉的解释》的“第十一章 单位犯罪案件的审理”）。但是，不能搜索到“第×节”，也不能搜索到具体条文中的字。如果多个法律或者司法解释的大标题以及法律或者司法解释下面的“章”中都有某个关键词，可以点击按钮逐一跳转。比如搜索“证据”这个词，就能定位到带有“证据”的多个章，点击“下一个”按钮，可以跳转到下一个带“证据”的章名（参见下图）。在检索时，如果搜到与关键词相关的多个法律和司法解释时，按照法律适用的规则以及司考、法考考查的规律，注意以下答题方法：第一，特别法优先于一般法，比如考到人民陪审员制度，优先适用《中华人民共和国人民陪审员法》，而不是《刑事诉讼法》；第二，司法解释优先于法律，比如考到非法证据排除，

优先适用《关于办理刑事案件严格排除非法证据若干问题的规定》和《最高人民法院关于适用〈中华人民共和国刑事诉讼法〉的解释》，而不是《刑事诉讼法》。

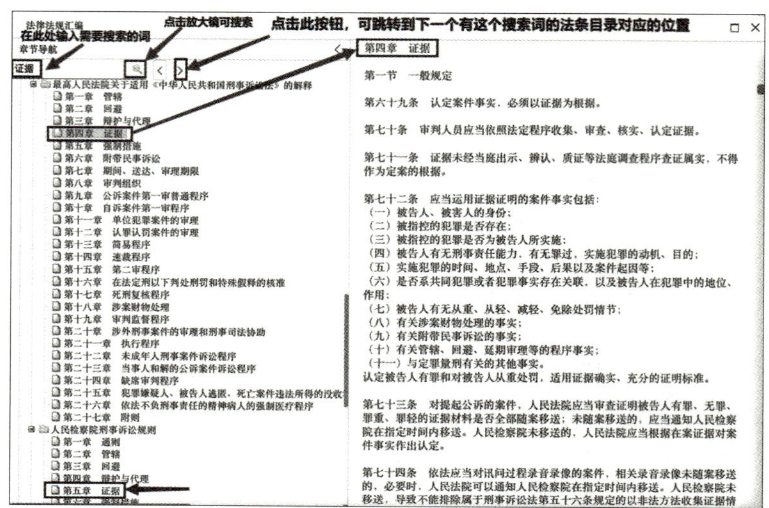

通过上图，大家还会发现，如果某个法律或者司法解释下设章目，“章节导航”下面的每一个法律或者司法解释前面的 ⊞ 点开后，下面就显示章目的名字，通过章目的名字可以了解该法律或司法解释的大体结构和内容，点中章名，右边就会显示该章的具体条文。当然，左边的“章节导航”不能显示节的名字，节的名字只能显示在右边的条文中。

此外，考生还应注意，主观题考试系统中的“法律法规汇编”中的条文不可复制。

二、熟悉主观题答题系统中所配的法律和司法解释的大标题、结构、大体内容

每年司法部主观题答题系统所包含的刑事诉讼法方面的法条就是每年法考大纲中刑事诉讼法学科所列出的法律法规。

今年的司法部主观题答题系统中会包括以下刑事诉讼方面的法律和司法解释：

中华人民共和国刑事诉讼法

中华人民共和国人民陪审员法

关于适用《中华人民共和国人民陪审员法》若干问题的

解释

中华人民共和国社区矫正法

关于《中华人民共和国刑事诉讼法》第七十九条第三款的解释

关于《中华人民共和国刑事诉讼法》第二百五十四条第五款、第二百五十七条第二款的解释

关于《中华人民共和国刑事诉讼法》第二百七十一条第二款的解释

关于实施刑事诉讼法若干问题的规定

关于推进以审判为中心的刑事诉讼制度改革的意见

最高人民法院关于适用《中华人民共和国刑事诉讼法》的解释

人民检察院刑事诉讼规则

公安机关办理刑事案件程序规定

关于适用认罪认罚从宽制度的指导意见

人民检察院办理认罪认罚案件开展量刑建议工作的指导意见

关于依法保障律师执业权利的规定

法律援助值班律师工作办法

关于为死刑复核案件被告人依法提供法律援助的规定（试行）

关于办理刑事案件严格排除非法证据若干问题的规定

关于办理刑事案件收集提取和审查判断电子数据若干问题的规定

关于取保候审若干问题的规定

关于规范量刑程序若干问题的意见

关于办理死刑复核案件听取辩护律师意见的办法

关于死刑复核及执行程序中保障当事人合法权益的若干规定

关于死刑缓期执行限制减刑案件审理程序若干问题的规定

关于刑事裁判涉财产部分执行的若干规定

关于刑事再审案件开庭审理程序的具体规定（试行）

关于减刑、假释案件审理程序的规定

人民检察院办理减刑、假释案件规定

关于办理信息网络犯罪案件适用刑事诉讼程序若干问题的意见

关于海上刑事案件管辖等有关问题的通知

人民检察院办理未成年人刑事案件的规定

关于建立健全防范刑事冤假错案工作机制的意见

关于适用犯罪嫌疑人、被告人逃匿、死亡案件违法所得没收程序若干问题的规定

通过上面的法律和司法解释的名字，就可以大概知道多数法律和司法解释的内容，由此，在考场上就可以按图索骥，快速地寻找与题目相关的条文。比如，如果考到人民陪审员或者审判组织相关的题目，考生必然要看看《中华人民共和国人民陪审员法》《关于适用〈中华人民共和国人民陪审员法〉若干问题的解释》中的条文是否与题目有关；如果考到“社区矫正”相关的题目，考生必然要看看《中华人民共和国社区矫正法》中的条文是否与题目有关；如果考到“认罪认罚从宽制度”相关的题目，考生必然要看看《关于适用认罪认罚从宽制度的指导意见》《人民检察院办理认罪认罚案件开展量刑建议工作的指导意见》中的条文是否与题目有关；如果考到“辩护律师的权利”相关的题目，考生必然要看看《关于依法保障律师执业权利的规定》中的条文是否与题目有关；如果考到“值班律师”，考生必然要看看《法律援助值班律师工作办法》中的条文是否与题目有关；如果考到“非法证据排除规则”相关的题目，考生必然要看看《关于办理刑事案件严格排除非法证据若干问题的规定》中的条文是否与题目有关；如果考到“电子数据”相关的题目，考生必然要看看《关于办理刑事案件收集提取和审查判断电子数据若干问题的规定》中的条文是否与题目有关；如果考到“取保候审”相关的题目，考生必然要看看《关于取保候审若干问题的规定》中的条文是否与题目有关；如果考到“量刑程序”相关的题目，考生必然要看看《关于规范量刑程序若干问题的意见》中的条文是否与题目有关；如果考到“财产刑的执行”相关的题目，考生必然要看看《关于刑事裁判涉财产部分执行的若干规定》中的条文是否与题目有关；如果考到

“减刑、假释”相关的题目，考生必然要看看《关于减刑、假释案件审理程序的规定》中的条文是否与题目有关；如果考到“网络犯罪案件诉讼程序”相关的题目，考生必然要看看《关于办理信息网络犯罪案件适用刑事诉讼程序若干问题的意见》中的条文是否与题目有关；如果考到“违法所得没收程序”相关的题目，考生必然要看看《关于适用犯罪嫌疑人、被告人逃匿、死亡案件违法所得没收程序若干问题的规定》中的条文是否与题目有关。

上面所列出的法律和司法解释的名字，有的能够直接显示该法律和司法解释中规定的大概内容，但是，有的法律和司法解释的名字不能体现其中的具体内容，比如：《最高人民法院、最高人民检察院、公安部、国家安全部、司法部、全国人大常委会法制工作委员会关于实施刑事诉讼法若干问题的规定》《最高人民法院关于适用〈中华人民共和国刑事诉讼法〉的解释》《人民检察院刑事诉讼规则》《公安机关办理刑事案件程序规定》等。对于这些司法解释和规定，考生应当熟悉其结构体系（后面附上这几个司法解释和规定的章节目录，供大家尽快熟悉其结构和内容）。《刑事诉讼法》和《最高人民法院、最高人民检察院、公安部、国家安全部、司法部、全国人大常委会法制工作委员会关于实施刑事诉讼法若干问题的规定》中的条文涉及刑事诉讼中几乎所有的诉讼阶段；《公安机关办理刑事案件程序规定》中的条文主要规范公安机关的立案、侦查、执行等活动；《人民检察院刑事诉讼规则》中的条文主要规范检察院的立案、侦查、审查批准或决定逮捕、审查起诉、诉讼监督等工作；《最高人民法院关于适用〈中华人民共和国刑事诉讼法〉的解释》中的条文主要规范法院的立案（受理）、审判、执行等工作，《刑事诉讼法》以及上述司法解释都会涉及管辖、回避、辩护、证据、强制措施问题。如果考生知道了上述法律和司法解释的大体结构和内容，在考场上寻找法条时就会有大概的方向，比如，考到审判程序相关的题目，必然要看看《最高人民法院关于适用〈中华人民共和国刑事诉讼法〉的解释》相关的条文；考到审查逮捕和审查起诉相关的题目，必然要看看《人民检察院刑事诉讼规则》相关的条文；考到与公安机关相关的题目，必然要看看《公安机关办理刑事案件程序规定》。

下图针对常考知识点及其对应的法条，进行了具体梳理：

认罪认罚从宽	《关于适用认罪认罚从宽制度的指导意见》、《高法解释》第347—358条、《高检规则》第267—279条、《人民检察院办理认罪认罚案件开展量刑建议工作的指导意见》
管辖	《刑事诉讼法》第19—27条、《高法解释》第1—26条
辩护人的权利和义务	《刑事诉讼法》第38—44条、《关于依法保障律师执业权利的规定》
法律援助辩护	《关于为死刑复核案件被告人依法提供法律援助的规定（试行）》第2、4、5、6、11条
值班律师	《法律援助值班律师工作办法》
证据审查和认定	《高法解释》第69—122条
非法证据排除	《关于办理刑事案件严格排除非法证据若干问题的规定》、《高法解释》第123—138条、《关于建立健全防范刑事冤假错案工作机制的意见》第8、9条
定罪证明标准	《刑事诉讼法》第200条、第55条
证据的综合审查与运用	《高法解释》第139—146条
电子数据的收集提取和审查判断	《关于办理刑事案件收集提取和审查判断电子数据若干问题的规定》
取保候审	《关于取保候审若干问题的规定》
附带民事诉讼	《高法解释》第175—201条
侦查	《公安部规定》第194—282条
审查逮捕和审查起诉	《高检规则》第255—389条
监察机关移送案件的强制措施	《高检规则》第142—147条
羁押必要性审查	《高检规则》第573—582条
检察院出席一审、二审、再审	《高检规则》第390—456条
审判公开原则	《高法解释》第222、557、578条

续表

第一审程序（含公诉案件的一审、自诉案件的一审、速裁程序、简易程序、认罪认罚案件的审理、单位犯罪案件的审理）	《高法解释》第218—377条
第二审程序	《高法解释》第378—413条，尤其是《高法解释》第401—403条规定“上诉不加刑”
死刑复核程序	《高法解释》第423—436条
审判监督程序	《高法解释》第451—474条
未成年人刑事案件诉讼程序	《高法解释》第546—586条、《高检规则》第457—491条（含附条件不起诉）
缺席审判	《高法解释》第598—608条
违法所得没收程序	《关于适用犯罪嫌疑人、被告人逃匿、死亡案件违法所得没收程序若干问题的规定》
强制医疗	《高法解释》第630—649条
减刑、假释程序	《关于减刑、假释案件审理程序的规定》
财产刑的执行	《关于刑事裁判涉财产部分执行的若干规定》

三、法条的表述方法

对于法条的引用，考生若能精准引用法条，尽量精准引用法条。若不能精准引用法条，把法条的意思表达出来亦可！另外，从案例分析题的答题来说，不要求考生必须明确说明依据的法律规定的来源和具体的条文号码，所以，在引用法律条文之前，写“依据刑事诉讼法及其司法解释的规定……”即可。

此外，在主观题考场上，因为时间有限，如果检索法条时，在五分钟之内未找到相关法条，就不要再检索了，否则，只会浪费时间，别的题目将没有时间解答了。

最高人民法院关于适用《中华人民共和国刑事诉讼法》的解释

目录

第一章　管辖（第1—26条）
第二章　回避（第27—39条）
第三章　辩护与代理（第40—68条）
第四章　证据
　第一节　一般规定（第69—81条）
　第二节　物证、书证的审查与认定（第82—86条）
　第三节　证人证言、被害人陈述的审查与认定（第87—92条）
　第四节　被告人供述和辩解的审查与认定（第93—96条）
　第五节　鉴定意见的审查与认定（第97—101条）
　第六节　勘验、检查、辨认、侦查实验等笔录的审查与认定（第102—107条）
　第七节　视听资料、电子数据的审查与认定（第108—115条）
　第八节　技术调查、侦查证据的审查与认定（第116—122条）
　第九节　非法证据排除（第123—138条）
　第十节　证据的综合审查与运用（第139—146条）
第五章　强制措施（第147—174条）
第六章　附带民事诉讼（第175—201条）
第七章　期间、送达、审理期限（第202—211条）
第八章　审判组织（第212—217条）
第九章　公诉案件第一审普通程序
　第一节　审查受理与庭前准备（第218—225条）
　第二节　庭前会议与庭审衔接（第226—233条）
　第三节　宣布开庭与法庭调查（第234—279条）
　第四节　法庭辩论与最后陈述（第280—290条）
　第五节　评议案件与宣告判决（第291—304条）
　第六节　法庭纪律与其他规定（第305—315条）

第十章　自诉案件第一审程序（第 316— 334 条）
第十一章　单位犯罪案件的审理（第 335— 346 条）
第十二章　认罪认罚案件的审理（第 347— 358 条）
第十三章　简易程序（第 359— 368 条）
第十四章　速裁程序（第 369— 377 条）
第十五章　第二审程序（第 378— 413 条）
第十六章　在法定刑以下判处刑罚和特殊假释的核准（第 414— 422 条）
第十七章　死刑复核程序（第 423— 436 条）
第十八章　涉案财物处理（第 437— 450 条）
第十九章　审判监督程序（第 451— 474 条）
第二十章　涉外刑事案件的审理和刑事司法协助
第一节　涉外刑事案件的审理（第 475— 490 条）
第二节　刑事司法协助（第 491— 496 条）
第二十一章　执行程序
第一节　死刑的执行（第 497— 510 条）
第二节　死刑缓期执行、无期徒刑、有期徒刑、拘役的交付执行（第 511— 518 条）
第三节　管制、缓刑、剥夺政治权利的交付执行（第 519— 520 条）
第四节　刑事裁判涉财产部分和附带民事裁判的执行（第 521— 532 条）
第五节　减刑、假释案件的审理（第 533— 541 条）
第六节　缓刑、假释的撤销（第 542— 545 条）
第二十二章　未成年人刑事案件诉讼程序
第一节　一般规定（第 546— 562 条）
第二节　开庭准备（第 563— 570 条）
第三节　审　判（第 571— 579 条）
第四节　执　行（第 580— 586 条）
第二十三章　当事人和解的公诉案件诉讼程序（第 587— 597 条）
第二十四章　缺席审判程序（第 598— 608 条）
第二十五章　犯罪嫌疑人、被告人逃匿、死亡案件违法所得的没收程序（第 609— 629 条）

第二十六章　依法不负刑事责任的精神病人的强制医疗程序（第630—649条）
第二十七章　附则（第650—655条）

《人民检察院刑事诉讼规则》目　录

第一章　通则（第1—12条）
第二章　管辖（第13—23条）
第三章　回避（第24—37条）
第四章　辩护与代理（第38—60条）
第五章　证据（第61—80条）
第六章　强制措施
　第一节　拘传（第81—85条）
　第二节　取保候审（第86—106条）
　第三节　监视居住（第107—120条）
　第四节　拘留（第121—127条）
　第五节　逮捕（第128—141条）
　第六节　监察机关移送案件的强制措施（第142—147条）
　第七节　其他规定（第148—155条）
第七章　案件受理（第156—165条）
第八章　立案
　第一节　立案审查（第166—170条）
　第二节　立案决定（第171—175条）
第九章　侦查
　第一节　一般规定（第176—181条）
　第二节　讯问犯罪嫌疑人（第182—190条）
　第三节　询问证人、被害人（第191—195条）
　第四节　勘验、检查（第196—201条）
　第五节　搜查（第202—207条）
　第六节　调取、查封、扣押、查询、冻结（第208—217条）
　第七节　鉴定（第218—222条）

第八节　辨认（第 223—226 条）
第九节　技术侦查措施（第 227—231 条）
第十节　通缉（第 232—236 条）
第十一节　侦查终结（第 237—254 条）
第十章　审查逮捕和审查起诉
第一节　一般规定（第 255—266 条）
第二节　认罪认罚从宽案件办理（第 267—279 条）
第三节　审查批准逮捕（第 280—295 条）
第四节　审查决定逮捕（第 296—304 条）
第五节　延长侦查羁押期限和重新计算侦查羁押期限（第 305—319 条）
第六节　核准追诉（第 320—327 条）
第七节　审查起诉（第 328—354 条）
第八节　起诉（第 355—364 条）
第九节　不起诉（第 365—389 条）
第十一章　出席法庭
第一节　出席第一审法庭（第 390—429 条）
第二节　简易程序（第 430—436 条）
第三节　速裁程序（第 437—444 条）
第四节　出席第二审法庭（第 445—453 条）
第五节　出席再审法庭（第 454—456 条）
第十二章　特别程序
第一节　未成年人刑事案件诉讼程序(第 457—491 条)
第二节　当事人和解的公诉案件诉讼程序（第 492—504 条）
第三节　缺席审判程序（第 505—511 条）
第四节　犯罪嫌疑人、被告人逃匿、死亡案件违法所得的没收程序（第 512—533 条）
第五节　依法不负刑事责任的精神病人的强制医疗程序（第 534—550 条）
第十三章　刑事诉讼法律监督
第一节　一般规定（第 551—556 条）
第二节　刑事立案监督（第 557—566 条）
第三节　侦查活动监督（第 567—569 条）

第四节　审判活动监督（第 570—572 条）
第五节　羁押必要性审查（第 573—582 条）
第六节　刑事判决、裁定监督（第 583—601 条）
第七节　死刑复核监督（第 602—611 条）
第八节　羁押期限和办案期限监督（第 612—620 条）
第十四章　刑罚执行和监管执法监督
第一节　一般规定（第 621—624 条）
第二节　交付执行监督（第 625—628 条）
第三节　减刑、假释、暂予监外执行监督（第 629—641 条）
第四节　社区矫正监督（第 642—644 条）
第五节　刑事裁判涉财产部分执行监督（第 645—646 条）
第六节　死刑执行监督（第 647—650 条）
第七节　强制医疗执行监督（第 651—653 条）
第八节　监管执法监督（第 654—661 条）
第九节　事故检察（第 662—663 条）
第十五章　案件管理（第 664—670 条）
第十六章　刑事司法协助（第 671—679 条）
第十七章　附则（第 680—684 条）

《公安机关办理刑事案件程序规定》
目　录

第一章　任务和基本原则
第二章　管辖
第三章　回避
第四章　律师参与刑事诉讼
第五章　证据
第六章　强制措施
第一节　拘传
第二节　取保候审
第三节　监视居住
第四节　拘留

第五节　逮捕
第六节　羁押
第七节　其他规定
第七章　立案、撤案
第一节　受案
第二节　立案
第三节　撤案
第八章　侦查
第一节　一般规定
第二节　讯问犯罪嫌疑人
第三节　询问证人、被害人
第四节　勘验、检查
第五节　搜查
第六节　查封、扣押
第七节　查询、冻结
第八节　鉴定
第九节　辨认
第十节　技术侦查
第十一节　通缉
第十二节　侦查终结
第十三节　补充侦查
第九章　执行刑罚
第一节　罪犯的交付
第二节　减刑、假释、暂予监外执行
第三节　剥夺政治权利
第四节　对又犯新罪罪犯的处理
第十章　特别程序
第一节　未成年人刑事案件诉讼程序
第二节　当事人和解的公诉案件诉讼程序
第三节　犯罪嫌疑人逃匿、死亡案件违法所得的没收程序
第四节　依法不负刑事责任的精神病人的强制医疗程序
第十一章　办案协作

第十二章　外国人犯罪案件的办理
第十三章　刑事司法协助和警务合作
第十四章　附则

专题一　刑事诉讼法概述

一、主观题考情分析

年份	考点	题型
2020 年（新疆延考）	控审关系	逐步发问型案例分析
2012 年	刑事诉讼法与刑法的关系	论述

本专题的内容都是关于刑事诉讼的理论，法律职业资格考试中的刑事诉讼法的论述题，基本都有必要结合本专题相关的理论进行回答，例如刑事诉讼法与刑法的关系、刑事诉讼法与法治国家的关系、惩罚犯罪与保障人权的关系、程序公正与实体公正的关系、公正与效率的关系，等等。有的案例分析题（如 2019 年案例分析题）也应该结合本专题的基本理念、基本范畴进行分析和解答（考生应学会用基本理念和基本范畴阐述案例分析题的理由）。尤其是涉及公检法与诉讼参与人的地位和权力（权利）时，都有必要上升到控辩审三方的法律关系层面进行考虑。

二、必背精华

1. 刑事诉讼法与刑法的关系

（1）刑事诉讼法的工具价值：通过组织、程序、证据方面保障刑法得以实现。

（2）刑事诉讼法的独立价值：

①刑事诉讼法本身体现法治、民主、保障人权精神。

②创制、弥补刑事实体法的不足。

③影响刑事实体法实现。

★2. 刑事诉讼的基本理念（案例分析、论述）

（1）惩罚犯罪与保障人权：二者既对立又统一，发生矛盾时，根据利益权衡的原则作出选择。

（2）程序公正与实体公正：

①程序公正是指过程的公正，具体内容包括：程序参与、程序遵守、程序救济、程序公开、程序中立、程序平等、程序安定、程序保障；实体公正是指结果的公正（即认定案件事实正确和定罪量刑准确）。

②关系：二者既对立又统一，发生矛盾时，根据利益权衡的原则作出选择。

（3）诉讼公正与诉讼效率：公正第一，效率第二。效率体现为加快诉讼进程、降低诉讼成本。

3. 刑事诉讼目的

我国通说：

（1）根本目的：维护社会秩序。

（2）直接目的：惩罚犯罪和保障人权。

其他学说：

（1）犯罪控制模式：目的在于控制犯罪。

（2）正当程序模式和正当程序主义：维护正当程序，保障人权。

（3）家庭模式：维护和谐关系，解决问题。

（4）实体真实主义：追求实体真实，从而惩罚犯罪。

4. 刑事诉讼价值

（1）秩序：维护社会秩序和诉讼秩序。

（2）公正：居于核心地位，包括实体公正和程序公正。

（3）效益（效率+收益）。

★5. 刑事诉讼职能（案例分析）

（1）控、辩、审的关系：审判中立、控辩平等、控审分离（是指控诉职能和审判职能必须分别由专门的诉讼主体来承担，而不能把两种职能集中由一个诉讼主体来承担，如果没有法定的控诉主体提起诉讼，承担审判职能的法院就不能主动审判任何案件）。

（2）①行使审判职能的主体：法院。

②行使控诉职能的主体：检察院、被害人、自诉人及其法代人、诉代人。

③行使辩护职能的主体：犯罪嫌疑人、被告人及法代人、辩护人。

6. 刑事诉讼构造

（1）当事人主义：当事人积极主动，适用于保障人权的诉讼目的。

（2）职权主义：专门机关积极主动，适用于实体真实的诉讼目的。

（3）混合式诉讼：混合当事人主义和职权主义的特征。

7. 刑事诉讼主体（分为主要的诉讼主体和一般的诉讼主体）

（1）主要的诉讼主体：专门机关和当事人（犯罪嫌疑人、被告人、被害人、自诉人、附带民诉原告人和被告人）。

（2）一般的诉讼主体：其他诉讼参与人（包括法代人、诉代人、辩护人、证人、鉴定人、翻译人员）。

专题二　刑事诉讼法的基本原则

一、主观题考情分析

年份	考点	题型
2021 年（福建等地区延考）	认罪认罚从宽原则	逐步发问型案例分析
2020 年（新疆延考）	认罪认罚从宽原则	逐步发问型案例分析
2019 年	认罪认罚从宽原则	逐步发问型案例分析

2019 年、2020 年（新疆延考）、2021 年（福建等地区延考）法律职业资格考试主观题曾考查本专题的“认罪认罚从宽原则”。因为刑事诉讼法的基本原则一般贯穿于刑事诉讼全过程或主要诉讼阶段，所以，本专题的基本原则往往会结合具体的刑事诉讼制度、程序加以考查案例分析题。例如，“侦查权、检察权、审判权由专门机关依法行使”会涉及公检法三机关的具体职权分工；“严格遵守法律程序”涉及违反法律程序会带来法律后果的规定；“人民法院、人民检察院依法独立行使职权”会涉及上级法院如何监督指导下级法院的审判活动、上级检察院如何领导下级检察院的办案活动；“人民检察院依法对刑事诉讼实行法律监督”会涉及检察院对每个诉讼环节的监督方式；“未经人民法院依法判决，对任何人都不得确定有罪”会涉及证明责任等；“认罪认罚从宽”涉及其在逮捕、侦查、审查起诉和审判等阶段的体现，对该原则，应结合《人民检察院办理认罪认罚案件开展量刑建议工作的指导意见》《关于适用认罪认罚从宽制度的指导意见》《高检规则》《高法解释》的相关规定进行理解、运用，尤其注意学术界研究的热点问题，比如：认罪认罚从宽制度适用的案件范围和条件、认罪认罚自愿性的保障、认罪认罚具结书的性质和效力、认罪认罚案件中辩护人能否做无罪辩护、认罪认罚

案件中的量刑建议和被害人权益的保障、针对适用认罪认罚从宽制度作出的判决的上诉和抗诉、认罪认罚的反悔和撤回等。“具有法定情形不予追究刑事责任”会涉及不同阶段的处理方式，等等。考生在复习时，应当结合具体的制度理解相关的刑事诉讼法基本原则。此外，考生应学会利用刑事诉讼法的基本原则阐述理由。

二、必背精华

1. 侦查权、检察权、审判权由专门机关依法行使

（1）以审判为中心的刑事诉讼制度改革：

①强调侦查、起诉、审判三者要以审判为中心。

②强调庭审实质化。

（2）检察院的立场：客观公正。

★2. 严格遵守法律程序（程序法定原则）

（1）大陆法系的程序法定原则和英美法系的正当程序原则均要求：有法可依、有法必依。

（2）程序违法的后果：

①非法证据排除规则。

②二审、死立执复核、死缓复核、违法所得没收程序二审、强制医疗案件复议中，发现原裁决程序违法，可能影响公正审判的，均应当撤销原裁决，发回重审。

3. 法院、检察院依法独立行使职权

（1）检察院：上下级领导关系；整体独立。

（2）法院：上下级监督关系；每一级法院独立和法院整体独立。

4. 未经法院依法判决，对任何人不得确定有罪（法院统一定罪原则）和无罪推定

（1）法院统一定罪原则的体现：

①以提起公诉为界区分犯罪嫌疑人、被告人；

②控方负有证明被告人有罪的举证责任；

③疑案作无罪处理：（审查起诉）证据不足不起诉或（一审）无罪判决。

（2）无罪推定的含义：在确定有罪前，假定无罪。

★5. 认罪认罚从宽

（1）认罪：如实供述、承认主要犯罪事实。针对人，不

针对某个罪。对个别事实情节提出异议，或虽对行为性质提出辩解但接受司法机关认定意见的，不影响“认罪”。

（2）认罚：接受司法机关给出的刑罚（虽表示认罪但暗中毁证或能赔而不赔的，不适用认罪认罚从宽）。不同意速裁、简易程序，不影响认罚。被害方不同意，不影响适用。

（3）从宽：实体上的从宽和程序上的从宽（适用更轻的强制措施、作出轻缓的程序性处理、适用更为便利和减少讼累的程序）。

认罪认罚从宽制度适用于所有案件，贯穿诉讼全过程。

★6. 具有法定情形不予追究刑事责任

（1）情形（口诀）：轻（显著轻微）告（告诉才处理）时（过时效）赦（特赦）他（其他）死（死亡）。

（2）处理方式：

①立案或受理阶段：不立案或不受理。

②侦查阶段：撤销案件。

③审查起诉阶段：不起诉。

④审判阶段：A. 庭前审查阶段：对“告时赦他死”，退回检察院。B. 受理后：显著轻微、死亡且无罪或不能证明有罪的：宣告无罪；其余情形：终止审理。

三、模拟演练

案例

付某系T省K市档案局副局长。2012年8月，付某与其朋友吕某商量向境外情报机构提供情报以获取报酬，吕某表示同意。为此，吕某给付某规定了化名、交接情报的联络方法和暗语，为付某提供了相机、数码录音笔、芯片等收集情报的工具。二人先后21次为境外情报机构窃取、非法提供国家秘密、情报57份，二人从中总计获利60900美元。付某和吕某因涉嫌为境外窃取、非法提供国家秘密、情报罪于2014年5月17日被侦查机关拘传，6月18日被检察院批准逮捕。在该案侦查终结后，2014年12月5日移送T省K市B区检察院审查起诉，B区检察院对二人决定取保候审，交由公安机关执行。B区检察院于2014年12月16日向B区法院提起公诉。B区法院进行公开开庭审理，B区检察院在审理中认为，审判长李某应当回避而未回避，当庭提出纠正违法意见，法庭未予以理睬。经过一审，B区法院判决付某犯为境外窃取、非法提供国家秘密、情报罪，判处有期徒刑11年，剥夺政治权利3年；被告人吕某犯为境外窃取、非法提供国家秘密、情报罪，判处有期徒刑13年，剥夺政治权利3年。付某提出上诉，吕某未上诉，付某上诉后因病去世，在K市中级法院二审中，最高人民法院听取K市中级法院对该案的汇报并就如何审理提出意见，最高人民检察院听取了K市检察院的汇报并对案件事实、证据进行审查，决定T省检察院在二审程序中如何发表意见。K市中级法院对吕某维持原判，对付某改判为10年有期徒刑。吕某在K市监狱服刑期间，K市监狱认为吕某符合假释的条件，向K市中级法院提出假释建议，K市中级法院作出了假释的裁定，同时将该裁定的副本抄送K市检察院，K市检察院认为该裁定不当，提起抗诉，K市中级法院重新组成合议庭进行审理，维持了原假释的裁定，然后交由公安机关执行。

问题

本案的诉讼程序存在哪些不合法之处？请说明理由。

答案与解析

本案的诉讼程序存在以下不合法之处：

1. B区检察院将对付某和吕某适用的取保候审交由公安机关执行，是错误的。尽管《刑事诉讼法》第67条第2款规定："取保候审由公安机关执行。"但是，这里的"公安机关"是广义的公安机关。《刑事诉讼法》第4条规定："国家安全机关依照法律规定，办理危害国家安全的刑事案件，行使与公安机关相同的职权。"本案中，付某和吕某因所犯的是为境外窃取、非法提供国家秘密、情报罪，由国家安全机关立案侦查，所以，对付某和吕某适用的取保候审，也应当交由国家安全机关执行。

2. 本案中由B区检察院审查起诉、B区法院审理，是错误的。《刑事诉讼法》第21条规定："中级人民法院管辖下列第一审刑事案件：（一）危害国家安全、恐怖活动案件；（二）可能判处无期徒刑、死刑的案件。"本题中的案件属于危害国家安全的犯罪，应由K市检察院审查起诉、K市中级法院进行审理。

3. B区法院公开审理，是错误的。《刑事诉讼法》第188条第1款规定："人民法院审判第一审案件应当公开进行。但是有关国家秘密或者个人隐私的案件，不公开审理；涉及商业秘密的案件，当事人申请不公开审理的，可以不公开审理。"本案属于为境外窃取、非法提供国家秘密、情报案，涉及国家秘密，应当不公开审理。

4. B区检察院在审理中认为，审判长李某应当回避而未回避，当庭提出纠正违法意见，这种监督方法是错误的。《高检规则》第572条规定："人民检察院在审判活动监督中，发现人民法院或者审判人员审理案件违反法律规定的诉讼程序，应当向人民法院提出纠正意见。人民检察院对违反程序的庭审活动提出纠正意见，应当由人民检察院在庭审后提出……"所以，本案中，B区检察院只能在庭审后提出纠正意见。

5. 在第二审中，最高人民法院听取K市中级法院对该案的汇报并就如何审理提出意见，是错误的。因为我国上下级法院之间是监督关系，在二审时，上级法院不得对此案提出意见，否则，会使我国的审级制度流于虚置。注意：最高人民检察院听取了K市检察院的汇报并对案件事实、证据进行审查，决定T省检察院在二审程序中如何发表意见。这一做法是正确的，因为我国检察院上下级是领导关系，所以，上级检察院可以就具体案件的处理向下级检察院提出意见。

6. 付某上诉后因病去世，K市中级法院对付某改判为10年有期徒刑，是错误的。《刑事诉讼法》第16条规定："有下列情形之一的，不追究刑事责任，已经追究的，应当撤销案件，或者不起诉，或者终止审理，或者宣告无罪：……（五）犯罪嫌疑人、被告人死亡的……"《高法解释》第390条规定："共同犯罪案件，上诉的被告人死亡，其他被告人未上诉的，第二审人民法院应当对死亡的被告人终止审理；但有证据证明被告人无罪，经缺席审理确认无罪的，应当判决宣告被告人无罪。具有前款规定的情形，第二审人民法院仍应对全案进行审查，对其他同案被告人作出判决、裁定。”本案第二审中，付某死亡，第二审法院不得宣告其有罪，只能对其终止审理。

7. K市中级法院对吕某维持原判，是错误的。《刑事诉讼法》第238条规定：“第二审人民法院发现第一审人民法院的审理有下列违反法律规定的诉讼程序的情形之一的，应当裁定撤销原判，发回原审人民法院重新审判：（一）违反本法有关公开审判的规定的……”本案涉及国家秘密，第一审应当不公开审理而进行公开审理，违反了刑事诉讼有关公开审判的规定，属于《刑事诉讼法》第238条第1项规定的情形，所以，第二审法院应当裁定撤销原判，发回原审法院重新审判。

8. K市检察院认为假释裁定不当，提起抗诉，是错误的。《刑事诉讼法》第274条规定：“人民检察院认为人民法院减刑、假释的裁定不当，应当在收到裁定书副本后二十日以内，向人民法院提出书面纠正意见……”因此，K市检察院认为假释裁定不当，只能以“提出书面纠正意见”的方式进行监督。

9. 法院将假释裁定交由公安机关执行，是错误的。《刑事诉讼法》第269条规定：“对被判处管制、宣告缓刑、假释或者暂予监外执行的罪犯，依法实行社区矫正，由社区矫正机构负责执行。”所以，假释裁定应当交由社区矫正机构执行。

重点法条提示

《刑事诉讼法》第15条、《关于适用认罪认罚从宽制度的指导意见》第5—7条、第9条	认罪认罚从宽原则
《刑事诉讼法》第16条	具有法定情形不予追究刑事责任原则

专题三　管　辖

一、主观题考情分析

年份	考点	题型
2022 年	并案审理与分案审理	逐步发问型案例分析
2021 年	并案审理	逐步发问型案例分析
2020 年	计算机网络犯罪的犯罪地	逐步发问型案例分析
2019 年	立案管辖、交叉管辖、级别管辖、地域管辖、指定管辖	逐步发问型案例分析（含找错误）
2002 年	立案管辖	找错型案例分析

在刑事案件的立案侦查、审查起诉、审判每一阶段都会涉及管辖的问题。对于本专题，考生应重点掌握立案管辖（如监察机关、检察院、法院直接受理的刑事案件范围）、交叉管辖、并案管辖（并案审理和分案审理）、中级法院管辖的案件范围、上下级法院级别管辖的流转、一般地域管辖（特别是犯罪地、被告人居住地的识别）、指定管辖的适用、特殊地域管辖等知识点。考生尤其应注意今年大纲新增的《关于办理信息网络犯罪案件适用刑事诉讼程序若干问题的意见》中关于信息网络犯罪案件管辖的规定和 2021 年《高法解释》新增的关于并案审理、分案审理的规定。

二、必背精华

★1. 检察院管辖的案件（口诀）：司法职权损公正侵民权，公安管辖职务犯罪需省检。

★2. 监察机关管辖的案件：公职人员和有关人员的职务犯罪。

★3. 法院管辖的案件：

（1）纯自诉（亲告罪）：侮辱诽谤 + 虐待、暴力干涉 +

侵占。

（2）公兼自（被害人有证据证明的轻微刑事案件）：主要注意轻伤害、重婚和遗弃。

（3）公转自（不能调解、不能反诉）。

★4. 交叉管辖

（1）监察机关管辖的案件与其他机关管辖的案件交叉：监察为主，其他协助。

（2）检察院侦查时发现监察机关管辖的犯罪线索：在与监察机关沟通后，全部移送监察机关或者分别管辖。

（3）法院审理公诉中发现其他公诉：应当通知检察院，由其决定是否补充、变更、追加起诉或者补充侦查。

5. 并案管辖

（1）情形：一人数罪；共同犯罪；共同犯罪的嫌疑人、被告人还实施其他犯罪的；关联犯罪。

★（2）并案审理和分案审理：

①法院发现被告人还有其他犯罪被起诉的，可以并案审理；涉及同种犯罪的，一般应当并案审理。法院发现被告人还有其他犯罪被审查起诉、立案侦查、立案调查的，可以参照前述规定协商检察院、公安机关、监察机关并案处理，但可能造成审判过分迟延的除外。

②第二审法院在审理过程中，发现被告人还有其他犯罪没有判决，第二审法院决定并案审理的，应当发回第一审法院，由第一审法院作出处理。

③对一案起诉的共同犯罪或关联犯罪案件，法院可分案审理。对分案起诉的共同犯罪或关联犯罪案件，法院可并案审理（法院考虑公正、效率、权利因素）。

④有多名被告人的案件，部分被告人的犯罪事实不清、证据不足或者有新的犯罪事实需要追诉，且有关犯罪与其他同案被告人没有关联的，第二审法院可以对该部分被告人分案处理，将该部分被告人发回原审法院重新审判。原审法院重新作出判决后，被告人上诉或者检察院抗诉，其他被告人的案件尚未作出第二审判决、裁定的，第二审法院可以并案审理。

⑤对依照审判监督程序重新审判的案件，法院在依照第

一审程序进行审判的过程中，发现原审被告人还有其他犯罪的，一般应当并案审理，但也可以分案审理。

（3）信息网络犯罪案件的并案处理与分案处理

并案侦查的共同犯罪或者关联犯罪案件，犯罪嫌疑人人数众多、案情复杂的，公安机关可以分案移送审查起诉。分案移送审查起诉的，应当对并案侦查的依据、分案移送审查起诉的理由作出说明。对于前述的案件，检察院可以分案提起公诉，法院可以分案审理。

依照上述规定分案处理，公安机关、检察院、法院在分案前有管辖权的，分案后对相关案件的管辖权不受影响。根据具体情况，分案处理的相关案件可以由不同审级的法院分别审理。

6. 级别管辖

★（1）中院管辖的案件（口诀）：国恐无死没缺。

（2）上下级法院管辖流转：上可审下、下不可审上、就高不就低。

★7. 一般地域管辖

犯罪地为主，居住地为辅：

（1）犯罪地包括行为地 + 结果地。

（2）居住地：户籍地，不一致的以经常居住地为居住地；登记地，不一致的以主要营业地或主要办事机构地为居住地。

8. 指定管辖

（1）适用情形：

①管辖不明或者存在争议。

②有管辖权但客观上不能管。

③有管辖权但犯罪地、被告人居住地以外的法院审判更为适宜。

（2）程序：

①管辖有争议：先协商，协商不成的层报共同上级法院指定。

②管辖不能：请求移送上一级法院（上一级可以自己管，也可指定）。

（3）案卷移送：

①公诉：案卷退回检。

②自诉：直接移送。

9. 特殊地域管辖

（1）外国人在境外：被告人登陆地、入境地或入境后居住地或被害人离境前居住地、被害人现居住地。

（2）领域外中国船舶：最初停泊地、被告人登陆地、入境地。

（3）列车上的犯罪：

①运行途中抓获：前方停靠站＋始发站＋终点站法院。

②不是在运行途中抓获：负责该列车乘务的铁路公安机关对应的法院；若在运行途经车站抓获的，也可以由该车站所在地法院管辖。

（4）国际列车：先按照协定，无协定的，以始发＋前方停靠地。

（5）中国人在领域外：被告人登陆地、入境地、离境前居住地、现居住地；被害人是中国公民的，也可由被害人离境前居住地或者现居住地。

（6）中国内水、领海内的犯罪：犯罪地、被告人登陆地、居住地。

（7）监狱的罪犯有漏罪：原则上是原审地，犯罪地和服刑地也可管。

（8）监狱的罪犯有新罪：原则上是服刑地；在外犯罪且当地抓获并发现犯罪，才由犯罪地管。

三、模拟演练

案例

龙某等40人在H省K市组织、领导、参加黑社会性质组织，被H省K市公安局立案侦查，龙某委托律师马某在侦查阶段担任其辩护人。马某在K市看守所会见龙某时，为帮助龙某开脱罪责，诱导、唆使龙某编造K市公安局对其刑讯逼供，涉嫌伪造证据、妨害作证罪。K市公安局指定K市C区公安局对马某伪造证据、妨害作证罪立案侦查。上述两案侦查终结后，K市检察院将两案并案审查起诉，之后向K市中级法院提起公诉，在审理中，马某认为此案是全国瞩目的案件，K市中级法院不适宜审理，遂提出管辖权异议。K市中级法院于是上报H省高级法院，H省高级法院将马某伪造证据、妨害作证案指定给H省B市中级法院进行审理，龙某等人组织、领导、参加黑社会性质组织案依然由K市中级法院审理。指定管辖后，K市中级法院将案件材料直接交给B市中级法院。B市中级法院审理中发现马某还涉嫌在另外一起刑事案件中妨碍作证，B市中级法院将其合并审理后判处马某有期徒刑5年。K市中级法院对龙某等人组织、领导、参加黑社会性质组织案在庭前审查时，发现该院没有管辖权，应由H省D市中级法院审理，于是移送D市中级法院审理。D市中级法院审理时，认为该案中龙某所涉嫌的犯罪事实不清、证据不足，于是D市检察院在撤回起诉后作出不起诉决定，该案的被害人温某不服，向D市中级法院提起自诉，D市中级法院经审理，依法判处龙某15年有期徒刑。在交付执行后，龙某在M市监狱服刑期间脱逃到Z市实施抢劫，再流窜到P市才被抓获，P市中级法院对其抢劫罪进行审理后与其组织、领导、参加黑社会性质组织罪数罪并罚，处以无期徒刑。

问题

1. K市公安局可否指定K市C区公安局侦查马某的伪造证据、妨害作证罪？为什么？

2. K市检察院可否对龙某等人组织、领导、参加黑社会性质组织案和马某伪造证据、妨害作证案并案审查起诉？为什么？

3. K市中级法院对马某提出的管辖权异议的处理，是否正确？为什么？

4. K 市中级法院将案件材料直接交给 B 市中级法院，是否正确？为什么？

5. K 市中级法院对龙某等人组织、领导、参加黑社会性质组织案在庭前审查时，发现该院没有管辖权，移送 H 省 D 市中级法院审理，是否正确？为什么？

6. 若检察院以一案起诉龙某等人组织、领导、参加黑社会性质组织罪，法院能否对该案分案审理？为什么？

7. 若法院对龙某等人组织、领导、参加黑社会性质组织罪作出一审判决后，龙某不服一审判决，提出上诉，第二审法院在二审时，发现龙某还有洗钱罪需追诉，且该罪与其他同案被告人没有关联，第二审法院对该罪分案处理还是并案审理？为什么？

8. 被害人温某向 D 市中级法院提起自诉，是否正确？为什么？

9. B市中级法院审理中发现马某还涉嫌在另外一起刑事案件中妨碍作证，B市中级法院将其合并审理后作出判决，是否正确？为什么？

10. P市中级法院是否有权对抢劫罪进行审理？为什么？

11. 若龙某在M市监狱服刑期间，M市监狱的监狱长冯某在收受龙某的贿赂后，徇私舞弊，对不符合减刑条件的龙某予以减刑。对冯某的犯罪，如何确定管辖？

答案与解析

1. K市公安局不能指定K市C区公安局侦查马某的伪造证据、妨害作证罪。因为，《六机关规定》第9条规定："公安机关、人民检察院发现辩护人涉嫌犯罪，或者接受报案、控告、举报、有关机关的移送，依照侦查管辖分工进行审查后认为符合立案条件的，应当按照规定报请办理辩护人所承办案件的侦查机关的上一级侦查机关指定其他侦查机关立案侦查，或者由上一级侦查机关立案侦查。不得指定办理辩护人所承办案件的侦查机关的下级侦查机关立案侦查。"本案中，马某所承办的案件是龙某等人组织、领导、参加黑社会性质组织案，该案由H省K市公安局立案侦查，马某的伪造证据、妨害作证案不能由K市公安局立案侦查，也不能指定给K市C区公安局立案侦查，因为C区公安局是K市公安局的下级侦查机关。

2. K市检察院可以对龙某等人组织、领导、参加黑社会性质组织案和马某伪造证据、妨害作证案并案审查起诉。因为，《六机关规定》第3条规定："具有下列情形之一的，人民法院、人民检察院、公安机关可以在其职责范围内并案处理：（一）一人犯数罪的；（二）共同犯罪的；（三）共同犯罪的犯罪嫌疑人、被告人还实施其他犯罪的；（四）多个犯罪嫌疑人、被告人实施的犯罪存在关联，并案处理有利于查明案件事实的。”龙某等人组织、领导、参加黑社会性质组织案和马某伪造证据、妨害作证案，属于“多个犯罪嫌疑人、被告人实施的犯罪存在关联”的情形，所以，K市检察院可以对两案并案审查起诉。

3. K市中级法院对马某提出的管辖权异议的处理正确。从地域管辖上来讲，两案都发生在K市，K市的法院有管辖权。从级别管辖上来看，此两罪均不可能判处无期徒刑、死刑，由基层法院管辖。但是，依据《高法解释》第18条的规定：“有管辖权的人民法院因案件涉及本院院长需要回避或者其他原因，不宜行使管辖权的，可以请求移送上一级人民法院管辖。上一级人民法院可以管辖，也可以指定与提出请求的人民法院同级的其他人民法院管辖。”本案中，H省高级法院认为有管辖权的法院不宜行使管辖权，将马某伪造证据、妨害作证案指定给异地的法院（即H省B市中级法院）进行审理，龙某等人组织、领导、参加黑社会性质组织案依然由K市中级法院审理（尽管该案不可能判处无期徒刑、死刑，但是，中级法院可以审理由基层法院管辖的案件）。

4. K市中级法院将案件材料直接交给B市中级法院，该做法不正确。《高法解释》第22条规定：“原受理案件的人民法院在收到上级人民法院改变管辖决定书、同意移送决定书或者指定其他人民法院管辖的决定书后，对公诉案件，应当书面通知同级人民检察院，并将案卷材料退回，同时书面通知当事人；对自诉案件，应当将案卷材料移送被指定管辖的人民法院，并书面通知当事人。”马某伪造证据、妨害作证案属于公诉案件，所以，K市中级法院应当将案件材料退回K市检察院。

5. K市中级法院对龙某等人组织、领导、参加黑社会性质组织案在庭前审查时，发现该院没有管辖权，移送H省D市中级法院审理，该做法不正确。《高法解释》第219条第1款规定：“人民法院对提起公诉的案件审查后，应当按照下列情形分别处理：（一）不属于本院管辖的，应当退回人民检察院……”在本案中，K市中级法院应当退回K市检察院。

6. 依据《高法解释》第220条的规定，本案属于对一案起诉的共同犯罪案件，被告人人数众多，法院认为分案审理更有利于保障庭审质量和效率的，可以分案审理。但是，分案审理不得影响当事人质证权等诉讼权利的行使。

7. 第二审法院可以对龙某的洗钱案分案处理，将龙某发回第一审法院重新审判。第一审法院重新作出判决后，龙某上诉或者检察院抗诉的，其他被告人的案件尚未作出第二审判决、裁定的，第二审法院可以并案审理。因为，《高法解释》第404条第2款规定：“有多名被告人的案件，部分被告人的犯罪事实不清、证据不足或者有新的犯罪事实需要追诉，且有关犯罪与其他同案被告人没有关联的，第二审法院根据案件情况，可以对该部分被告人分案处理，将该部分被告人发回原审法院重新审判。原审法院重新作出判决后，被告人上诉或者检察院抗诉，其他被告人的案件尚未作出第二审判决、裁定的，第二审法院可以并案审理。”

8. 被害人温某向D市中级法院提起自诉，是正确的。《刑事诉讼法》第210条规定：“自诉案件包括下列案件：（一）告诉才处理的案件；（二）被害人有证据证明的轻微刑事案件；（三）被害人有证据证明对被告人侵犯自己人身、财产权利的行为应当依法追究刑事责任，而公安机关或者人民检察院不予追究被告人刑事责任的案件。”本案中，D市检察院对龙某的组织、领导、参加黑社会性质组织案作出不起诉决定，被害人温某向D市中级法院提起自诉，该案就从公诉案件转为自诉案件。

9. 不正确。因为，《高法解释》第297条规定：“审判期间，人民法院发现新的事实，可能影响定罪量刑的，或者需要补查补证的，应当通知人民检察院，由其决定是否补充、变更、追加起诉或者补充侦查。人民检察院不同意或者在指定时间内未回复书面意见的，人民法院应当就起诉指控的事实，依照本解释第二百九十五条的规定作出判决、裁定。”本案中，B市中级法院审理中发现马某还涉嫌在另外一起刑事案件中妨碍作证，依据不告不理的原理，B市中级法院不得直接合并审理后作出判决，应当通知检察院，由其决定是否补充、变更、追加起诉或者补充侦查。

10. P市中级法院无权对抢劫罪进行审理。《高法解释》第13条第2、3款规定："罪犯在服刑期间又犯罪的，由服刑地的人民法院管辖。罪犯在脱逃期间又犯罪的，由服刑地的人民法院管辖。但是，在犯罪地抓获罪犯并发现其在脱逃期间犯罪的，由犯罪地的人民法院管辖。"由此可见，本案中，对于龙某的抢劫罪这一新罪并非在犯罪地Z市抓获并被发现，应当由服刑地的法院即M市中级法院进行审理。

11. 冯某涉嫌受贿罪和徇私舞弊减刑罪，依据《刑事诉讼法》第19条第2款，《监察法》第11条、第34条，《高检规则》第13条、第17条的规定，冯某的受贿罪由监察委员会调查，徇私舞弊减刑罪可以由监察委员会调查，也可以由检察院立案侦查。

重点法条提示

法条	内容
《刑事诉讼法》第19条第2款	检察院管辖的案件范围
《监察法》第11条	监察机关管辖的案件范围
《监察法》第34条	监察机关与其他机关管辖竞合的处理
《高检规则》第17条	监察机关与检察院管辖竞合的处理
《高法解释》第24条、第25条、第220条、第404条、第467条	并案审理和分案审理
《关于办理信息网络犯罪案件适用刑事诉讼程序若干问题的意见》第5、6条	信息网络犯罪案件的并案处理与分案处理
《刑事诉讼法》第210条	法院管辖的案件范围
《刑事诉讼法》第21条，《高法解释》第14条、第15条、第17条	级别管辖
《刑事诉讼法》第25条，《高法解释》第2条、第3条	地域管辖
《高法解释》第18条、第19条、第22条	指定管辖

专题四　回　避

一、主观题考情分析

年份	考点	题型
2021 年（福建等地区延考）	申请回避的处理程序	逐步发问型案例分析

本专题在案例分析题中宜结合着侦查、审查起诉、审判程序加以考查。考生应重点注意回避的适用对象和法定理由、申请回避的程序问题。当然，违反回避制度会带来的程序性法律后果与第二审的处理方式等密切相关。

二、必背精华

1. 回避的适用对象：审、检、侦、书、鉴、翻、专（有专门知识的人）、助。

2. 回避的法定理由：

（1）是当事人或近亲属。

（2）有利害关系。

（3）担任过证、鉴、辩、诉代、翻译的。

（4）是辩护人、诉讼代理人近亲属的。

（5）其他关系，影响公正。

（6）请客送礼、违规会见（须证明）。

（7）程序只能参加一次的（例外：二审、法定刑以下判处刑罚的复核程序或死核发回重审又回二审、法定刑以下判处刑罚的复核程序或死核的）。

3. 申请回避的程序：

（1）申请主体：当、法、辩、诉。

（2）决定主体：集体组织（审委会决定院长；检委会决定检察长和侦查机关负责人）→当官的（三“长”）→当

兵的（三“长”以外的人）。

（3）以非法定理由申请：当庭驳回，且不得复议。

（4）以法定理由申请：

①提出回避申请—（审查期间）—作出回避与否的决定，申请复议一次—（复议期间）—复议决定。

②审查期间停止诉讼活动，但侦查活动例外；复议期间，诉讼活动不停止。

③申请复议一次的主体：被驳回回避申请的当、法、辩、诉。

④检察人员被决定回避前诉讼行为和证据的效力：谁决定回避，谁决定是否有效。

三、模拟演练

案例

张某雇佣李某杀害赵某和周某，致赵某死亡，周某重伤。该案由A省B市公安局立案侦查，B市公安局侦查人员甲和乙在讯问张某时，张某提出，甲是赵某的表弟，口头申请甲回避，于是，甲停止了对张某的讯问，由乙对张某继续进行讯问，B市公安局局长刘某经审查后驳回了张某的回避申请。该案在侦查终结后，移送B市检察院审查起诉，在审查起诉中，周某的诉讼代理人提出参与审查起诉的检察人员胡某曾在侦查阶段担任证人，要求胡某回避，被B市检察院检察长驳回。该案后由B市检察院向B市中级法院提起公诉。B市中级法院在审理中，张某提出B市中级法院院长蔡某可能是本案的幕后指使者，遂要求B市中级法院整体回避（即B市中级法院所有法官回避）。张某的辩护人对公诉人向法庭出示的鉴定意见提出质疑，认为该鉴定意见系伪证，并且出庭的公诉人丙和丁参与了制造伪证，申请公诉人回避。李某的辩护人认为公诉人丙参与过本案审查起诉阶段的自行补充侦查，不得再出庭支持公诉，遂申请丙回避。上述三个回避申请均被B市中级法院当庭驳回。张某的辩护人对驳回的决定不服，要求复议，该复议申请也被驳回。B市中级法院经过审理，判处张某死刑立即执行，李某无期徒刑。张某不服该判决，提出上诉，A省高级法院以事实不清、证据不足为由，发回B市中级法院重审，B市中级法院由原合议庭成员进行重审并维持原判，张某又不服，提出上诉，A省高级法院由原合议庭成员重审后裁定撤销原判，发回B市中级法院重审。B市中级法院重审后，维持张某的死刑立即执行判决，并改判李某15年有期徒刑。之后，张某和李某均未上诉，B市中级法院逐级报请最高人民法院核准，最高人民法院经过复核后，认为原判事实正确，但对张某可不立即执行死刑，遂裁定发回B市中级法院重审，B市中级法院由原合议庭对张某改判为死刑缓期两年执行。

问题

1. 侦查人员甲是否应当停止对张某的讯问？为什么？

2. B市公安局局长驳回张某的回避申请，是否正确？为什么？

3. 若法院在审理中发现乙是周某的近亲属，乙对张某的讯问笔录被要求排除，法院是否应当排除该讯问笔录？

4. B市中级法院驳回张某、张某的辩护人、李某的辩护人的回避申请，是否正确？为什么？

5. 张某的辩护人对驳回的决定不服，要求复议，法院驳回该复议申请，是否正确？为什么？

6. B 市中级法院两次由原合议庭成员进行重审，是否正确？为什么？

7. A 省高级法院两次裁定撤销原判，发回 B 市中级法院重审，是否正确？为什么？

8. A 省高级法院由原合议庭成员进行重审，是否正确？为什么？

答案与解析

1. 侦查人员甲不应当停止对张某的讯问。因为，《公安部规定》第 38 条规定："在作出回避决定前，申请或者被申请回避的公安机关负责人、侦查人员不得停止对案件的侦查。作出回避决定后，申请或者被申请回避的公安机关负责人、侦查人员不得再参与本案的侦查工作。"

2. B 市公安局局长驳回张某的回避申请，是正确的。因为，《刑事诉讼法》第 29 条规定："审判人员、检察人员、侦查人员有下列情形之一的，应当自行回避，当事人及其法定代理人也有权要求他们回避：（一）是本案的当事人或者是当事人的近亲属的……"同时，依据《刑事诉讼法》第 108 条第 6 项的规定，第 29 条第 1 项中的"近亲属"若是公安机关办案人员的近亲属，指的是"夫、妻、父、母、子、女、同胞兄弟姊妹"。侦查人员甲是被害人赵某的表弟，不属于此处的近亲属，所以，B市公安局局长应驳回张某的回避申请。

3. 法院不应当排除该讯问笔录。《高法解释》第94条规定："被告人供述具有下列情形之一的，不得作为定案的根据：（一）讯问笔录没有经被告人核对确认的；（二）讯问聋、哑人，应当提供通晓聋、哑手势的人员而未提供的；（三）讯问不通晓当地通用语言、文字的被告人，应当提供翻译人员而未提供的；（四）讯问未成年人，其法定代理人或者合适成年人不在场的。"《高法解释》第95条规定："讯问笔录有下列瑕疵，经补正或者作出合理解释的，可以采用；不能补正或者作出合理解释的，不得作为定案的根据：（一）讯问笔录填写的讯问时间、讯问地点、讯问人、记录人、法定代理人等有误或者存在矛盾的；（二）讯问人没有签名的；（三）首次讯问笔录没有记录告知被讯问人有关权利和法律规定的。"由此可见，乙对张某的讯问笔录既不属于《高法解释》第94条规定的强制性排除的讯问笔录，也不属于《高法解释》第95条规定的裁量性排除的讯问笔录。

4. B市中级法院驳回张某、张某的辩护人、李某的辩护人的回避申请，是正确的。

张某提出B市中级法院院长蔡某可能是本案的幕后指使者，遂要求B市中级法院整体回避。按照我国刑事诉讼法及司法解释的规定，我国不存在整体回避。所以，B市中级法院应当驳回张某的回避申请。

张某的辩护人对公诉人向法庭出示的鉴定意见提出质疑，认为该鉴定意见系伪证，并且出庭的公诉人丙和丁参与了制造伪证，申请公诉人回避。张某的辩护人所提出的回避理由不属于《刑事诉讼法》第29条、第30条规定的情形，按照《高法解释》第35条第2款的规定："当事人及其法定代理人申请回避被驳回的，可以在接到决定时申请复议一次。不属于刑事诉讼法第二十九条、第三十条规定情形的回避申请，由法庭当庭驳回，并不得申请复议。"

李某的辩护人认为公诉人丙参与过本案的审查起诉，不得再出庭支持公诉，遂申请丙回避。《高检规则》第35条规定："参加过同一案件侦查的人员，不得承办该案的审查逮捕、审查起诉、出庭支持公诉和诉讼监督工作，但在审查起诉阶段参加自行补充侦查的人员除外。”因为审查起诉阶段的自行补充侦查依然属于审查起诉的活动，审查起诉和出庭支持公诉都属于捕诉部门的职责，所以，参与过审查起诉阶段自行补充侦查的丙可以再出庭支持公诉，不需要回避，因此，B市中级法院对李某的辩护人的回避申请予以驳回，是正确的。

5. 正确。按照前引的《高法解释》第35条第2款的规定，张某的辩护人提出的回避理由不属于《刑事诉讼法》第29条、第30条规定情形的回避申请，所以，法庭当庭驳回，并不得申请复议。只有以法定理由申请回避，被驳回后，被驳回回避申请的当事人及其法定代理人、辩护人、诉讼代理人可以申请复议。

6. B市中级法院第一次由原合议庭成员进行重审，是不正确的。依据《刑事诉讼法》第239条的规定，原审人民法院对于第二审人民法院发回重新审判的案件，应当另行组成合议庭，依照第一审程序进行审判。

B市中级法院第二次由原合议庭成员进行重审，是正确的。《高法解释》第432条规定：“最高人民法院裁定不予核准死刑，发回重新审判的案件，原审人民法院应当另行组成合议庭审理，但本解释第四百二十九条第四项、第五项规定的案件除外。”《高法解释》第429条规定：“最高人民法院复核死刑案件，应当按照下列情形分别处理：……（四）复核期间出现新的影响定罪量刑的事实、证据的，应当裁定不予核准，并撤销原判，发回重新审判；（五）原判认定事实正确、证据充分，但依法不应当判处死刑的，应当裁定不予核准，并撤销原判，发回重新审判；根据案件情况，必要时，也可以依法改判……”本案中，最高人民法院经过复核后，认为原判事实正确，但对张某可不立即执行死刑，裁定发回B市中级法院重审，属于以《高法解释》第429条第5项理由发回重审，B市中级法院可以由原合议庭重审，不是应当另行组成合议庭审理。

7. A省高级法院两次裁定撤销原判，发回B市中级法院重审，是正确的。

《刑事诉讼法》第236条第1款规定：“第二审人民法院

对不服第一审判决的上诉、抗诉案件，经过审理后，应当按照下列情形分别处理：（一）原判决认定事实和适用法律正确、量刑适当的，应当裁定驳回上诉或者抗诉，维持原判；（二）原判决认定事实没有错误，但适用法律有错误，或者量刑不当的，应当改判；（三）原判决事实不清楚或者证据不足的，可以在查清事实后改判；也可以裁定撤销原判，发回原审人民法院重新审判。”本案中，A省高级法院第一次即是以上述第3项为由发回原审法院重新审理。

《刑事诉讼法》第239条规定：“原审人民法院对于发回重新审判的案件，应当另行组成合议庭，依照第一审程序进行审判。对于重新审判后的判决，依照本法第二百二十七条、第二百二十八条、第二百二十九条的规定可以上诉、抗诉。”同时，《高法解释》第406条规定：“第二审人民法院发现原审人民法院在重新审判过程中，有刑事诉讼法第二百三十八条规定的情形之一，或者违反第二百三十九条规定的，应当裁定撤销原判，发回重新审判。”所以，A省高级法院第二次即是以违反《刑事诉讼法》第239条（即未另行组成合议庭进行审判）为由发回原审法院重新审理。

8. A省高级法院由原合议庭成员进行重审，是正确的。《高法解释》第29条规定：“参与过本案调查、侦查、审查起诉工作的监察、侦查、检察人员，调至人民法院工作的，不得担任本案的审判人员。在一个审判程序中参与过本案审判工作的合议庭组成人员或者独任审判员，不得再参与本案其他程序的审判。但是，发回重新审判的案件，在第一审人民法院作出裁判后又进入第二审程序、在法定刑以下判处刑罚的复核程序或者死刑复核程序的，原第二审程序、在法定刑以下判处刑罚的复核程序或者死刑复核程序中的合议庭组成人员不受本款规定的限制。”本案中，B市中级法院重审后，A省高级法院进行第二次的二审时，就不受“程序只能参加一次”的限制。

《高法解释》第36条	申请回避的处理程序

专题五　辩护与代理

一、主观题考情分析

年份	考点	题型
2021 年	值班律师的诉讼地位和权利、职责	逐步发问型案例分析
2008 年延考	委托辩护人、辩护律师的会见权	找错型案例分析
2005 年	可撰写辩护词	直接撰写型法律文书
2004 年	法律援助辩护、拒绝辩护	逐步发问型案例分析

本专题的重点是辩护，适宜结合诉讼程序加以考查。考生应注意辩护人的范围和人数、辩护人的诉讼权利和诉讼义务、辩护的种类（尤其是委托辩护、法律援助辩护）、拒绝辩护、法律援助值班律师等问题，对于刑事诉讼代理，主要注意其与辩护的区别。

二、必背精华

1. 辩护人的诉讼地位：依事实、法律辩护；独立于公检法及嫌疑人、被告人；合法权益的专门维护者。

2. 有效辩护：体现于整个诉讼过程；体现在自行辩护、委托辩护和法律援助辩护中。

3. 辩护的分类：无罪辩护、罪名辩护、罪数辩护、量刑辩护、程序性辩护。

★4. 不能担任辩护人的范围

（1）绝对禁止（口诀）：无限人、无自由、受刑罚。

（2）相对禁止（口诀）：公检法安监监利害、开除吊销陪审老外（若是近亲属、监护人，即可担任辩护人）。

5. 辩护人的人数

（1）可委托1~2名。

（2）不得为两名以上同案犯以及事实存在关联的嫌疑人、被告人辩护。

★6. 辩护人的阅卷权：

（1）非律师需检法许可，律师无须许可。

（2）时间：审查起诉之日。

（3）范围：

①本案的案卷材料（诉讼文书和证据材料）（但评议笔录、审委会、检委会讨论记录除外）。

②查阅作为证据材料向法院移送的讯问录音录像应准许。

★7. 辩护人的会见、通信权：

（1）律师持三证会见，48小时安排。

（2）国恐侦查阶段律师会见须许可（有碍侦查或泄国秘就不许可）。

（3）会见目的：了解案情、提供咨询，移送审查起诉之日才可核实证据。

（4）不被监听、不能在场。

（5）通信可检查，但只有“国安”“公共”“人身”“毁证、串供”，才可截留复制、删改，向办案机关提供。

★8. 辩护人的调查取证权：

（1）非律师辩护人只能申请调证，无自行调证权。

（2）律师自行调证分两种：

①向控方证人调证，须法、检许可和被调查人同意。

②向辩方证人调证，只需被调查人同意。

（3）辩护人可申请调取无罪、罪轻证据。

★9. 辩护人的提出意见权：

（1）侦查终结前、审查批准、决定逮捕、复核死刑期间，律师提出要求的，应当听取意见。

（2）审查起诉、速裁案件审理、二审法院决定不开庭审理、检察院办理死刑上诉和抗诉案件，应当听取辩护人的意见。

10. 辩护律师的参加庭审权：

（1）律师做无罪辩护的，可提量刑辩护意见。

（2）律师可带一名助理参加庭审，助理不可发表辩护、代理意见。

★11. 申请变更、解除强制措施的主体：犯、法、近、辩。

12. 辩护人、诉代的救济权：向检申诉、控告。

13. 律师的知情权：重大的程序性决定，应告知辩护律师。

★14. 辩护人的诉讼义务：

（1）特定证据开示义务：（嫌疑人）不在场、年龄小、精神病。

（2）披露义务：正在实施或准备实施涉及国安、公共安全、人身的犯罪。

★15. 追究辩护人犯罪的程序：

（1）同案侦查机关回避。

（2）应当及时通知律所或者所属律协。

★16. 委托辩护：

（1）公诉案件委托时间：第一次讯问或采取强制措施之日。

（2）委托主体：嫌疑人和被告人；在押的，可由监护人、近亲属代为委托。

（3）辩护人接受委托后应当及时告知办案机关。

（4）侦查阶段辩护律师的权利：提供法律帮助、代理申诉控告、了解情况、提出意见、申请变更、解除强制措施、会见通信、调查取证。

★17. 法律援助辩护：

（1）前提：嫌疑人、被告人未委托辩护人。

（2）法律援助辩护与委托辩护并存的处理规则：应当听取被告人的意见，由其确定辩护人人选。

（3）存在的阶段：侦查、审查起诉、审判阶段。

（4）申请主体：嫌疑人、被告人及其近亲属。

（5）指定的人员：对可能被判处无期徒刑、死刑的人以及死刑复核案件的被告人，应当指派具有 3 年以上相关执业经历的律师。死刑复核案件的被告人，应当指派具有 3 年以上刑事辩护执业经历的律师。

（6）“应当”指定的对象（口诀）：残疾不能辨别申死，无死缺席未成年。

18. 拒绝辩护：

（1）应当法律援助的对象：只能拒绝一次，若拒绝指派的律师，须有正当理由，最后必须有辩护人。

（2）其他：拒绝2次，无须理由，最后只能自行辩护。

（3）拒绝辩护的程序：只会导致休庭，不会导致延期审理。

（4）被告人在一个审判程序中更换辩护人一般不得超过两次。庭审结束后、判决宣告前另行委托辩护人的，可以不重新开庭；辩护人提交书面辩护意见的，应当接受。

★19. 法律援助值班律师：

（1）地位：是法律帮助者，不是辩护人，不提供出庭辩护服务。

（2）前提：所有案件和所有阶段没有辩护人的情形。

（3）职责：咨询、选择、变更、意见、见证签具结书、引导申请法律援助。

（4）权利：会见权（不被监听；“国、恐”案件，侦查阶段会见需许可）；阅卷权（审查起诉之日起，查阅案卷材料，了解案情）；提出意见权；了解情况权。

20. 辩护人和诉讼代理人的区别：尤其注意公诉案件委托时间不一样，被害人从审查起诉之日起委托诉代。

21. 法定代理人和诉讼代理人的区别：

法定代理人：法律规定产生；无限人才有；其权利基本与被代理人相同，人身性质的权利不能代理；可违背被代理人意志。

诉讼代理人：

（1）委托主体包括：

①被害人及其法代或者近亲属。

②自诉人及其法代。

③附民当事人及法代。

④没收案件的嫌疑人、被告人及近亲属和其他利害关系人。

⑤强制医疗案件的被申请人或被告人。

（2）范围同辩护人。

（3）权利限授权范围，代理意见必须与被代理人一致。

三、模拟演练

案例

2017年7月10日，莫某和吴某因涉嫌共同故意杀人罪、盗窃罪被H市公安局刑事拘留，在侦查过程中，吴某多次声称自己无罪，要求委托律师辩护，侦查人员表示，此案需要在有碍侦查的情形消失后，吴某才可以委托辩护律师。在H市公安局报请H市检察院批准逮捕后，莫某委托郭律师为其辩护，吴某委托其在G市担任公安局副局长的父亲老吴担任辩护人，被害人康某（已死亡）的父亲老康委托郝律师担任诉讼代理人。郭律师申请会见莫某，H市公安局告知郭律师，此案涉及国家秘密，需经许可才能会见。在郭律师一再承诺不会泄露国家秘密的情况下，H市公安局许可郭律师会见莫某，但H市公安局要求，在郭律师会见时，为了保证会见安全，侦查人员需要在场。在会见时，郭律师向莫某了解了案件有关情况，核实了能够证明莫某不在场的相关证据。

2017年10月18日，H市公安局侦查终结，移送H市检察院审查起诉。在审查起诉阶段，郭律师在征得老康的同意后，与老康商谈了赔偿事宜，并向老康调取了莫某曾给康某所书写的信件。在郭律师的一再要求下，H市检察院听取了郭律师对本案的意见。

2017年12月1日，H市检察院向H市中级法院提起公诉。郭律师向H市中级法院申请查阅、复制侦查人员讯问莫某的同步录音录像，H市中级法院不予准许。12月21日，H市中级法院第一次开庭审理时，郭律师提出管辖权异议，被H市中级法院驳回，郭律师以退庭的方式表示抗议。H市中级法院认为，郭律师不服从审判长指挥，擅自离庭，拒绝继续为被告人莫某辩护。审判长遂依法决定休庭。12月27日，莫某向法院书面提出不再另行委托辩护人，H市中级法院通知法律援助机构指派律师严某为莫某提供辩护。2018年1月5日，莫某之父书面委托何律师为其辩护，法院征询莫某本人的意见，莫某本人表示由严某为其辩护。

在审理中，严某出示了莫某不在案发现场的证据，公诉人当即提出异议，称该证据在侦查、审查起诉阶段未向公诉机关告知，要求法院不认可该证据的效力。H 市中级法院表示同意。在审理中，莫某与辩护人严某的辩护意见产生了分歧，要求更换辩护人，H 市中级法院表示许可，但要求莫某只能另行委托辩护人辩护，法院不再通知法律援助机构为其指派律师辩护。莫某又委托了钟律师为其辩护，钟律师提出如下辩护意见：此案事实不清、证据不足，但鉴于被害人曾拖欠莫某工资，而且在案发后积极救治被害人，且有自首情节，要求法院从宽处罚。H 市中级法院以故意杀人罪判处被告人莫某死刑，以盗窃罪判处其有期徒刑 5 年，二罪并罚，决定执行死刑；以故意杀人罪判处被告人吴某 15 年有期徒刑。

问题

1. 本案存在哪些程序违法之处？请说明理由。

2. 郭律师提出管辖权异议，被 H 市中级法院驳回后，郭律师有何救济途径？

3. 在郭律师退庭后，由严某为莫某辩护，H 市中级法院的做法是否正确？为什么？

4. 莫某与辩护人严某的辩护意见产生了分歧，要求更换辩护人，法院能否以“辩护人有权依据事实和法律独立进行辩护，而不受犯罪嫌疑人、被告人意志的影响”为由拒绝莫某更换辩护人的请求？为什么？

5. 钟律师可否提出“事实不清”且“要求法院从宽处罚”的辩护意见？

6. 若莫某和吴某均未委托辩护人，二人是否均有权约见值班律师？为什么？

7. 若吴某认罪认罚，值班律师可为其提供哪些法律帮助？

8. 请简述值班律师制度与辩护律师制度的异同点。

答案与解析

1.（1）侦查人员表示，此案需要在有碍侦查的情形消失后，吴某才可以委托辩护律师，是错误的。《刑事诉讼法》第34条第1款规定：“犯罪嫌疑人自被侦查机关第一次讯问或者采取强制措施之日起，有权委托辩护人；在侦查期间，只能委托律师作为辩护人。被告人有权随时委托辩护人。”

（2）吴某委托其在G市担任公安局副局长的父亲老吴担任其辩护人，是错误的。按照前引《刑事诉讼法》第34条第1款的规定，在侦查期间，吴某只能委托律师作为辩护人，不能委托普通公民担任辩护人。

（3）被害人康某的父亲老康在侦查阶段委托郝律师担任诉讼代理人，是错误的。老康应从审查起诉之日起委托诉讼代理人。因为，《刑事诉讼法》第46条第1款规定："公诉案件的被害人及其法定代理人或者近亲属，附带民事诉讼的当事人及其法定代理人，自案件移送审查起诉之日起，有权委托诉讼代理人……"

（4）H市公安局告知郭律师，此案涉及国家秘密，需经许可才能会见，是错误的。依据《刑事诉讼法》第39条第3款的规定，危害国家安全犯罪、恐怖活动犯罪案件，在侦查期间辩护律师会见在押的犯罪嫌疑人，应当经侦查机关许可。本案属于故意杀人案，在侦查期间，郭律师不需要经过公安机关许可就可以会见莫某。

（5）H市公安局要求，在郭律师会见时，为了保证会见安全，侦查人员需要在场，是错误的。依据《关于依法保障律师执业权利的规定》第7条的规定，辩护律师会见犯罪嫌疑人、被告人时不被监听，办案机关不得派员在场。

（6）在会见时，郭律师向莫某核实了能够证明莫某不在场的相关证据，是错误的。依据《刑事诉讼法》第39条第4款的规定："辩护律师会见在押的犯罪嫌疑人、被告人，可以了解案件有关情况，提供法律咨询等；自案件移送审查起诉之日起，可以向犯罪嫌疑人、被告人核实有关证据……"本案在侦查期间，郭律师不得向莫某核实不在场的相关证据。

（7）在审查起诉阶段，郭律师在征得老康的同意后，向老康调取了莫某曾给康某所书写的信件，是错误的。《刑事诉讼法》第43条规定："辩护律师经证人或者其他有关单位和个人同意，可以向他们收集与本案有关的材料，也可以申请人民检察院、人民法院收集、调取证据，或者申请人民法院通知证人出庭作证。辩护律师经人民检察院或者人民法院许可，并且经被害人或者其近亲属、被害人提供的证人同意，可以向他们收集与本案有关的材料。"由此可见，郭律师向老康调取了莫某曾给康某所书写的信件，不仅要经过老康同意，还应经H市检察院许可。

（8）在郭律师的一再要求下，H市检察院听取了郭律师关于本案的意见，存在程序违法。《刑事诉讼法》第173条第1款规定："人民检察院审查案件，应当讯问犯罪嫌疑人，听取辩护人或者值班律师、被害人及其诉讼代理人的意见，并记录在案。辩护人或者值班律师、被害人及其诉讼代理人提出书面意见的，应当附卷。”由此可见，H市检察院在审查起诉时，应当主动听取郭律师的意见。

(9) 郭律师向H市中级法院申请查阅侦查人员讯问莫某的同步录音录像，H市中级法院不予准许，是错误的。因为，《高法解释》第54条规定：“对作为证据材料向人民法院移送的讯问录音录像，辩护律师申请查阅的，人民法院应当准许。”

(10) 在审理中，严某出示了莫某不在案发现场的证据，公诉人当即提出异议，称该证据在侦查、审查起诉阶段未向公诉机关告知，要求法院不认可该证据的效力，法院表示同意，是错误的。《刑事诉讼法》第42条规定：“辩护人收集的有关犯罪嫌疑人不在犯罪现场、未达到刑事责任年龄、属于依法不负刑事责任的精神病人的证据，应当及时告知公安机关、人民检察院。”由此可见，莫某不在案发现场的证据，辩护人应当告知公安机关、检察院，但是，如果辩护人不告知，刑事诉讼法及司法解释也未要求排除，该证据也可以作为定案的根据。

(11) 在审理中，莫某与辩护人严某的辩护意见产生了分歧，要求更换辩护人，H市中级法院表示许可，但要求莫某只能另行委托辩护人辩护，法院不再通知法律援助机构为其指派律师辩护，是错误的。《刑事诉讼法》第35条第3款规定：“犯罪嫌疑人、被告人可能被判处无期徒刑、死刑，没有委托辩护人的，人民法院、人民检察院和公安机关应当通知法律援助机构指派律师为其提供辩护。”《高法解释》第50条规定：“被告人拒绝法律援助机构指派的律师为其辩护，坚持自己行使辩护权的，人民法院应当准许。属于应当提供法律援助的情形，被告人拒绝指派的律师为其辩护的，人民法院应当查明原因。理由正当的，应当准许，但被告人应当在五日以内另行委托辩护人；被告人未另行委托辩护人的，人民法院应当在三日以内通知法律援助机构另行指派律师为其提供辩护。”本案中，莫某拒绝辩护人严某为其辩护，有正当理由的，应当准许，但莫某须另行委托辩护人，若莫某未另行委托辩护人的，法院应当通知法律援助机构另行指派律师为其提供辩护。

2. 依据《关于依法保障律师执业权利的规定》第38条的规定:“法庭审理过程中,律师就回避,案件管辖,非法证据排除,申请通知证人、鉴定人、有专门知识的人出庭,申请通知新的证人到庭,调取新的证据,申请重新鉴定、勘验等问题当庭提出申请,或者对法庭审理程序提出异议的,法庭原则上应当休庭进行审查,依照法定程序作出决定。其他律师有相同异议的,应一并提出,法庭一并休庭审查。法庭决定驳回申请或者异议的,律师可当庭提出复议。经复议后,律师应当尊重法庭的决定,服从法庭的安排。律师不服法庭决定保留意见的内容应当详细记入法庭笔录,可以作为上诉理由,或者向同级或者上一级人民检察院申诉、控告。”本案中,郭律师提出管辖权异议,被H市中级法院驳回后,郭律师可当庭提出复议。经复议后,郭律师还不服的,可以作为上诉理由,或者向同级或者上一级检察院申诉、控告。

3. 正确。依据《高法解释》第51条的规定:“对法律援助机构指派律师为被告人提供辩护,被告人的监护人、近亲属又代为委托辩护人的,应当听取被告人的意见,由其确定辩护人人选。”本案中,H市中级法院通知法律援助机构指派律师严某为莫某提供辩护,莫某之父书面委托何律师为其辩护,法院征询莫某本人的意见,由莫某确定由严某为其辩护。该做法是正确的。

4. 不能。因为,根据《刑事诉讼法》的规定,犯罪嫌疑人、被告人有权选择自己认为合适的人担任辩护人,在诉讼过程中可以拒绝辩护人继续为自己辩护,也可以另行委托新的辩护人。当然,法院认为辩护人有权依据事实和法律独立进行辩护,而不受犯罪嫌疑人、被告人意志的影响,这一点是正确的,但是这一点并不能成为拒绝被告人更换辩护人的理由。

5. 钟律师可以提出“事实不清”且“要求法院从宽处罚”的辩护意见。依据《关于依法保障律师执业权利的规定》第35条的规定:“辩护律师作无罪辩护的,可以当庭就量刑问题发表辩护意见,也可以庭后提交量刑辩护意见。”由此可见,辩护律师作无罪辩护的同时可以提出量刑辩护意见。

6. 依据前述分析,莫某属于应当法律援助辩护的对象,其未委托辩护人，法律援助机构应当为其指派律师辩护，其无权约见值班律师。但是，吴某被判处15年有期徒刑，不属于应当法律援助辩护的对象，其未委托辩护人的，有权约见值班律师。因为，值班律师制度适用于所有案件的所有诉讼阶段中犯罪嫌疑人、被告人没有辩护人的情形。

7. 依据《法律援助值班律师工作办法》第6条的规定，若吴某认罪认罚，值班律师可以为其提供以下法律帮助：

（1）提供法律咨询；

（2）提供程序选择建议；

（3）帮助吴某申请变更强制措施；

（4）对案件处理提出意见；

（5）帮助吴某及其近亲属申请法律援助；

（6）法律法规规定的其他事项。

此外，因为吴某认罪认罚，值班律师还应当为吴某提供以下法律帮助：

（1）向吴某释明认罪认罚的性质和法律规定；

（2）对检察院指控罪名、量刑建议、诉讼程序适用等事项提出意见；

（3）吴某签署认罪认罚具结书时在场。

8. 值班律师制度和辩护律师制度的异同点主要包括：

（1）二者设立的立法目的和意义存在异同。值班律师制度是对我国辩护制度的重要补充，值班律师帮助犯罪嫌疑人、被告人更好地进行自行辩护，是对委托辩护与法律援助辩护的重要补位，性质上属于为被追诉者提供的必要的最低限度的法律帮助。值班律师制度是我国法律援助制度的重要组成部分。辩护律师制度是犯罪嫌疑人、被告人有权辩护的宪法原则和刑事诉讼法原则的具体体现。这两种制度均有利于维护犯罪嫌疑人、被告人的合法权益，促进程序公正和实体公正的实现。

（2）适用的前提不同。值班律师适用于所有案件的所有诉讼阶段中犯罪嫌疑人、被告人没有辩护人的情形。而委托律师担任辩护人是所有犯罪嫌疑人、被告人的权利。

（3）二者的地位不同。值班律师是犯罪嫌疑人、被告人的法律帮助者。辩护律师则具有辩护人的诉讼地位。

（4）辩护律师的职责和权利相比值班律师更加丰富。值班律师的职责主要包括提供法律咨询、程序选择建议、申请变更强制措施、对案件处理提出意见等。值班律师的权利主要包括了解情况权、会见权、阅卷权、提出意见权。辩护律师享有广泛的诉讼职责和权利。

重点法条提示

《刑事诉讼法》第 36 条、《法律援助值班律师工作办法》第 6—10 条	值班律师
《刑事诉讼法》第 38 条	侦查阶段辩护律师的权利
《刑事诉讼法》第 39 条	辩护人的会见通信权
《高法解释》第 54 条、第 55 条	辩护人的阅卷权
《刑事诉讼法》第 43 条	辩护律师的调查取证权
《高法解释》第 50 条、第 51 条、第 311 条	拒绝辩护

专题六　证　据

一、主观题考情分析

年份	考点	题型
2022 年	证据的法定种类、传闻证据规则	逐步发问型案例分析
2021 年（福建等地区延考）	非法证据排除的范围	逐步发问型案例分析
2021 年（黑龙江延考）	事故调查报告	逐步发问型案例分析
2020 年	证据的法定种类、专门性问题的报告的审查、收集、提取电子数据的审查、讯问笔录与讯问时录音录像的审查、专家辅助人的意见	逐步发问型案例分析
2018 年	非法证据排除规则、证明标准、运用证据认定案件事实的规则	用证据认定案件事实型案例分析题
2016 年	境外取得证据的运用、非法证据排除规则	逐步发问型案例分析
2015 年	非法证据排除规则、证明标准、运用证据认定案件事实的规则	逐步发问型案例分析
2013 年	非法证据排除的程序	逐步发问型案例分析
2012 年	非法证据排除规则、证明标准、运用证据认定案件事实的规则	逐步发问型案例分析
2011 年	非法证据排除规则、证明标准、运用证据认定案件事实的规则、证据关联性的判断	逐步发问型案例分析
2010 年	证明标准、运用证据认定案件事实的规则	逐步发问型案例分析
2006 年	非法证据排除规则、口供的运用规则	逐步发问型案例分析

证据这一专题理论性和实务性均较强，主观题可以围绕这两方面命题，在历年的考试中也曾多次围绕本专题考查案例分析和论述题。所以，考生一方面应注意相关的理论，例如，证据的基本特征（尤其是证据的关联性和合法性）、刑事证据制度的基本原则、证据的理论分类等；另一方面还应对相关法律规定灵活运用，例如，非法证据排除规则、证据的法定种类、证明对象、证明责任、证明标准、证据的收集和运用规则、刑事证据规则及证人、鉴定人出庭作证制度等。考生应特别注意今年大纲新增的《关于办理信息网络犯罪案件适用刑事诉讼程序若干问题的意见》中关于信息网络犯罪案件中取证和证据审查的规定。

通过案例分析等方式可检验考生在事实认定方面的实践能力，这是法律职业资格考试命题的重要方面。所以，考生应特别注意学会用证据认定案件事实，理解和运用“证据确实、充分”的三个要求来判断证据是否足以认定案件事实。

二、必背精华

1. 证据的基本特征：

（1）证据的关联性也称为相关性，是指证据必须与案件事实有客观联系，对证明刑事案件事实具有某种实际意义，反之，与本案无关的事实或材料，都不能成为刑事证据。

①证据与案件事实相关联的形式是多种多样、十分复杂的。其中最常见的是因果联系，即证据事实是犯罪的原因或结果的事实；其次是与犯罪相关的空间、时间、条件、方法、手段的事实。它们或者反映犯罪的动机，或者反映犯罪的手段，或者反映犯罪过程和实施犯罪的环境、条件，或者反映犯罪后果，还有反映犯罪事实不存在或犯罪并非犯罪嫌疑人、被告人所为等。

②证据的关联性是证据证明力的原因。证据对案件事实有无证明力以及证明力的大小，取决于证据本身与案件事实有无联系以及联系的紧密、强弱程度。

③关联性涉及证据相对于证明对象是否具有实质性，以及证据对于证明对象是否具有证明性。

主要从以下两个角度判断证据是否具有关联性：第一，

看该证据是否用来证明本案的争点问题，与案件的证明对象之间是否存在客观联系；第二，看该证据是否能够起到证明作用，即是否具有对案件事实的证明价值。

④原则上不具有关联性的证据有：类似行为，品格证据，特定的诉讼行为，特定的事实行为，被害人过去的行为，表情。

（2）合法性：有专门知识的人对专门性问题出具的报告、事故调查报告可做证据使用，事故调查报告中涉及专门性问题的意见若属实、合法，可做定案根据。

2. 证据裁判原则：依据合法的证据裁判，且该证据必须是法庭上查证属实的证据（除非法律另有规定），综合全案证据须达到法定证明标准才能认定案件事实。

★3. 刑事诉讼法和排非司法解释关于非法证据排除的范围规定：

（1）供述：

①暴力或变相肉刑、威胁，使人遭受难以忍受的痛苦而违背意愿作出的供述。

②非法限制人身自由获取的供述。

③重复性供述（但换人、换阶段 + 告知诉讼权利和认罪的法律后果 + 自愿供述的除外）。

（2）证言、被害人陈述：暴力、威胁、非法限制人身自由。

（3）物证、书证：收集程序违法，严重影响司法公正，不能补正或作出合理解释（三条件同时具备）。

（4）“毒树之果”是以非法行为作为条件或以非法证据为线索而得到的其他证据。在我国，“毒树之果”如果合法、属实、与案件事实有关联，可以作为定案根据。

★4. 《高法解释》等关于证据排除的范围（记住强制排除的范围即可，其余裁量排除）：

（1）物证、书证（口诀）：更改疑问未解释，不能反映原件，不能证明来源。

（2）证言（口诀）：未能出庭不真实，不能表达和感知，个别意见未翻（译）核（对）。

（3）被告人供述（口诀）：地点不符、未录像（录音）、未翻（译）核（对）、未在场。

（4）鉴定意见（只有强制排除）。

（5）辨认笔录（口诀）：个别混杂有暗示，不是侦查、调查（人员）来主持。

（6）电子数据强制排除：篡改伪造、不真实；裁量排除：未封存、未注明、未签名。

5. 侦查和审查逮捕、审查起诉阶段的排除程序：嫌疑人和辩护人可申请检察院排非；提供线索材料的，检应审查；审查后确属非法证据，提纠正意见且排除（不能作为移送逮捕和起诉的根据）。

★6. 审判阶段的排非程序：

（1）申请主体：当、辩、诉。

（2）申请时间：开庭前是原则，庭审中是例外。

（3）条件：提供线索、材料。

（4）法院可在庭前会议中了解情况，听取意见，检察院可对合法性加以说明，可通知调查人员、侦查人员或其他人员说明情况。

（5）对证据合法性的调查程序：

①先行调查是原则，法庭调查结束之前调查是例外。

②证明主体：检察院。

（6）调查后的处理方式：

①当庭决定是原则，再次开庭时决定是例外。

②确有非法或不能排除存在非法，都排除。

（7）二审中应审查的情形：一审中申请但未审查，且作为定案根据的；对一审的结论有异议；一审后发现的。

7. 证据的法定种类：

（1）物证：物品和痕迹。书证：思想和内容。

（2）证人证言：形式包括书面、口头、音像资料。

（3）口供：

①只有供述，不能定案；没有供述，也能定案。

②仅有共犯的口供，也不能定案。

③孤证不能定案。

（4）鉴定意见：注意鉴定意见应审查鉴定机构、鉴定人、送检材料和样本、鉴定程序和方法等方面。

（5）勘验、检查、辨认、侦查实验等笔录：

①形成于诉讼内。

②制作主体：办案人员。

（6）视听资料、电子数据：

①形成于案发过程中（即诉讼开始前）。

②电子数据以数字化形式存储。

③对电子数据，应审查真实性、合法性、完整性。

8. 证据的理论分类：

（1）原始证据：来源于案件事实本身。传来证据：传递、复制、转述等。

（2）直接证据包括：

①能直接肯定或否定某人实施犯罪。

②能直接否定犯罪的发生。物证是间接证据。

（3）证人证言、被害人陈述、嫌疑人、被告人供述和辩解、鉴定意见、辨认笔录都属于言词证据。物证、书证、勘验、检查笔录属于实物证据。视听资料、电子数据一般认为属于实物证据。

（4）有罪证据：有罪、罪重、罪轻。

★9. 证人：

（1）正面条件：知道案情，自然人。

（2）禁止条件：生理上、精神上有缺陷或年幼，不能辨别是非、不能正确表达的人。

（3）针对一般性事实作证。

（4）诉讼外了解案件事实。

（5）不属于回避对象。

（6）具有人身不可替代性和优先性。

鉴定人：具备专门知识且有鉴定人资格；公检法指派或聘请产生；自然人；属于回避对象；可替代；诉讼内了解案情。

证人、鉴定人出庭作证制度：

（1）应当出庭作证的条件：证人（有异议 + 有影响 + 有必要）；鉴定人（有异议 + 有必要）。

（2）可以不出庭的证人：有病、交通不便。

（3）未成年被害人、证人一般不出庭作证；必须出庭的，应当采取保护措施。

（4）证人不出庭的后果：

①强制证人出庭（被告人配偶、父母、子女除外），院长签发强制证人出庭令。

②训诫，情节严重的由院长批准处10日以下拘留。

③证言真实性无法确认即应排除。

（5）鉴定人不出庭的后果：鉴定意见不得作为定案根据。有正当理由的，可以延期审理。

（6）证人保护：国恐黑毒等案中的证人、鉴定人、被害人及其近亲属。

（7）证人补偿：交通、住宿、就餐费用；单位不得克扣工资奖金，不补助鉴定人和被害人。

10. 有专门知识的人参与刑事诉讼：不是诉讼参与人；属于回避对象。

具体包括四种人：

（1）参加勘验检查的有专门知识的人。

（2）专家辅助人。

（3）审查起诉中对技术性证据材料进行审查并出具意见的人。

（4）对专门性问题出具报告的有专门知识的人。

11. （1）监察证据可作为刑诉中的证据使用。

（2）行政证据转化为刑事证据：对于公安机关和检察院，物证、书证、视听资料、电子数据、勘验、检查笔录和鉴定意见等可作证据使用；对于法院，物证、书证、视听资料、电子数据等可作证据使用。

12. 检察院未移送证据材料、录音录像的处理：

（1）检未随案移送证据的，应通知检在指定时间内移送。检未移送的，法院应当根据在案证据对案件事实作出认定。

（2）检未移送对讯问过程的录音录像的，法院可通知检在指定时间内移送。检察院未移送，导致不能排除属于非法证据的，应排除；导致不真实的，不得作为定案的依据。

13. 特殊证据材料的审查认定：

★（1）特殊人（生理上、精神上有缺陷但未丧失正确认知、表达能力的人；与被告人有利害关系的人。不包括儿童）

提供的言词证据的认定：有其他证据印证的，可以采信。

（2）境外的证据材料的运用：

①能够证明案件事实且合法的，可以作为证据使用，但提供人或者双边条约对材料的使用范围有明确限制的除外；材料来源不明或真实性无法确认的，不得作为定案的根据。

②当事人及其辩护人、诉讼代理人提供来自境外的证据材料，需办理公证、认证手续。

★（3）技术调查、侦查证据的审查与认定：

①作为证据使用的，应移送。

②可能危及人身安全的，可保护个人信息、设备和方法。

③应附法律文书、清单和有关说明材料。移送采用技术调查、侦查措施收集的视听资料、电子数据的，应制作新的存储介质，并附说明，写明原始证据材料、原始存储介质的存放地点等信息，并签名盖章。

④应当庭调查查证，但必要时可庭外核实。当庭调查可能危及人身安全的，应不暴露人员身份和设备、方法。

⑤裁判文书中可表述证据名称、种类和证明对象，但不得表述人员身份和设备、方法等。

★（4）信息网络犯罪案件的抽样取证和事实认定：

办理信息网络犯罪案件，对于数量特别众多且具有同类性质、特征或功能的物证、书证、证人证言、被害人陈述、视听资料、电子数据等证据材料，确因客观条件限制无法逐一收集的，应按照一定比例或数量选取证据，并对选取情况作出说明和论证。检察院、法院经审查认为取证不科学的，应由原取证机关作出补充说明或者重新取证。经审查，对相关事实不能排除合理怀疑的，应作出有利于嫌疑人、被告人的认定。

对于涉案人数特别众多的信息网络犯罪案件，确因客观条件限制无法收集证据逐一证明、逐人核实涉案账户的资金来源，但根据银行账户、非银行支付账户等交易记录和其他证据材料，足以认定有关账户主要用于接收、流转涉案资金的，可以按照该账户接收的资金数额认定犯罪数额，但嫌疑人、被告人能够作出合理说明的除外。

14. 刑事证据规则：

(1) 补强证据的条件:

①有证据能力。

②具有担保补强对象真实的能力。

③有独立来源。

(2) 传闻证据规则:传闻证据包括庭外陈述和庭上转述。

(3) 意见证据规则:证人不得陈述对事实的意见或结论;只针对证言。在我国,根据一般生活经验判断符合事实的意见证据,可以作为证据使用。

(4) 最佳证据规则(原始证据规则):书证尽量提供原件,副本等需提供理由。

(5) 自白任意规则:基于自由意志作出的供述,才是自白。

★15. 证明对象和免证事项:

(1) 证明对象:实体法事实(定罪和量刑的事实)和程序法事实。

(2) 免证事项(口诀):知晓常识规律,生效推定无异议。

(3) 证据事实不是证明对象。

16. 证明责任:

(1) 特点:

①与积极诉讼主张相联系。

②提供证据责任与说服责任的统一。

③与不利诉讼后果相联系。

(2) 分担:

①控方(检察院和自诉人)承担证明责任。

②被告人在持有型犯罪中承担提出证据责任。

③法院不负证明责任,可以调查核实证据。

④辩护人不负证明责任。

17. 证明标准:

(1) 立案:有犯罪事实。

(2) 逮捕:有证据证明有犯罪事实。

★(3) 侦查终结、提起公诉、有罪判决的标准:犯罪事实清楚,证据确实、充分——定罪量刑的事实都有证据证明;查证属实;排除合理怀疑。

三、真题演练

案例（2018 年法律职业资格考试主观题第 3 题）[1]

某天晚间，甲（另案处理）和乙到烧烤店吃饭，遇到甲的仇人丙，甲与丙发生口角，乙与烧烤店服务员丁劝阻未果，甲拿起烧烤店的板凳砸向丙头部，致其昏迷。于是，乙和丁一起把丙抬到乙的车上，乙驾车到达医院停车场，未将丙送医，而是将其留在车内并离开了停车场。6 个小时后，甲与乙一起回到医院停车场将丙送进医院时，丙已死亡。

公安机关以故意杀人罪对乙立案侦查，收集了如下主要证据：

1. 乙的口供称：他到达医院停车场后，发现丙口鼻处大量出血、呼吸微弱，觉得丙已无抢救可能，为免惹祸上身，将车辆停放在停车场后离开，打算找甲商量，再一起去找丙家人协商私了此事，次日早晨 5 点左右和甲一起返回停车场时丙已死亡。

2. 甲的口供称：他与丙发生口角并动手，乙劝架，乙和丁将昏迷的丙抬上车，乙驾车将丙送往医院，以及乙于当晚 23 点多找到他，表示丙已经死亡，二人商量如何处理以及是否需要找丙家人私了的过程（内容与乙口供吻合）。

3. 丁的证言称：当晚甲与丙发生了口角进而动手，22:20 左右和乙一起将丙抬上车，丙当时只是昏迷并未出血，仍有呼吸和心跳，并认为如果抢救及时，丙不会死亡。

4. 多处监控录像，主要内容为：烧烤店附近路边监控录像显示乙于当晚 22:20 左右驾车离开烧烤店，医院停车场监控录像显示乙于 22:50 左右到达医院停车场后离开，乙车辆一直停放在停车场，次日早晨 5 点左右乙和甲一起来到停车场。

5. 法医学尸体检验鉴定书、尸体检查照片，主要内容为：丙头部的外伤与烧烤店的板凳相吻合，全身无其他伤痕。丙头部外伤致脑挫伤及蛛网膜下腔出血，同时由于其自身凝血和止血功能障碍，出血量不断增加致其死亡，但未能鉴定出

---

〔1〕 本题系考生记忆版本，仅供参考。

丙的具体死亡时间。

6. 医院抢救记录显示：早晨 5 点多接诊丙时其已经完全死亡，因而未实际采取抢救措施。

7. 侦查实验笔录显示：22 点多从烧烤店驾车前往医院的时间为 30 分钟。

乙因涉嫌故意杀人罪被起诉到中级法院，法庭审理过程中，乙当庭翻供，表示侦查阶段遭到侦查人员刑讯逼供，被迫承认他到达停车场时丙尚未死亡，而实际上他到达医院停车场时，丙已无呼吸和心跳，他当时觉得丙已经完全死亡，乙还明确指出侦查人员对其刑讯的时间和地点，说明了侦查人员所采用的警棍击打等具体刑讯手段。乙的辩护律师申请排除乙之前的有罪供述，并要求播放同步录音录像，但公安机关以录像设备时好时坏为由，只提供了部分讯问乙时的录像，未包括乙所称被刑讯逼供的时间段，而公安机关提供的同步录像中未发现存在刑讯逼供的情况。乙的辩护律师还申请法庭对丙具体死亡时间进一步调查取证，但没有新的证据能够确定丙具体死亡时间。

问题

基于上述案情与证据，本案应如何对乙作出判决（要求运用给出的证据和相应的法律规定对拟作出的判决进行充分论证）。（共 30 分）

答案与解析

本题考查非法证据排除、运用证据认定案件事实的规则、认定有罪的证明标准、不作为的故意杀人罪的构成要件。

根据《刑事诉讼法》第 200 条的规定，案件事实清楚，证据确实、充分，依据法律认定被告人有罪的，法院应当作出有罪判决。《刑事诉讼法》第 55 条第 2 款规定："证据确实、充分，应当符合以下条件：（一）定罪量刑的事实都有证据证明；（二）据以定案的证据均经法定程序查证属实；（三）综合全案证据，对所认定事实已排除合理怀疑。"

根据《刑法》第 232 条的规定，乙涉嫌故意杀人罪，可能判处无期徒刑、死刑。《刑事诉讼法》第123条规定："侦查人员在讯问犯罪嫌疑人的时候，可以对讯问过程进行录音或者录像；对于可能判处无期徒刑、死刑的案件或者其他重大犯罪案件，应当对讯问过程进行录音或者录像。录音或者录像应当全程进行，保持完整性。"《最高人民法院关于建立健全防范刑事冤假错案工作机制的意见》第8条第2款规定："……未依法对讯问进行全程录音录像取得的供述，以及不能排除以非法方法取得的供述，应当排除。"据此，本案中讯问乙的录音录像未能反映部分时间段内讯问活动的，属于"未依法对讯问进行全程录音录像"。而且，依据《刑事诉讼法》第60条规定："对于经过法庭审理，确认或者不能排除存在本法第五十六条规定的以非法方法收集证据情形的，对有关证据应当予以排除。"本案中，在侦查讯问期间，不能排除有对乙刑讯逼供的可能，因此，乙在侦查阶段"被迫承认他到达停车场时丙尚未死亡"的有罪供述，应当予以排除。

在排除上述证据之后，根据其他证据能够证实以下事实：

第一，甲与丙发生口角并动手致丙昏迷，乙劝架，当晚22:20左右乙和丁将丙抬上乙的车。这一事实有甲的供述、监控录像和侦查实验笔录加以证实。

第二，案发当晚22:20左右，乙和丁将丙抬到乙的车上的时候，丙昏迷，该事实有甲的供述和丁的证言证实。丁还称，丙当时仍有呼吸和心跳。

第三，案发当晚22:50左右，乙开车将丙送到医院停车场后独自一人离开。这一事实有甲和乙的供述、监控录像、侦查实验笔录加以证实。

第四，乙于当晚23点多找到甲，二人商量如何处理以及是否需要找丙家人私了。这一事实有甲和乙的供述加以证实。

第五，次日早晨5点左右，乙和甲一起来到医院停车场，将丙送往医院就医，当时丙已经死亡。这一事实有甲和乙的供述、监控录像、医院的抢救记录加以证实。

第六，丙的伤是甲用板凳击打所致，这一事实有法医学尸体检验鉴定书、尸体检查照片和甲的供述、丁的证言加以证实。丙属于特殊体质，因凝血和止血功能障碍，出血量不断增加致其死亡，这一死因有法医学尸体检验鉴定书、尸体检查照片加以证实。

综上，现有证据能证实：案发当晚，甲用板凳击打丙的头部，致其受伤昏迷。当晚22:20左右，乙和丁将丙抬上乙的车送医。当时，丙仍有呼吸和心跳。当晚22:50左右，乙开车将丙送到医院停车场后独自一人离开。乙于当晚23点多找到甲，二人商量如何处理以及是否需要找丙家人私了。次日凌晨5点，乙和甲回到医院停车场，将丙送往医院就医，当时丙已经死亡。

本案还需要证明的关键问题就是丙死亡的时间，即在案发当晚22:50左右，乙将丙送到医院停车场时丙是否死亡。若丙当时未死亡，由于乙的先前行为，其对丙负有对生命危险的救助义务，即将丙送往医院救治。若乙不予救助，而是将丙遗弃在自己的车内，乙便构成不作为的故意杀人罪。若丙在被送到医院停车场时已经死亡，即使乙此时再将丙送医救治也不能避免丙死亡结果的发生。丙的死亡结果不具有避免的可能性。那么，丙的死亡和乙的不及时送医之间不具有因果关系，乙即不构成故意杀人罪。

目前与丙的死亡时间相关的证据有：

(1) 甲的供述称，乙于当晚23点多找到他，表示丙已经死亡。

(2) 乙在侦查阶段的供述称，他到达停车场时丙尚未死亡，依据前面的论述，该供述系非法取得，应当排除。

(3) 乙在审判阶段的供述称，他到达医院停车场时，丙已无呼吸和心跳，他当时觉得丙已经完全死亡。

(4) 丁的证言称，当晚22:20左右，在将丙抬上乙的车时，丙当时只是昏迷并未出血，仍有呼吸和心跳，并认为如果抢救及时，丙不会死亡。“如果抢救及时，丙不会死亡”这一表述系丁的分析判断，属于意见证据，不能作为证据使用。

(5) 法医学尸体检验鉴定书证实，丙自身有凝血和止血功能障碍，未能鉴定出丙的具体死亡时间。

(6) 乙的辩护律师还申请法庭对丙具体死亡时间进一步调查取证，但没有新的证据能够确定丙具体死亡时间。

综上可知，与丙死亡的时间相关的证据（尤其是甲的供述、乙在审判阶段的供述与法医学尸体检验鉴定书）之间存在矛盾，现有证据并不能确定丙死亡的具体时间，丙死亡的时间有可能在案发当晚22:50左右乙将丙送到医院停车场之前，也可能是在该时间之后。但是，该事实是证明乙构成犯罪的关键一环，这就意味着乙构成犯罪的事实并不是都有证据证明，综合全案证据，对乙构成故意杀人罪这一事实的证明并未达到排除合理怀疑的程度，本案证据不符合《刑事诉讼法》第55条第2款规定的认定被告人有罪的“证据确实、充分”的要求，系事实不清、证据不足，不能认定被告人乙构成犯罪，依据《刑事诉讼法》第200条第3项的规定，法院应当作出证据不足、指控的犯罪不能成立的无罪判决。

四、模拟演练

案例1

2013年2月19日晚，陆某在W市建乐家园门前被公安机关抓获，当场查获其随身携带的两小包毒品及身边雪地上的两大包毒品，共计150.54克，经鉴定均含有甲基苯丙胺成分。3月8日，陆某因涉嫌运输毒品罪被逮捕。W市检察院以陆某犯运输毒品罪，于5月15日向W市中级法院提起公诉。

在开庭审理前，陆某及其辩护人称：陆某在侦查阶段作出的两份认罪供述，分别是2013年2月20日、21日在W市C区公安局Z派出所作出的供述，皆是刑讯逼供所得，应当作为非法证据予以排除，并提供如下线索和材料：

(1) 被告人2月26日进入看守所时的照片脸部有浮肿、眼睛青紫。

(2) W市第一看守所出具的健康检查笔录（载明陆某入所时“双眼青紫，左头部痛，自述系在Z派出所被用‘吊飞机’按在地上殴打所致”）。

(3) 陆某曾于2013年2月22日、26日两次到W市医院就诊。陆某的辩护人还提出，公安机关还以陆某的妻子知道案情为由，将陆某的妻子带至某宾馆非法拘禁63小时，不让睡觉，让其指认陆某运输毒品的事实。辩护人要求法院排除陆某妻子的证言。

鉴于陆某及其辩护人申请排除上述供述和证言，W市中级法院召开庭前会议，通知公诉人、陆某及其辩护人参加。在庭前会议中，W 市中级法院要求 W 市检察院提供证据证明陆某供述和陆某妻子的证言的合法性，并称若不能提供，就排除该供述和证言。W 市检察院未提供证据，并要求撤回两份供述，W 市中级法院予以拒绝。

W 市中级法院在开庭审理后，对证据收集的合法性进行先行调查，W 市检察院当庭出示了 Z 派出所的情况说明（证明民警在 2 月 19 日晚抓获陆某时因天色已晚，在现场未发现陆某眼部有伤，将陆某带至 Z 派出所审查时发现陆某眼部有伤，陆某自称是 2 月 18 日自己撞到眼部所致并亲笔写下情况说明）、W 市检察院对陆某的两份讯问笔录（载明陆某之前的供述均是事实）。同时，W 市检察院主张，陆某所犯罪行不属于应当对讯问过程进行同步录音录像的情形，陆某的外伤与刑讯逼供无关。陆某及其辩护人认为，陆某的情况说明是在被逼迫的情况下写的，而且在没有全程录音录像的情况下进行讯问。公诉机关对陆某的妻子被公安机关非法拘禁的事实未予以否认。

W 市中级法院经审理查明，W 市检察院在审查起诉阶段的两次讯问笔录与侦查阶段陆某的供述相同，而且均未告知陆某诉讼权利和认罪的法律后果。W 市中级法院在法庭辩论阶段对上述供述和证言收集的合法性进行调查后，控辩双方对上述供述和证言进一步发表了质证意见。W 市中级法院综合全案证据，以陆某犯运输毒品罪，判处其无期徒刑。

问题

1. 陆某在侦查阶段和审查起诉阶段的供述是否应当排除？为什么？

2. 陆某妻子的证言是否应当排除？为什么？

3. 公安机关在侦查阶段是否应当对陆某的讯问过程进行录音录像？为什么？

4. W 市中级法院排除非法证据的程序存在哪些不合法之处？为什么？

5. 陆某及其辩护人若申请 W 市中级法院通知侦查人员出庭说明情况，W 市中级法院应当如何处理？

6. 若陆某以 W 市中级法院未排除非法取得的供述为由提出上诉，第二审法院应当如何处理？为什么？

答案与解析

1. 陆某在 2013 年 2 月 19 日被抓获至 2 月 26 日进入 W 市第一看守所，有多份证据证明陆某有眼睛青紫、面部肿胀的情形，尤其是 W 市第一看守所出具的健康检查笔录对此进行了反映，而公诉机关仅提供了陆某所写的说明和公安机关的情况说明，证明公安机关无非法取证行为。根据现有的证据及线索，目前不能排除公安机关存在以非法方法收集证据情形，故对被告人陆某在公安机关所作的供述笔录应予以排除。

W 市检察院在审查起诉阶段的两次讯问笔录与侦查阶段陆某的供述相同，而且均未告知陆某诉讼权利和认罪的法律后果。由此可见，审查起诉阶段的供述属于重复性供述，若受侦查阶段刑讯逼供行为影响的，应当排除。因为，《关于办理刑事案件严格排除非法证据若干问题的规定》第 5 条规定："采用刑讯逼供方法使犯罪嫌疑人、被告人作出供述，之后犯罪嫌疑人、被告人受该刑讯逼供行为影响而作出的与该供述相同的重复性供述，应当一并排除，但下列情形除外：（一）侦查期间，根据控告、举报或者自己发现等，侦查机关确认或者不能排除以非法方法收集证据而更换侦查人员，其他侦查人员再次讯问时告知诉讼权利和认罪的法律后果，犯罪嫌疑人自愿供述的；（二）审查逮捕、审查起诉和审判期间，检察人员、审判人员讯问时告知诉讼权利和认罪的法律后果，犯罪嫌疑人、被告人自愿供述的。"

2. 陆某妻子的证言系以非法限制人身自由等非法方法收集，应当排除。因为，《关于办理刑事案件严格排除非法证据若干问题的规定》第6条规定："采用暴力、威胁以及非法限制人身自由等非法方法收集的证人证言、被害人陈述，应当予以排除。"

3. 本案查获甲基苯丙胺150.54克，W市检察院指控陆某犯运输毒品罪，结合《刑法》第347条第2款的规定，本案的量刑幅度为15年有期徒刑、无期徒刑或者死刑。《公安部规定》第208条第2款规定的"可能判处无期徒刑、死刑的案件"是指应当适用的法定刑或者量刑档次包含无期徒刑、死刑的案件。因此，本案属于应当对讯问过程进行全程录音录像的案件。

4. (1) 在庭前会议中，W市中级法院要求W市检察院提供证据证明陆某的供述和陆某妻子的证言的合法性，并声称若不能提供，就排除该供述和证言，是错误的。因为，《高法解释》第130条规定："开庭审理前，人民法院可以召开庭前会议，就非法证据排除等问题了解情况，听取意见。在庭前会议中，人民检察院可以通过出示有关证据材料等方式，对证据收集的合法性加以说明。必要时，可以通知调查人员、侦查人员或者其他人员参加庭前会议，说明情况。"由此可见，W市中级法院在庭前会议中只能就证据收集的合法性核实情况，听取意见，不得排除非法证据。

(2) W市检察院要求撤回两份供述，被W市中级法院予以拒绝，是错误的。因为，《关于办理刑事案件严格排除非法证据若干问题的规定》第25条第2款规定："人民检察院可以决定撤回有关证据，撤回的证据，没有新的理由，不得在庭审中出示。”

（3）在法庭辩论阶段对陆某的供述和陆某妻子的证言的收集合法性进行调查，是错误的。因为，依据《关于办理刑事案件严格排除非法证据若干问题的规定》第30条的规定：“庭审期间，法庭决定对证据收集的合法性进行调查的，应当先行当庭调查。但为防止庭审过分迟延，也可以在法庭调查结束前进行调查。”由此可见，W市中级法院最迟应在法庭调查结束前调查证据收集的合法性。

（4）W市中级法院未当庭决定陆某的供述和陆某妻子的证言是否排除，而且对该证据进行质证，是错误的。《关于办理刑事案件严格排除非法证据若干问题的规定》第33条规定：“法庭对证据收集的合法性进行调查后，应当当庭作出是否排除有关证据的决定。必要时，可以宣布休庭，由合议庭评议或者提交审判委员会讨论，再次开庭时宣布决定。在法庭作出是否排除有关证据的决定前，不得对有关证据宣读、质证。”而且，依据《关于办理刑事案件严格排除非法证据若干问题的规定》第34条第2款的规定：“对依法予以排除的证据，不得宣读、质证，不得作为判决的根据。”

5. 陆某及其辩护人若申请W市中级法院通知侦查人员出庭说明情况，依据《关于办理刑事案件严格排除非法证据若干问题的规定》第27条的规定，W市中级法院认为现有证据材料不能证明证据收集的合法性，确有必要通知侦查人员出庭说明情况的，可以通知上述人员出庭。

6. 第二审法院应当对陆某供述的合法性进行审查，并依法排除非法证据。因为，《高法解释》第138条规定：“具有下列情形之一的，第二审人民法院应当对证据收集的合法性进行审查，并根据刑事诉讼法和本解释的有关规定作出处理：（一）第一审人民法院对当事人及其辩护人、诉讼代理人排除非法证据的申请没有审查，且以该证据作为定案根据的；（二）人民检察院或者被告人、自诉人及其法定代理人不服第一审人民法院作出的有关证据收集合法性的调查结论，提出抗诉、上诉的；（三）当事人及其辩护人、诉讼代理人在第一审结束后才发现相关线索或者材料，申请人民法院排除非法证据的。”本案属于该条规定的第2项的情形，故第二审法院应当对陆某供述的合法性进行审查，根据前述第1题的分析，依法排除有关非法证据。

案例2

2013年7月24日，无业人员赵某在H市从名叫“英子”的女子手中购买冰毒，供自己吸食。当日上午，赵某返回J市，在J市G区广发百货市场门口接到“英子”的电话，后赵某携带冰毒驾驶BMW轿车到G区鑫源杂货店门口，等候居住在鑫源小区的翟某。在此期间赵某发现公安人员后伺机逃跑，两天后，赵某在其姑妈家被公安人员抓获。经公安人员搜查，在赵某驾驶的BMW轿车内查获白色晶体2管，粉红色晶体1管，电子秤一个。经测试，公安人员所搜查出的3管晶体总净重9.04克。经司法鉴定，所搜查出的3管晶体检出甲基苯丙胺成分。赵某称不知道“英子”的真实姓名和住址，公安机关未查获“英子”。检察机关对赵某提起公诉，向法院移送了如下证据材料：

——被告人赵某供述称，自己购买毒品用于自己吸食，后接到卖方“英子”的电话，让其将毒品带给翟某，但是，自己没有同意。自己车上的电子秤是为了确认“英子”卖给自己的毒品数量之用。

——证人翟某称，赵某接到“英子”的电话委托后，同意将手中的毒品转让给自己。

——证人秦某称，2013年7月24日中午，赵某在鑫源杂货店门口等候翟某。

——公安机关的搜查笔录、扣押物品清单、现场照片、鉴定意见证明，在赵某的BMW车中搜查到含有甲基苯丙胺成分的晶体3管，共9.04克。

——被告人赵某的身份证明，证明被告人赵某的身份情况以及具有刑事责任能力。

问题

1. 赵某发现公安人员后伺机逃跑这一事实，与赵某实施了被指控的犯罪行为，是否有关联性？为什么？

2. 若需认定被告人赵某有罪，检察院必须证明哪些事项？

3. 依据有关法律、司法解释规定和刑事证明理论，运用本案现有证据，分析能否认定赵某构成犯罪；如果构成犯罪，构成何罪，请说明理由。

答案与解析

1. 有关联性。证据的关联性指的是作为证据内容的事实与案件事实之间存在某种联系。关联性涉及证据相对于证明对象是否具有实质性，以及证据对于证明对象是否具有证明性。本案中，赵某发现公安人员后伺机逃跑，单独不能证明赵某犯罪，但是，相对而言，有逃跑的事实更使人确信赵某可能实施犯罪，所以，该证据对于赵某有罪的事实，能够起到一定的证明作用，其具有关联性。

2. 若需认定被告人赵某构成运输毒品罪，检察院需要证明：第一，赵某已满16周岁，具有辨认、控制能力；第二，赵某具有运输毒品的故意，赵某认识到自己运输的是毒品；第三，赵某实施了运输毒品的行为，尤其是，本案中赵某必须是想将毒品带给翟某，而不是为了自己吸食。

若需认定被告人赵某构成非法持有毒品罪，检察院需要证明：第一，赵某已满16周岁，具有辨认、控制能力；第二，赵某主观上是故意，必须明知自己持有的是毒品或者可能是毒品；第三，赵某持有的是毒品，赵某持有毒品没有合法的根据。而且，持有的毒品达到一定的数量，如本案中的甲基苯丙胺达10克以上。

3. 依据《刑事诉讼法》第200条第1项规定："案件事实清楚，证据确实、充分，依据法律认定被告人有罪的，应当作出有罪判决。"据此，我国刑事诉讼中认定被告人有罪的诉讼证明标准是"犯罪事实清楚，证据确实、充分"。依据《刑事诉讼法》第55条第2款规定："证据确实、充分，应当符合以下条件：（一）定罪量刑的事实都有证据证明；（二）据以定案的证据均经法定程序查证属实；（三）综合全案证据，对所认定事实已排除合理怀疑。”本案中，被告人赵某将自己购得的毒品应“英子”的要求运输转卖给翟某的事实，只有证人翟某的证言证实，被告人赵某对此事实一直予以否认，现无其他证据予以佐证。被告人赵某的供述和证人翟某的证言均证实赵某是为了吸食在“英子”处购得的毒品，其系吸毒者。虽在运输毒品的过程中被查获，综合全案证据，不能证明其携带毒品是为了实施其他毒品犯罪行为。本案现有证据，对被告人赵某定罪量刑的证据不能够形成完整的证据体系，不能得出唯一的、排他的结论，故认定赵某运输毒品的事实不清、证据不足，不能认定赵某构成运输毒品罪。

另外，依据《刑法》第348条的规定：“非法持有鸦片一千克以上、海洛因或者甲基苯丙胺五十克以上或者其他毒品数量大的，处七年以上有期徒刑或者无期徒刑，并处罚金；非法持有鸦片二百克以上不满一千克、海洛因或者甲基苯丙胺十克以上不满五十克或者其他毒品数量较大的，处三年以下有期徒刑、拘役或者管制，并处罚金；情节严重的，处三年以上七年以下有期徒刑，并处罚金。”本案中，查获的甲基苯丙胺总净重9.04克，未达到刑法规定的非法持有毒品罪的最低重量标准，故对赵某也不能认定其构成非法持有毒品罪。

重点法条提示

《刑事诉讼法》第55条	口供的运用规则、认定有罪的证明标准
《刑事诉讼法》第56—60条	非法证据排除的范围和程序
《严格排除非法证据的规定》第2—6条	非法证据排除的范围
《严格排除非法证据的规定》第30、31条、第33条	法院排除非法证据的程序
《高法解释》第72条	证明对象
《高法解释》第84—86条	物证、书证的排除范围
《高法解释》第88—91条	证人证言的排除范围
《高法解释》第94条	被告人供述的排除范围

续表

《高法解释》第 99 条	鉴定意见的排除范围
《高法解释》第 105 条	辨认笔录的排除范围
《高法解释》第 113、114 条	电子数据的排除范围
《高法解释》第 116—122 条	技术调查、侦查证据的审查和认定
《关于办理信息网络犯罪案件适用刑事诉讼程序若干问题的意见》第 20、21 条	信息网络犯罪案件的抽样取证和事实认定
《高法解释》第 100、101 条	专门性问题的报告和事故调查报告
《最高人民法院关于建立健全防范刑事冤假错案工作机制的意见》	证据存疑的处理

专题七　强制措施

一、主观题考情分析

年份	考点	题型
2022 年	传唤与拘传的区别	逐步发问型案例分析
2021 年（福建等地区延考）	强制措施适用的比例原则	逐步发问型案例分析
2013 年	指定居所监视居住	逐步发问型案例分析
2002 年	取保候审的保证方式、逮捕	找错型案例分析

对于本专题，应当注意强制措施适用的原则及拘传、取保候审、监视居住、刑事拘留、逮捕等五种强制措施适用的主体、对象、条件、程序、期限等问题。考生不仅应明白这五种强制措施的区别，还应把握取保候审、监视居住、拘留和逮捕之间的联系与变换。同时，本专题与侦查专题密切相关，易结合考查。考生应特别注意今年大纲新增的《关于取保候审若干问题的规定》中关于取保候审的规定。

二、必背精华

1. 适用原则：必要性原则（只有在为保证刑事诉讼的顺利进行而有必要时方能采取）、相当性原则（又称为比例原则，是指适用何种强制措施，应当与犯罪嫌疑人、被告人的人身危险性程度和涉嫌犯罪的轻重程度相适应）、变更性原则（强制措施的适用，需要随着诉讼的进展、犯罪嫌疑人、被告人及案件情况的变化而及时变更或解除）。

2. 拘传：

（1）对象：未被羁押的嫌疑人、被告人。

（2）主体：公检法决定和执行。

（3）地点：所在的市、县。

（4）时间：一般12小时，特别重大复杂且需要拘留、逮捕，则不超24小时。

★3. 取保候审：

（1）决定机关：公检法（决定保证方式、保证金数额、酌定义务）；执行机关：公安、国安。

（2）适用对象：

①正面条件（口诀）：徒刑以下，危险不大，人道主义，超期羁押。

②反面条件：累暴主犯，自伤自残（例外是人道主义和超期羁押）。

（3）保证方式：

①保证金和保证人不能并用。

②保证金保证：交执行机关指定银行账户；依据“人”“案”两因素确定数额。保证金应一次性交纳。

③保证人保证：条件是“无牵连、有能力、有权利、有自由、有住处、有收入”；义务是“监督和报告”；责任包括行政责任（罚款）和刑事责任（无民事责任）。

（4）义务：

①法定义务：24小时报告住址、工作单位、联系方式的变动。离开所居住的市县的，应书面申请。有紧急事由，来不及提出书面申请的，可先通过电话、短信等方式提出申请，并补办书面手续。批准后，应告知被取保候审人遵守下列要求：保持联系方式畅通，并随传随到；按批准的地点、路线、往返日期出行；不得妨害诉讼；返回后及时报告。经常性跨市县活动的，可简化批准程序。

②酌定义务（口诀）：三个特定、两个证件。“特定的场所”“特定的活动”指可能导致其再次实施犯罪、导致其实施妨害社会秩序（国家安全、公共安全）、干扰他人正常活动行为的场所（活动）、与犯罪有关联的场所（活动）、导致其实施妨害诉讼活动的场所（活动）；其他。“特定的人员”指证人、鉴定人、被害人及法代人和近亲属、同案犯及与案件有关联的人员、可能遭受侵害滋扰的人员、可能实施妨害执行、影响诉讼的人员。

（5）取保候审自动解除、不再办理解除手续的情形：

变更强制措施的；不起诉的；无罪、免罚或不负刑责的裁判已生效的；被判处管制或缓刑、监禁刑，刑罚已开始执行的；被单处附加刑，裁判已生效的。

（6）执行地：

取保候审一般应当在户籍所在地执行，但已形成经常居住地的，可在经常居住地执行。下列可在其暂住地执行：①离开户籍所在地 1 年以上且无经常居住地，但在暂住地有固定住处的；②外国人、无国籍人，港澳台居民；③户籍所在地无法查清且无经常居住地的。

（7）期限：12 个月（同一阶段连续计算，不同阶段重新计算）。

★4. 监视居住：

（1）监视居住的条件：

①符合逮捕条件且出于人道主义考虑（有病、不理、孕婴妇女、扶养）。

②符合取保条件但不能提供两种保证方式。

（2）指监居的条件：

①无固定住处。

②国、恐住所有碍侦查，上一级公安机关批准。

（3）指监居地点：不得在羁押场所、办案场所执行。固定住处和指定的居所均需在办案机关所在的市、县内。

（4）指监居后的通知：24 小时内通知家属（无法通知除外）。

（5）指监居折抵刑期：

①管制/指监居：1∶1。

②拘役、有期徒刑/指监居：1∶2。

（6）义务：主要注意执行机关批准离开监视居住的处所、执行机关批准会见他人和通信、三证交执行机关保存。

（7）执行方法：电子监控、不定期检查；侦查期间可对通信监控。

（8）期限：6 个月（同一阶段连续计算，不同阶段重新计算）。

5. 刑事拘留：

（1）决定与执行机关：

①决定机关：公检。

②执行机关：公安。

（2）先行拘留的对象："认预发捕、企毁名流留"。

（3）出示拘留证，例外是紧急情况且符合先行拘留的前八种之一。

（4）24 小时内送看守所、讯问、通知（无法通知和国、恐有碍侦查除外）。

（5）异地拘留、逮捕：应当通知当地公安，当地公安应配合。

（6）期限：

①公安：3 +7；7 +7（特殊）；30 +7（流结多）。

②检察院：

A. 对直接受理的案件：14 日或 17 日。

B. 对监察机关移送的留置案件：10 日或 14 日。

★6. 逮捕：

（1）逮捕的条件：

①一般逮捕：有证据证明有犯罪事实 + 徒刑以上 + 有社会危险（认罪认罚情况是社会危险性因素之一）。

②径行逮捕：有证据 +10 年以上；有证据 + 徒刑以上 + 曾经故意犯罪或身份不明。

③转化逮捕（可适用徒刑以下）：违反取保、监居的规定，情节严重的。

（2）①批准主体：检察院。

②决定主体：检察院、法院。

③执行主体：公安（必须出示逮捕证）。

（3）①逮捕后立即送看守所。

②24 小时内通知家属（无法通知的除外）。

③24 小时内讯问。（口诀：谁办案、谁讯问、谁通知）

（4）对外国人的逮捕：

①特殊的外国人（涉及国安、政治外交、疑难）：需要逮捕的，报最高检审查，征求外交部意见后批复；上级检不批捕，也是批复；决定由报请逮捕的检察院作出；不批捕可由报请逮捕的检察院直接作出。

②一般的外国人：决定批捕的检察院 48 小时内报上一级

检察院备案，同时通报同级政府外事部门。

（5）审查批捕的程序：

①审查后的处理：批捕与不批捕。

②公安机关对不批捕可先复议后复核；必须立即释放或变更强制措施。

③应当讯问嫌疑人的情形（口诀）：有疑问、有要求、有违法、未成年、精神病、盲聋哑、重大疑难复杂、认罪认罚。

④可以询问证人等诉讼参与人。

（6）逮捕后的羁押必要性审查：

①主体：检察院捕诉部门。

②启动：犯、法、近、辩申请或者检依职权（认罪认罚的，应审查）。

③方式：审查理由和材料、听意见、查身体。

④对无羁押必要的处理：审查起诉阶段，直接释放或变更强制措施；侦查和审判阶段，向办案机关提出释放或变更强制措施的建议（应当建议的情形：没有犯罪，徒刑以下，可能超期羁押，符合取保、监居）。

7. 强制措施的变更和解除：

（1）可以变更：人道主义。

（2）应当立即释放但必要时可变更强制措施的情形：无罪、免罚、不负责、超期。

（3）强制措施自动解除的时间：管制、缓刑——社区矫正开始后；单处附加刑——生效后；监禁刑——刑罚开始执行后。

三、模拟演练

案例 1

C 市公安局接到某公司报案，称其被盗 8 台苹果笔记本电脑，价值人民币近 16 万元。被盗公司提供线索称，本公司被辞退的员工聋哑人何某离开公司时未交出钥匙，其理由是他的钥匙丢了，于是，公司怀疑他有作案的条件，要求公安机关进行调查。C 市公安局于 2016 年 6 月 3 日上午 10 点将何某从 B 市拘传至 C 市。何某被拘传到案后，侦查人员告诉他说：“我现在不问你了，给你 5 个小时，你自己好好想想最近做过什么违法的事情。”然后就把何某关在一间屋子中。下午3点，该侦查人员再对何某进行讯问，何某交代了盗窃电脑的犯罪事实。但是，何某称自己盗窃原单位电脑是有原因的，他在公司工作期间，公司曾经因为漏税，被税务机关处以120万元的罚款。由于他和税务局局长是亲戚关系，公司领导让他出面疏通，后罚款减为60万元。公司领导为此曾答应将免除的60万元罚款的10%作为他的奖金。但后来在他离开公司时，公司领导拒付给他这笔奖金，他很生气，就想出了盗窃公司电脑的办法，并告之被盗电脑现藏于他家中。讯问后，侦查人员让何某留在公安局讯问室。侦查人员根据何某提供的线索并向何某要了他家的钥匙，在没有任何人在场的情况下，侦查人员自行开门对何某的住宅进行了搜查，发现了被盗的全部8台电脑，当即予以扣押，同时还扣押了何某家写字台上一件非常珍贵的文物。进行这些工作之后，于6月4日下午2点正式拘留何某。由于本案进展顺利，而办案人员手头又有另外一起重大案件，暂时就先放下了本案，直到6月30日才向C市检察院办理提请批准逮捕何某的手续。C市检察院经阅卷后认为，何某与原单位存在奖金纠纷，何某的行为不以犯罪论处为宜，作出了不批准逮捕的决定，同时告知C市公安局终止侦查。C市公安局接到不批准逮捕决定书后，进行过调查，被盗公司领导也承认以前确实承诺过要给何某奖金，但考虑到通过关系减轻罚款本身是不正当的，受损失的是国家，再给他奖励有些不妥，就没有给他。C市公安局也认为，何某所要的奖金是不正当的，此情况不影响盗窃罪的定性，坚持认为何某的行为构成犯罪，于是，向C市检察院提出复议申请。在复议期间，为防止何某逃跑始终关押着何某。

问题

1. 本案的诉讼程序存在哪些违法之处？请说明理由。

2. 对于本案性质的分歧，你同意检察机关的意见还是公安机关的意见，并请说明理由。

答案与解析

1. 本案的诉讼程序存在以下违法之处：

(1) 将何某从B市拘传至C市，是错误的。因为，《公安部规定》第78条第1款规定："公安机关根据案件情况对需要拘传的犯罪嫌疑人，或者经过传唤没有正当理由不到案的犯罪嫌疑人，可以拘传到其所在市、县公安机关执法办案场所进行讯问。"由此可见，对何某只能在B市内拘传并进行讯问。

(2) 拘传何某以后，在5个小时后才进行讯问，是错误的。因为拘传的性质是强制讯问，本身没有羁押的效力，因此拘传犯罪嫌疑人后应当立即进行讯问。

(3) 6月4日下午2点才拘留何某，是错误的。根据《刑事诉讼法》第119条第2款的规定："传唤、拘传持续的时间不得超过十二小时；案情特别重大、复杂，需要采取拘留、逮捕措施的，传唤、拘传持续的时间不得超过二十四小时。"本案中，拘传的持续时间实际达到了28个小时。

(4) 侦查人员在没有任何其他人在场的情况下，自行入室进行搜查，是错误的。因为，《刑事诉讼法》第139条第1款规定："在搜查的时候，应当有被搜查人或者他的家属，邻居或者其他见证人在场。"

(5) 侦查人员扣押何某写字台上的珍贵文物，是错误的。因为，《刑事诉讼法》第141条第1款规定："在侦查活动中发现的可用以证明犯罪嫌疑人有罪或者无罪的各种财物、文件，应当查封、扣押；与案件无关的财物、文件，不得查封、扣押。"扣押的物品范围应当限于危险品、违禁品以及与犯罪有关的物品或者文件，本案中的珍贵文物显然不属于上述范围。

(6) C市公安局6月30日提请批准逮捕何某，是错误的。《刑事诉讼法》第91条第1、2款规定："公安机关对被拘留的人，认为需要逮捕的，应当在拘留后的三日以内，提请人民检察院审查批准。在特殊情况下，提请审查批准的时间可以延长一日至四日。对于流窜作案、多次作案、结伙作案的重大嫌疑分子，提请审查批准的时间可以延长至三十日。”本案不属于多次作案、流窜作案或者结伙作案的情况，最长应当在7日以内报捕，C市公安局6月4日拘留犯罪嫌疑人，6月30日才报请逮捕，超过了法定的期限。

（7）C市检察院在审查批捕时仅仅只是阅卷，是不正确的。因为《高检规则》第280条第1款规定：“人民检察院办理审查逮捕案件，可以讯问犯罪嫌疑人；具有下列情形之一的，应当讯问犯罪嫌疑人：……（七）犯罪嫌疑人是盲、聋、哑人或者是尚未完全丧失辨认或者控制自己行为能力的精神病人的。”本案中，何某是聋哑人，C市检察院在审查批捕时，不仅应阅卷，还应当讯问何某。

（8）C市检察院作出不批准逮捕的同时告知C市公安局终止侦查，是错误的。《高检规则》第287条第1款规定：“对于没有犯罪事实或者犯罪嫌疑人具有刑事诉讼法第十六条规定情形之一，人民检察院作出不批准逮捕决定的，应当同时告知公安机关撤销案件。”因此，C市检察院认为何某没有犯罪事实，应当告知C市公安局撤销案件。

（9）C市公安局在C市检察院作出不批准逮捕的决定后，继续关押何某的做法不正确。因为，《刑事诉讼法》第91条第3款规定：“……人民检察院不批准逮捕的，公安机关应当在接到通知后立即释放，并且将执行情况及时通知人民检察院。对于需要继续侦查，并且符合取保候审、监视居住条件的，依法取保候审或者监视居住。”因此，C市公安局始终关押何某的做法是不正确的。

2. 关于本案的定性，不管同意检察机关的意见还是同意公安机关的意见，都必须充分说明理由。如果同意检察机关的意见，要重点论证何某所要的奖金是正当的；如果同意公安机关的意见，要重点论证何某所要的奖金是不正当的。

案例2

2013年4月26日，家住A市B区的柳某怀疑其妻童某与隔壁老王有染，柳某伙同其好友蔡某将老王殴打成重伤。童某报警后，A市B区公安局派员到现场未出示拘留证即对柳某和蔡某进行拘留。经过讯问，柳某和蔡某对自己的犯罪事实供认不讳，B区公安局在案发当日对此案进行立案侦查。拘留后当即在B区公安局讯问室对二人进行讯问。4月28日，B区公安局在讯问完毕后将二人送往B区看守所羁押。因担心通知家属后有碍侦查，B区公安局未在拘留后通知柳某和蔡某的家属。B区公安局报请B区检察院对二人批捕，B区检察院鉴于柳某是该案的主犯，蔡某系从犯，故对柳某批准逮捕，对蔡某作出不批准逮捕的决定，同时建议B区公安局对蔡某取保候审。蔡某的好友朱某（美籍华人）提出担任蔡某的保证人，B区公安局要求朱某交纳3万元保证金，决定对蔡某取保候审。B区公安局要求蔡某在取保候审期间不得离开其所居住的小区，同时不得与老王接触。蔡某后因严重违反取保候审期间的规定，被B区检察院批准逮捕。柳某的舅父张某向B区检察院为柳某申请羁押必要性审查，B区检察院刑事执行检察部门经过审查，认为被害人老王存在过错，柳某的母亲生活不能自理且无人照顾，于是决定对柳某监视居住。B区公安局在该区红星宾馆对其实施监视居住，为防止柳某逃跑，在该宾馆房间安装了监控。柳某委托的辩护律师要求会见柳某，B区公安局因担心串供，而未予安排。

在监视居住期间，B区公安局通过对柳某的讯问，得知柳某还曾在C市两次持刀抢劫，共劫得人民币2000元。B区公安局进行调查后发现，由于两起案件的被害人均没有报案，也无法找到被害人，抢劫的赃款也已被柳某花光了，对于抢劫事实除了柳某本人的口供外，没有任何其他证据。但考虑到本案尚在侦查阶段，以后还有时间进一步侦查，于是B区公安局同时以柳某涉嫌抢劫罪为由，再次报请B区检察院批捕。B区检察院经审查，作出了退回补充侦查的决定。

问题

1. 本案的诉讼程序存在哪些违法？请说明理由。

2. B区检察院能不能作出退回补充侦查的决定？为什么？

答案与解析

1. 本案的诉讼程序存在以下违法之处：

（1）童某报警后，A市B区公安局派员到现场未出示拘留证即对柳某和蔡某进行拘留，是错误的。《公安部规定》第125条规定，执行拘留时，必须出示拘留证，并责令被拘留人在拘留证上签名、捺指印，拒绝签名、捺指印的，侦查人员应当注明。紧急情况下，对于符合《公安部规定》第124条所列情形之一（即先行拘留的八种情形）的，经出示人民警察证，可以将犯罪嫌疑人口头传唤至公安机关后立即审查，办理法律手续。本案中，未出现上述法条中规定的“紧急情况”以及“先行拘留的八种情形”，所以，对柳某和蔡某进行拘留，应当出示拘留证。

（2）B区公安局4月26日对柳某和蔡某进行拘留，4月28日在讯问完毕后将二人送往B区看守所羁押，此处的错误是，拘留后未在24小时内对二人进行讯问并送看守所羁押。因为，《刑事诉讼法》第85条第1、2款规定：“公安机关拘留人的时候，必须出示拘留证。拘留后，应当立即将被拘留人送看守所羁押，至迟不得超过二十四小时……”

（3）B区公安局因担心通知后有碍侦查，未在拘留后通知柳某和蔡某的家属，是错误的。《刑事诉讼法》第85条第2款规定：“……除无法通知或者涉嫌危害国家安全犯罪、恐怖活动犯罪通知可能有碍侦查的情形以外，应当在拘留后二十四小时以内，通知被拘留人的家属。有碍侦查的情形消失以后，应当立即通知被拘留人的家属。”本案系故意伤害案，不属于危害国家安全犯罪、恐怖活动犯罪，公安机关不得以有碍侦查为由不通知被拘留人柳某和蔡某的家属。

（4）B区检察院建议B区公安局对蔡某取保候审，是错误的。依据《刑事诉讼法》第91条第3款的规定：“人民检察院应当自接到公安机关提请批准逮捕书后的七日以内，作出批准逮捕或者不批准逮捕的决定。人民检察院不批准逮捕的，公安机关应当在接到通知后立即释放，并且将执行情况及时通知人民检察院。对于需要继续侦查，并且符合取保候审、监视居住条件的，依法取保候审或者监视居住。”本案中，B区检察院对蔡某作出不批准逮捕的决定即可，无须建议B区公安局对蔡某取保候审，是否对蔡某取保候审，由B区公安局自行决定。

(5) 蔡某的好友朱某（美籍华人）提出担任蔡某的保证人，是错误的。依据《刑事诉讼法》第69条的规定：“保证人必须符合下列条件：（一）与本案无牵连；（二）有能力履行保证义务；（三）享有政治权利，人身自由未受到限制；（四）有固定的住处和收入。”朱某系美籍华人，不享有政治权利，故其不能担任蔡某的保证人。

(6) B区公安局要求朱某交纳3万元保证金，是错误的。因为，《公安部规定》第84条第2款规定：“对同一犯罪嫌疑人，不得同时责令其提出保证人和交纳保证金……”由此可见，不能要求保证人交纳保证金，否则，保证人保证和保证金保证二者就并用了。

(7) B区公安局要求蔡某在取保候审期间不得离开其所居住的小区，是错误的。《刑事诉讼法》第71条第1、2款规定：“被取保候审的犯罪嫌疑人、被告人应当遵守以下规定：（一）未经执行机关批准不得离开所居住的市、县；（二）住址、工作单位和联系方式发生变动的，在二十四小时以内向执行机关报告；（三）在传讯的时候及时到案；（四）不得以任何形式干扰证人作证；（五）不得毁灭、伪造证据或者串供。人民法院、人民检察院和公安机关可以根据案件情况，责令被取保候审的犯罪嫌疑人、被告人遵守以下一项或者多项规定：（一）不得进入特定的场所；（二）不得与特定的人员会见或者通信；（三）不得从事特定的活动；（四）将护照等出入境证件、驾驶证件交执行机关保存。”由此可见，要求蔡某在取保候审期间不得离开其所居住的小区，既不属于被取保候审人的法定义务，也不属于被取保候审人的酌定义务。

(8) 柳某的舅父张某向B区检察院为柳某申请羁押必要性审查，是错误的。《高检规则》第574条第2款规定：“犯罪嫌疑人、被告人及其法定代理人、近亲属或者辩护人可以申请人民检察院进行羁押必要性审查。申请时应当说明不需要继续羁押的理由，有相关证据或者其他材料的应当提供。”同时，《刑事诉讼法》第108条第6项规定：“‘近亲属’是指夫、妻、父、母、子、女、同胞兄弟姊妹。”本案中，柳某的舅父不是其近亲属，故其无权为柳某申请羁押必要性审查。

(9) B 区检察院刑事执行检察部门进行羁押必要性审查，是错误的，应当由 B 区检察院负责捕诉的部门进行羁押必要性审查。因为，《高检规则》第 575 条第 1、2 款规定："负责捕诉的部门依法对侦查和审判阶段的羁押必要性进行审查。经审查认为不需要继续羁押的，应当建议公安机关或者人民法院释放犯罪嫌疑人、被告人或者变更强制措施。审查起诉阶段，负责捕诉的部门经审查认为不需要继续羁押的，应当直接释放犯罪嫌疑人或者变更强制措施。"

(10) B 区检察院在进行羁押必要性审查后，认为被害人老王存在过错，柳某的母亲生活不能自理且无人照顾，于是决定对柳某监视居住，是错误的。因为，《高检规则》第 580 条第 11 项规定："人民检察院发现犯罪嫌疑人、被告人具有下列情形之一，且具有悔罪表现，不予羁押不致发生社会危险性的，可以向办案机关提出释放或者变更强制措施的建议：……（十一）系生活不能自理的人的唯一扶养人……"本案中，柳某符合上述第 11 项情形，B 区检察院只能向 B 区公安局提出监视居住的建议。

(11) B 区公安局在该区红星宾馆对柳某实施监视居住，是错误的。《刑事诉讼法》第 75 条第 1 款规定："监视居住应当在犯罪嫌疑人、被告人的住处执行；无固定住处的，可以在指定的居所执行。对于涉嫌危害国家安全犯罪、恐怖活动犯罪，在住处执行可能有碍侦查的，经上一级公安机关批准，也可以在指定的居所执行。但是，不得在羁押场所、专门的办案场所执行。"本案中，柳某家住 A 市 B 区，有固定住处，而且，柳某所涉嫌的是故意伤害罪，不是危害国家安全犯罪和恐怖活动犯罪，所以，不能对柳某指定居所监视居住。

(12) 柳某委托的辩护律师要求会见柳某，B 区公安局因担心串供而未予安排，是错误的。《刑事诉讼法》第 39 条第 1、2、3 款规定："辩护律师可以同在押的犯罪嫌疑人、被告人会见和通信。其他辩护人经人民法院、人民检察院许可，也可以同在押的犯罪嫌疑人、被告人会见和通信。辩护律师持律师执业证书、律师事务所证明和委托书或者法律援助公函要求会见在押的犯罪嫌疑人、被告人的，看守所应当及时安排会见，至迟不得超过四十八小时。危害国家安全犯罪、恐怖活动犯罪案件，在侦查期间辩护律师会见在押的犯罪嫌疑人，应当经侦查机关许可……”本案系故意伤害案件，不属于危害国家安全犯罪、恐怖活动犯罪案件，柳某的辩护律师要求会见被监视居住的柳某，无须侦查机关许可，B区公安局应当安排会见。

2. B区检察院不能作出退回补充侦查的决定。根据《刑事诉讼法》第90条的规定：“人民检察院对于公安机关提请批准逮捕的案件进行审查后，应当根据情况分别作出批准逮捕或者不批准逮捕的决定。对于批准逮捕的决定，公安机关应当立即执行，并且将执行情况及时通知人民检察院。对于不批准逮捕的，人民检察院应当说明理由，需要补充侦查的，应当同时通知公安机关。”由此可见，在审查批捕阶段，B区检察院只能作出批准逮捕或者不批准逮捕的决定，不能作出退回补充侦查的决定，补充侦查可以在不批准逮捕的同时附带作出。

B区检察院可以作出批准逮捕的决定。《高检规则》第138条规定：“对实施多个犯罪行为或者共同犯罪案件的犯罪嫌疑人，符合本规则第一百二十八条的规定，具有下列情形之一的，应当批准或者决定逮捕：（一）有证据证明犯有数罪中的一罪的；（二）有证据证明实施多次犯罪中的一次犯罪的；（三）共同犯罪中，已有证据证明有犯罪事实的犯罪嫌疑人。”这就意味着，对于涉嫌几个罪名的，只要其中一个罪有证据证明就符合逮捕的证据条件，就应当作出批准逮捕的决定。

重点法条提示

法条	内容
《刑事诉讼法》第67条	取保候审的条件
《关于取保候审若干问题的规定》第7、8、9、19条	被取保候审人的义务
《关于取保候审若干问题的规定》第16条	取保候审的执行地
《关于取保候审若干问题的规定》第24条	取保候审的解除
《刑事诉讼法》第74、75条	监视居住、指定居所监视居住的条件
《刑事诉讼法》第81条	逮捕的条件

专题八　附带民事诉讼

一、主观题考情分析

年份	考点	题型
2022 年	依“先刑后民”原则进行审理的规则	逐步发问型案例分析
2021 年（黑龙江延考）	附带民事诉讼赔偿范围	逐步发问型案例分析
2014 年	附带民事诉讼审理程序	逐步发问型案例分析
2008 年	附带民事诉讼受理、一审、二审程序	逐步发问型案例分析
2005 年	可写附带民事起诉状	直接撰写型法律文书
2003 年	附带民事起诉状	找错型法律文书

本专题应当注意刑事附带民事诉讼中刑事部分与附带民事部分的关系，即附带民事诉讼应建立在刑事部分基础上，以此为基点理解相关的制度和程序。对于附带民事诉讼成立的条件，考生应学会确定附带民事请求权人、附带民事诉讼赔偿责任人，同时，会区分附带民事诉讼赔偿范围和不予赔偿的范围。对附带民事诉讼程序，尤其要注意附带民事诉讼调解、附带民事诉讼的裁判、附带民事财产保全、对检察院提起附带民事诉讼的处理、附带民事诉讼当事人不到案等内容。此外，考生还应结合附带民事诉讼二审来掌握附带民事诉讼审理程序。

二、必背精华

1. 成立前提：以刑事诉讼成立为前提。

2. 附带民事请求权人：检（国家集体财产受损 + 受损单位未提）、法、害、亲。

3. 附带民事赔偿责任人：共、告、监、继。

★4. 附带民事诉讼赔偿范围

（1）可赔：

①人身权利（赔偿医疗费、护理费、交通费、误工费、残疾生活辅助器具费、丧葬费）。

②财物被毁坏的。

（2）不赔：精神损失（一般不予受理）、可得利益和间接损失、非法占有和处置、职务犯罪、引民纠纷。

5. 提起时间：刑事案件立案之后及时提；二审中提出附民或增加诉讼请求或者反诉，可调解，调解不成，告知另行起诉。

6. 只告部分侵害人的：法院应当告知其可以一并提以及不提后果；在逃的同案犯不列为附民被告。

7. 附带民事诉讼应当同刑事案件一并审判，只有为了防止刑事案件审判的过分迟延，才可以在刑事案件审判后，由同一审判组织继续审理附带民事诉讼；同一审判组织的成员确实不能继续参与审判的，可以更换。

★8. 附带民诉调解：侦查、起诉中调解达成协议履行完毕，审判中又提起——法院不受理（违反自愿、合法原则除外）；应制作调解书（即时履行完毕的除外）。

9. 财产保全

（1）启动方式：附民原告和检可申请；法院依职权。

（2）保全方式：查封、扣押、冻结。

（3）诉前保全和诉中保全：以提起附带民诉为界限。

★10. 附带民诉裁判：可以调解或根据物质损失裁判。

★11. 检察院提起附带民诉的：赔给受损单位或继受人，无继受人的，由检察院上缴国库。

★12. 附民当事人不到案的处理

（1）附民原告不到案：按撤诉处理。

（2）刑事被告人以外的附民被告不到案：可缺席判决。

（3）刑事被告人以外的附民被告下落不明，或用公告送达以外的其他方式无法送达，可能导致刑事审判过分迟延的：可不将其列为附民事被告，告知附民原告另行提起民诉。

★13. 准许检撤诉的公诉案件：对附民可调解，调解不成，裁定驳回起诉，告知另行提民诉。

★14. 审判中刑事无罪但民事要赔偿的：附民调解不成，可一并作刑附民判决，也可告知附民原告另提民诉。

15. 附带民事公益诉讼：由审理刑案的法院管辖、同一审判组织审理。

三、模拟演练

案例

甲曾因办厂急需资金，向乙借现金5000元。一年后，乙投资大片产业，要求甲返还借款。甲一开始说过几天还，乙遂多次催促。其后，甲便借口拖延。事实上，甲因经营不善已经无力还款。某日，乙约甲到其家中再次商谈还款事宜，甲想赖账，叫上其朋友丙、丁到乙家，进门就声称乙根本未曾借钱给他，双方遂发生口角，继而动起手来。乙被甲、丙、丁用木棍打成重伤，乙家中的家具和生活用品多数亦被砸坏。在双方的互殴中，甲、丙、丁不慎打中围观的邻居明明的头部，但其经K县医院检查，未发现受伤。甲、丙、丁在当晚还潜入乙家附近，点火将乙的两间房屋烧毁，该大火还殃及乙家附近的冰冰纺织厂（系国有企业），将冰冰纺织厂的车间烧毁。

K县公安局将甲依法逮捕，对丙、丁取保候审，K县检察院对甲、丙、丁提起公诉时，乙和K县检察院均提起附带民事诉讼，乙要求甲、丙、丁赔偿医疗费用1万元、家中物品的经济损失3.2万元、精神损失费3万元，并要求法院判决甲归还所借的5000元，K县检察院要求甲、丙、丁向冰冰纺织厂赔偿损失3万元。

在K县法院审理中，丙脱逃，法院将甲、丙、丁均列为附带民事诉讼被告人。K县法院在审理时，丁经过传唤未到庭，K县法院就附带民事诉讼部分进行调解，但未达成协议，分别判决甲、丙、丁有期徒刑两年半、一年、六个月，赔偿乙医疗费用和物品损失费7400元，但对精神损失和归还借款的请求不予支持，赔偿K县检察院3万元。甲对第一审附带民事判决不服，提出上诉。明明因后来查出颅部有内伤，在上诉期间提出附带民事诉讼。第二审法院一并予以受理，经审理，除维持一审对甲所判的刑罚和甲应向乙赔偿的经济损失以外，另判决甲赔偿明明8000元医疗费。

问题

1. 第一审法院对附带民事诉讼的审理和判决是否正确？为什么？

2. 若K县检察院在第一审程序中撤回对甲、丙、丁的起诉，K县法院对附带民事诉讼请求如何处理？

3. 第二审法院的做法是否正确？为什么？

4. 若第二审法院认为附带民事判决正确，但是，对丙的量刑过重，第二审法院应当如何处理？

5. 若K县法院经审理，认为K县检察院提供的证据不足以证明甲、丁构成犯罪，但甲、丁应向乙赔偿，K县法院对乙的附带民事诉讼请求如何处理？

6. 若K县检察院对丙作出不起诉决定，乙对丙提起附带民事诉讼，之后，丙下落不明，可能导致刑事案件审判过分迟延的，K县法院对该附带民事诉讼请求如何处理？

7. 若甲、丁认罪认罚，但是，认为乙要求的赔偿数额过高，未就附带民事赔偿达成和解协议，乙不同意对甲、丁适用认罪认罚从宽制度，K县法院可否对甲、丁适用认罪认罚从宽制度？为什么？

答案与解析

1.（1）第一审法院对附带民事诉讼的审理程序存在以下问题：

①第一审法院将丙列为附带民事诉讼被告人，是错误的。因为，《高法解释》第183条规定："共同犯罪案件，同案犯在逃的，不应列为附带民事诉讼被告人……"本案中，丙脱逃，K县法院不应将丙列为附带民事诉讼被告人。

②丁经过传唤未到庭，K县法院对附带民事诉讼作出判决，是错误的。依据《高法解释》第195条第2款的规定："刑事被告人以外的附带民事诉讼被告人经传唤，无正当理由拒不到庭，或者未经法庭许可中途退庭的，附带民事部分可以缺席判决。"本案中，丁是刑事被告人同时也是附带民事被告人，其不到庭，法院不得对附带民事诉讼作出判决。

（2）第一审法院对乙的附带民事诉讼请求的判决，是正确的。

①虽然当事人主张赔偿医疗费和家中的物品损失费共4.2万元，但这是当事人的请求数额，法院最终认定的时候，还是要依靠证据和事实，所以法院的判决数额和当事人的请求数额不一致是正常的。

②对精神损失费和归还借款的请求不予支持，是正确的。《高法解释》第192条第1、2款规定："对附带民事诉讼作出判决，应当根据犯罪行为造成的物质损失，结合案件具体情况，确定被告人应当赔偿的数额。犯罪行为造成被害人人身损害的，应当赔偿医疗费、护理费、交通费等为治疗和康复支付的合理费用，以及因误工减少的收入。造成被害人残疾的，还应当赔偿残疾生活辅助器具费等费用；造成被害人死亡的，还应当赔偿丧葬费等费用。"由此可见，法院对故意伤害案的附带民事诉讼作出判决，只能要求被告人赔偿因犯罪造成的物质损失，不支持精神损失的赔偿；同时，这种物质损失还必须是被告人的行为直接造成的。本案中，借款行为是一起民事纠纷，发生在刑事案件之前，理应通过提起正式的民事诉讼的方式解决，而不应当通过附带民事诉讼的方式解决。

（3）第一审法院对K县检察院的附带民事诉讼请求的判决，是错误的。因为，《高法解释》第193条规定："人民检察院提起附带民事诉讼的，人民法院经审理，认为附带民事诉讼被告人依法应当承担赔偿责任的，应当判令附带民事诉讼被告人直接向遭受损失的单位作出赔偿；遭受损失的单位已经终止，有权利义务继受人的，应当判令其向继受人作出赔偿；没有权利义务继受人的，应当判令其向人民检察院交付赔偿款，由人民检察院上缴国库。"由此可见，本案中，第一审法院只能要求甲、丙、丁向被害单位冰冰纺织厂作出附带民事赔偿，不能要求甲、丙、丁向K县检察院作出赔偿。

2. 若K县检察院在第一审程序中撤回对甲、丙、丁的起诉，K县法院可以进行调解；不宜调解或者经调解不能达成协议的，应当裁定驳回起诉，并告知乙可以另行提起民事诉讼。因为，《高法解释》第197条第2款规定："人民法院准许人民检察院撤回起诉的公诉案件，对已经提起的附带民事诉讼，可以进行调解；不宜调解或者经调解不能达成协议的，应当裁定驳回起诉，并告知附带民事诉讼原告人可以另行提起民事诉讼。"

3. 第二审法院的做法是错误的，根据《高法解释》第198条的规定："第一审期间未提起附带民事诉讼，在第二审期间提起的，第二审人民法院可以依法进行调解；调解不成的，告知当事人可以在刑事判决、裁定生效后另行提起民事诉讼。”这就意味着，附带民事诉讼应当在第一审宣告判决前提起，只有这样，才具备合并审理的基础，附带民事诉讼的级别管辖也才能和刑事案件的管辖相一致。本案中，明明在上诉期间才提起附带民事诉讼，这种情况下，第二审法院可以进行调解，调解不成的，应当告知明明在刑事裁判生效后另行提起民事诉讼，而不应当受理并作出判决，造成附带民事诉讼部分实际上是一审终审的不合理局面。

4. 若第二审法院认为附带民事判决正确，但是，对丙的量刑过重，第二审法院应当依照审判监督程序对刑事部分进行再审，并将附带民事部分与刑事部分一并审理。因为，《高法解释》第409条规定：“第二审人民法院审理对附带民事部分提出上诉，刑事部分已经发生法律效力的案件，应当对全案进行审查，并按照下列情形分别处理：（一）第一审判决的刑事部分并无不当的，只需就附带民事部分作出处理；（二）第一审判决的刑事部分确有错误的，依照审判监督程序对刑事部分进行再审，并将附带民事部分与刑事部分一并审理。”

5. 《高法解释》第197条第1款规定：“人民法院认定公诉案件被告人的行为不构成犯罪，对已经提起的附带民事诉讼，经调解不能达成协议的，可以一并作出刑事附带民事判决，也可以告知附带民事原告人另行提起民事诉讼。”本案中，若K县法院经审理，认为K县检察院提供的证据不足以证明甲、丁构成犯罪，但甲、丁应向乙赔偿，K县法院对乙已经提起的附带民事诉讼，经调解不能达成协议的，可以一并作出刑事附带民事判决，也可以告知乙另行提起民事诉讼。

6. 《高法解释》第195条第3款规定：“刑事被告人以外的附带民事诉讼被告人下落不明，或者用公告送达以外的其他方式无法送达，可能导致刑事案件审判过分迟延的，可以不将其列为附带民事诉讼被告人，告知附带民事诉讼原告人另行提起民事诉讼。”本案中，丙被K县检察院作出不起诉决定，属于“刑事被告人以外的附带民事诉讼被告人”，K县法院可不将丙列为附带民事诉讼被告人，告知乙另行提起民事诉讼。

7. K县法院可以对甲、丁适用认罪认罚从宽制度。因为，《关于适用认罪认罚从宽制度的指导意见》第18条规定："……被害人及其诉讼代理人不同意对认罪认罚的犯罪嫌疑人、被告人从宽处理的，不影响认罪认罚从宽制度的适用。犯罪嫌疑人、被告人认罪认罚，但没有退赃退赔、赔偿损失，未能与被害方达成调解或者和解协议的，从宽时应当予以酌减。犯罪嫌疑人、被告人自愿认罪并且愿意积极赔偿损失，但由于被害方赔偿请求明显不合理，未能达成调解或者和解协议的，一般不影响对犯罪嫌疑人、被告人从宽处理。"本案中，若甲、丁认罪认罚，但是，认为乙要求的赔偿数额过高，未就附带民事赔偿达成和解协议，乙不同意对甲、丁适用认罪认罚从宽制度，K县法院依然可以对甲、丁适用认罪认罚从宽制度。

重点法条提示

法条	内容
《高法解释》第190—198条	附带民事诉讼的调解和审判
《高法解释》第175—177条	附带民事诉讼的赔偿范围
《高法解释》第178—180条	附带民事诉讼当事人的范围

专题九　期间、送达

一、主观题考情分析

本专题曾在2004年司法考试中考查补充侦查的期限、被害人请求检察院抗诉的期限。对于期间，应注意期间的计算方法、重要的法定期间、期间耽误后的补救等知识点。考生在做题时，若题目中出现期间，应计算是否超期。对于送达，应注意每种送达方式应遵守的程序，尤其是留置送达的程序。

二、必背精华

1. 期间的起算不包括开始的时和日。期间的计算，最后一日为对应的同日；刑期的计算，最后一日为对应的同日的前一日。

2. 期间的最后一日为节假日的，以节假日后的第一日为期满日期（但羁押期限不得因此而延长）。

3. 法定期间不包括路途上的时间（如文书在途期间）。期满前已交邮的，不算过期，已交邮以当地邮局所盖邮戳为准。

4. 重新计算：

（1）重新计算期间仅适用于公安司法机关的办案期限，不适用于当事人行使诉讼权利的期限。

（2）重新计算的情形：发现另有重要罪行、补充侦查、改变管辖、发回重审、简易转普通、速裁转简易或普通。

专题十　立　案

一、主观题考情分析

本专题在历年法律职业资格考试（司法考试）中未曾加以考查。本专题的重点在于立案材料的来源（如报案、举报和控告的区别）、立案的条件（事实条件和法律条件）、立案的程序（如对立案材料的接收、初查程序以及初查后的处理、被害人对不立案的救济程序、检察院对立案的监督等）。此外，本专题宜结合管辖、侦查等程序加以考查，所以，考生还应注意立案与侦查的关系。

二、必背精华

1. 报案、举报和控告的区别

（1）报案：主体是被害人或第三人，不能指出犯罪人。

（2）举报：主体是第三人，能指出犯罪人。

（3）控告：主体是被害人，能指出犯罪人。

2. 立案的条件

（1）公诉案件：有犯罪事实，需要追究刑事责任。

（2）自诉案件：

①属于自诉案件范围。

②本院管辖。

③被害人告诉（不能告诉或不敢告诉的，由法代或近亲属告诉或代为告诉）。

④明确的被告人、具体的诉讼请求和证据。

★3. 立案的程序

（1）初查：可采取不限制被调查对象人身、财产权利的措施；但不得适用强制措施、强制侦查手段、技术侦查措施。

公安机关在调查核实过程中依法收集的电子数据等材料，可以根据有关规定作为证据使用。调查核实过程中收集的证据材料经查证属实，且收集程序符合有关要求的，可以作为定案依据。

（2）处理：

①处理方式：立案和不立案。

②不立案的决定应当告知控告人。

③控告人不服的，可以向原决定机关申请复议。

④移送案件的行政执法机关不服的，可向原决定的公安机关申请复议，但不得申请复核。

（3）检察院的立案监督：

①对象：应立而不立和应不立而立。

②方式：先要求说明理由，理由不成立则要求立案或撤案。公安对撤销案件的通知，可先复议后复核。

专题十一 侦 查

一、主观题考情分析

年份	考点	题型
2021 年	特殊情形下撤销案件的程序	逐步发问型案例分析
2018 年	讯问犯罪嫌疑人	用证据认定案件事实型案例分析
2013 年	技术侦查	逐步发问型案例分析
2008 年延考	辨认	找错型案例分析

本专题的重点是侦查措施、补充侦查等，尤其是侦查措施，具体包括讯问犯罪嫌疑人，询问证人、被害人，勘验，检查，搜查，扣押物证、书证，电子数据的收集和提取，鉴定，技术侦查，辨认，通缉等。此外，考生还应注意讯问犯罪嫌疑人与询问证人、被害人程序的区别，搜查与检查的区别等。本专题的侦查措施与证据排除范围密切相关，适宜结合命题。

二、必背精华

★1. 讯问犯罪嫌疑人：

（1）时间：传唤、拘传到案讯问一般 12 小时，最长 24 小时。

（2）地点：①被羁押的：看守所讯问室。②未被羁押的：现场（须出示工作证件，才可以口头传唤）；住处；指定地点；检察院、公安机关（有病、怀孕的，可在就诊的医疗机构讯问；被行拘、戒毒、服刑人员，可在执行场所讯问）。

（3）讯问时的告知：告知诉讼权利，如实供述可从宽处理和认罪认罚的法律规定。

（4）有关的问题应如实回答，无关的有权拒绝回答，无沉默权。

（5）应当同步录音录像的情形：无期、死刑、重大、职务犯罪。

（6）自行书写供述的，应当准许。

★2. 询问证人、被害人：

（1）地点：现场、单位、住处或者证人提出的地点、检察院、公安机关（不得另行指定其他地点）。

（2）告知如实作证，否则承担伪证罪。

（3）个别询问，不得诱导询问。

（4）询问重大或有社会影响的案件的重要证人：应当录音、录像。

★3. 讯问、询问特殊主体：

（1）聋哑人：应有通晓聋、哑手势的人参加。

（2）未成年人：应通知法定代理人或其他合适成年人在场。

（3）女性未成年人：应有女工作人员在场。

4. 勘验、检查：

（1）勘验的对象：场所、物品、尸体。检查的对象：活人的身体（包括嫌疑人、被害人）。

（2）主体：检查妇女的身体只能是女工作人员或医师。

（3）需要勘查证和见证人到场。

（4）方式：①对被害人不能强制检查，对嫌疑人可强制检查。②解剖尸体通知死者家属到场。

（5）不得侦查实验的情形：造成危险、侮辱人格或有伤风化。

★5. 搜查、扣押、查封、冻结：

（1）搜查妇女的身体：由女工作人员进行。

（2）搜查证：需要搜查证；但执行逮捕、拘留且有紧急情况时可无证搜查。

（3）搜查应有被搜查人或他的家属、邻居或其他见证人在场［不能担任见证人的人（口诀）：有职权、影响大、不能辨别和表达］。

（4）查、扣、冻针对的对象：犯罪证据、违禁品、危险品；查封针对不动产和特定动产；扣押针对动产；冻结针对账户。

（5）扣押不需要扣押证，但需见证人、制作清单两份；扣押邮件、电报、电子邮件，需经公安机关或检察院批准。

（6）侦查中不能扣划。

★6. 收集、提取电子数据：以扣押原始存储介质为原则，以直接提取电子数据为例外，以打印、拍照、录像等方式固定为补充。

7. 鉴定：

（1）对嫌疑人、被告人的精神病鉴定期间不计入办案期限。

（2）鉴定意见的告知对象：犯罪嫌疑人、被害人，其可申请补充、重新鉴定。

★8. 技术侦查：

（1）适用范围（口诀）：国恐黑毒、侵人权、人保全。

（2）决定机关：公安（设区的市一级以上批准）、国安、检；执行机关：公安和国安。

（3）适用对象：犯罪嫌疑人、被告人以及与犯罪活动直接关联的人员。

（4）期限：N 个 3 月。

（5）涉密的材料要保密；无关的则销毁。

（6）隐匿身份实施侦查不得诱使他人犯罪、危害公共安全、重大人身危险。

（7）控制下的交付适用范围：给付毒品等违禁品或者财物的犯罪（县级以上公安负责人决定）。

9. 辨认：个别辨认、混杂辨认（公安、检察：不少于 7 人、10 人照、5 物）（检察院：物照不少于 5；公安：物照不少于 10）；不得暗示规则。

10. 通缉：

（1）决定主体：公安机关和检察院。

（2）发布主体：公安机关（注：超出自己管辖的地区，应报请有权决定的上级机关发布）。

（3）对象：应当逮捕而在逃的嫌疑人，逃犯。

★11. 对非法侦查行为的救济：

（1）申请主体：当、辩、诉、利。

（2）对象：应放不放；应退不退；违法查、扣、冻。

（3）先向非法侦查机关申诉控告，处理后不服的，再（公安的）向同级检或者（检的）向上一级检申诉。

12. 侦查终结：

（1）公安侦查终结后移送检察院的，应将案件移送情况告知嫌疑人及其辩护律师。

（2）嫌疑人自愿认罪的，侦查机关应记录在案，随案移送，并在起诉意见书中写明。

13. 侦查羁押期限：

（1）2＋1＋2＋2＋无期。

（2）另有重要罪行的：自发现之日起重新计算（公安应报检察院备案）。

（3）身份不明的：查清身份之日起计算。

三、模拟演练

案例

H省P市公安局在侦查李某、王某贩卖毒品案中，首先对李某进行讯问，李某称自己只是参与贩毒，但这些都是王某指使的，侦查人员叫来王某与李某进行对质。因为讯问的录音录像设备正在维修，故未对讯问过程进行录音录像。随后，公安机关提取了李某、王某手机中的通话、短信记录等证据，同时将李某、王某的手机发还给二人的家人。侦查人员通过现有证据，发现王某的上家为“郭小猴”。经再次提审，王某交代出“郭小猴”的真实姓名为郭某，贩毒成员还有“清亮”“二娃”二人。公安机关遂对郭某等人立案侦查。随后，侦查人员将郭某和其他6名女“线人”的照片放在一起，让王某、李某同时从中辨认，王某和李某指认出郭某，侦查人员迅速将其抓捕到案。后又两次到当地跟踪督查，经过调查走访P市两个戒毒所，终于查清“清亮”“二娃”二人的真实身份为许某和郑某，后在另一起贩毒案件中，通过控制下的交付，将许某和郑某抓获归案。

侦查人员在讯问王某时，王某还称曾向“永胜”购买毒品。经调查，“永胜”真实姓名是尤某。因为尤某逃往H省B市，P市公安局发布通缉令，对尤某实施抓捕。P市公安局在B市尤某的家中抓捕尤某时，为防止尤某脱逃，未通知B市公安局，也未向尤某出示搜查证，侦查人员即对其住宅进行搜查，结果未找到任何线索。P 市检察院鉴于此案重大、复杂，提前介入侦查阶段，在抓捕尤某时，提前介入侦查的检察官及时建议对从尤某身上起获的毒品包装物进行生物物证检验。经鉴定，该毒品包装袋上提取的两枚指纹系尤某左手食指、拇指所留，有力证实了毒品系尤某所有。鉴于尤某拒不供认犯罪，P 市公安局经 P 市检察院批准，运用大数据系统查询尤某行踪，发现其多次往返于 P 市和 B 市之间，并有大额银行转账记录，经与 B 市公安机关协调，查清其向 B 市下家贩卖毒品甲基苯丙胺 1625.43 克、氯胺酮 2.58 克。P 市公安局冻结并扣划了尤某 350 万元的贩毒所得。另查明其故意伤害致人轻伤的犯罪事实，于是 P 市公安局对尤某重新计算侦查羁押期限。

此案经 P 市检察院提起公诉，P 市中级法院分别以贩卖毒品罪判处李某、王某、郭某无期徒刑，判处许某、郑某有期徒刑 15 年，以贩卖、运输毒品罪，故意伤害罪数罪并罚判处尤某死刑，缓期 2 年执行。

问题

1. 本案的诉讼程序存在哪些不合法之处？请说明理由。

2. 如何看待检察院提前介入侦查这一做法？

3. P 市公安局可否对此案实施控制下交付和运用大数据系统查询犯罪嫌疑人的行踪？为什么？

4. 在该案中，公安机关通过技术侦查获取的证据材料，法院如何审查？对该证据材料，法院是否应当经过当庭调查程序查证属实，才能作为定案根据？为什么？

答案与解析

1. 本案的诉讼程序存在以下不合法之处：

（1）侦查人员叫来王某与李某进行对质，是错误的。讯问共同犯罪案件的犯罪嫌疑人，应当分别进行，单独讯问，以防止同案犯串供或者相互影响供述。

（2）因为讯问的录音录像设备正在维修，故未对讯问过程进行录音录像，是错误的。《刑事诉讼法》第123条第1款规定："侦查人员在讯问犯罪嫌疑人的时候，可以对讯问过程进行录音或者录像；对于可能判处无期徒刑、死刑的案件或者其他重大犯罪案件，应当对讯问过程进行录音或者录像。"本案中，李某、王某因涉嫌贩卖毒品，被判处无期徒刑，所以在侦查讯问时应当录音、录像。

（3）公安机关将李某、王某的手机发还给二人的家人，是错误的。《关于办理刑事案件收集提取和审查判断电子数据若干问题的规定》第8条第1款规定："收集、提取电子数据，能够扣押电子数据原始存储介质的，应当扣押、封存原始存储介质，并制作笔录，记录原始存储介质的封存状态。"因此，公安机关应当扣押、封存李某、王某的手机。

（4）侦查人员将郭某和其他6名女"线人"的照片放在一起，让王某、李某同时从中辨认，这里面有两个错误：其一，被辨认对象的数量不符合规定，按照《公安部规定》第260条第2款的规定："对犯罪嫌疑人照片进行辨认的，不得少于十人的照片。"由此可见，在辨认犯罪嫌疑人的照片时只提供了7张照片是错误的，应当不少于10人的照片。其二，王某和李某同时辨认是错误的，应当由2人单独辨认。因为，《公安部规定》第259条第2款规定："几名辨认人对同一辨认对象进行辨认时，应当由辨认人个别进行。”

（5）尤某逃往H省B市，P市公安局发布通缉令，是错误的。《刑事诉讼法》第155条第2款规定：“各级公安机关在自己管辖的地区以内，可以直接发布通缉令；超出自己管辖的地区，应当报请有权决定的上级机关发布。”由此可见，应当由H省公安厅对尤某发布通缉令。

（6）P市公安局在B市尤某的家中抓捕尤某时，为防止尤某脱逃，未通知B市公安局，是错误的。《刑事诉讼法》第83条规定：“公安机关在异地执行拘留、逮捕的时候，应当通知被拘留、逮捕人所在地的公安机关，被拘留、逮捕人所在地的公安机关应当予以配合。”本案中的逮捕属于异地逮捕，P市公安局应当通知B市公安局，B市公安局应当配合。

（7）P市公安局在搜查时，未向尤某出示搜查证，是错误的。《刑事诉讼法》第138条规定：“进行搜查，必须向被搜查人出示搜查证。在执行逮捕、拘留的时候，遇有紧急情况，不另用搜查证也可以进行搜查。”本案中，尽管P市公安局是在执行逮捕，但未遇到紧急情况，所以，P市公安局必须出示搜查证，才能进行搜查。

（8）运用大数据系统查询尤某行踪，这属于技术侦查手段，但无须经P市检察院批准。因为，《公安部规定》第265条第1款规定：“需要采取技术侦查措施的，应当制作呈请采取技术侦查措施报告书，报设区的市一级以上公安机关负责人批准，制作采取技术侦查措施决定书。”由此可见，P市公安局只需要经过公安机关内部的严格审批，就可以采用技术侦查手段。

（9）P市公安局扣划了尤某350万元的贩毒所得，是错误的。《刑事诉讼法》第144条第1款规定：“人民检察院、公安机关根据侦查犯罪的需要，可以依照规定查询、冻结犯罪嫌疑人的存款、汇款、债券、股票、基金份额等财产。”本案还处于侦查阶段，P市公安局可以冻结违法所得，但是不能扣划。

（10）P市公安局查明尤某故意伤害致人轻伤的犯罪事实，于是对尤某重新计算侦查羁押期限，是错误的。《公安部规定》第151条规定："在侦查期间，发现犯罪嫌疑人另有重要罪行的，应当自发现之日起五日以内报县级以上公安机关负责人批准后，重新计算侦查羁押期限，制作变更羁押期限通知书，送达看守所，并报批准逮捕的人民检察院备案。前款规定的'另有重要罪行'，是指与逮捕时的罪行不同种的重大犯罪以及同种犯罪并将影响罪名认定、量刑档次的重大犯罪。"本案中的轻伤害不属于"另有重要罪行"，所以不能重新计算侦查羁押期限。

2. 检察院提前介入侦查这一做法是有法律和司法解释依据的。《刑事诉讼法》第87条规定："公安机关要求逮捕犯罪嫌疑人的时候，应当写出提请批准逮捕书，连同案卷材料、证据，一并移送同级人民检察院审查批准。必要的时候，人民检察院可以派人参加公安机关对于重大案件的讨论。"《高检规则》第256条第1款规定："经公安机关商请或者人民检察院认为确有必要时，可以派员适时介入重大、疑难、复杂案件的侦查活动，参加公安机关对于重大案件的讨论，对案件性质、收集证据、适用法律等提出意见，监督侦查活动是否合法。"

检察院作为我国的法律监督机关，其提前介入侦查是履行法律监督职能的体现。检察院提前介入侦查，主要是由于公安机关的侦查活动与检察机关的起诉和批捕具有关联性，该做法有助于及时批捕犯罪嫌疑人和准确起诉犯罪，可以为起诉、庭审打下坚实基础。

无论是检察机关还是侦查机关，其刑事诉讼的目的具有一致性，均致力于确保侦查取证的有效性和合法性，共同推进刑事诉讼程序公正与实体公正的统一，在保障人权的基础上实现打击犯罪的目的。检察院提前介入侦查，符合"以审判为中心"的诉讼制度改革的客观要求。"以审判为中心"的诉讼制度改革推进了刑事诉讼证明标准的统一化，因而应当从案件的侦查源头开始，就对侦查取证的有效性和合法性进行关注，以审判标准指引审前程序，确保侦查取证的质效和审查起诉的准确性。

3. P市公安局可以对此案实施控制下交付。《刑事诉讼法》第153条第2款规定："对涉及给付毒品等违禁品或者财物的犯罪活动，公安机关根据侦查犯罪的需要，可以依照规定实施控制下交付。”本案涉及贩卖、运输毒品罪，属于给付毒品的犯罪活动，可以由公安机关实施控制下交付。

P市公安局可以对此案运用大数据系统查询犯罪嫌疑人的行踪。《刑事诉讼法》第150条第1款规定：“公安机关在立案后，对于危害国家安全犯罪、恐怖活动犯罪、黑社会性质的组织犯罪、重大毒品犯罪或者其他严重危害社会的犯罪案件，根据侦查犯罪的需要，经过严格的批准手续，可以采取技术侦查措施。”本案属于重大毒品犯罪，可以采取“运用大数据系统查询犯罪嫌疑人的行踪”这一技术侦查措施进行侦查。

4. 依据《高法解释》第119条的规定，对采取技术侦查措施收集的证据材料，在审查时，除根据相关证据材料所属的证据种类，依照《高法解释》的相应规定进行审查外，还应当着重审查以下内容：

（1）技术调查、侦查措施所针对的案件是否符合法律规定。

（2）技术调查措施是否经过严格的批准手续，按照规定交有关机关执行；技术侦查措施是否在刑事立案后，经过严格的批准手续。

（3）采取技术调查、侦查措施的种类、适用对象和期限是否按照批准决定载明的内容执行。

（4）采取技术调查、侦查措施收集的证据材料与其他证据是否矛盾；存在矛盾的，能否得到合理解释。

公安机关通过技术侦查获取的证据材料，法院不是应当经过当庭调查程序查证属实，才能作为定案根据。必要时，法院也可以在庭外对技术侦查获取的证据材料进行核实。因为，依据《高法解释》第120条的规定，采取技术调查、侦查措施收集的证据材料，应当经过当庭出示、辨认、质证等法庭调查程序查证。当庭调查技术调查、侦查证据材料可能危及有关人员的人身安全，或者可能产生其他严重后果的，法庭应当采取不暴露有关人员身份和技术调查、侦查措施使用的技术设备、技术方法等保护措施。必要时，审判人员可以在庭外对证据进行核实。

重点法条提示

《刑事诉讼法》第 118—120、123 条	讯问犯罪嫌疑人的程序
《刑事诉讼法》第 124—126 条	询问证人的程序
《刑事诉讼法》第 128、130、132 条	勘验、检查的程序
《刑事诉讼法》第 136、138、139 条	搜查的程序
《刑事诉讼法》第 150—154 条	技术侦查的程序

专题十二　起　诉

一、主观题考情分析

年份	考点	题型
2021年（福建等地区延考）	检察院对鉴定申请的处理	逐步发问型案例分析
2021年（黑龙江延考）	追加起诉、补充侦查、不起诉	逐步发问型案例分析
2020年（新疆延考）	检察院补充起诉	逐步发问型案例分析
2019年	审查起诉中遇到特殊情况的处理、径行起诉	逐步发问型案例分析
2016年	检察院补充起诉	逐步发问型案例分析
2007年	检察院追加、补充起诉	找错型案例分析
2004年	审查起诉阶段的补充侦查	逐步发问型案例分析
2002年	起诉书	直接撰写型法律文书

起诉是衔接侦查和审判的程序，往往会结合侦查与审判程序加以考查，考生应注意起诉与侦查、审判的关系。对于本专题，考生应重点把握审查起诉的程序（尤其是监察机关的留置与检察院强制措施的衔接、认罪认罚案件的审查起诉等），补充侦查和补充调查，审查起诉后的处理方式（尤其是不起诉），检察院撤回、追加、补充、变更起诉的程序等知识点。

二、必背精华

1. 刑事起诉制度：

（1）公诉独占主义（排除自诉）和公诉兼自诉制度，我国是公诉为主、自诉为辅。

（2）起诉法定主义（无裁量权）和起诉便宜主义（有裁量权，如酌定不起诉）。

2. 审查起诉的程序：

（1）管辖：与审判管辖对应。审查发现没有管辖权：移送有管辖权的检察院，并通知移送的公安。

（2）发现侦查、调查管辖错误的处理：

①发现检察院自侦的案件属于监察机关管辖的，应商监察机关办理。属于公安机关管辖，符合起诉条件的，可直接起诉。

②发现公安移送的案件属于监察机关管辖，或监察机关移送的案件属于公安机关管辖，但符合起诉条件的，经征求监察、公安机关意见后，没有不同意见的，可直接起诉。

（3）必经步骤：应当讯问嫌疑人，听取被害人、诉代、辩护人或值班律师的意见。

★（4）监察机关留置向强制措施的变更：

①对监察机关移送起诉的已留置案件，检察院应对其先行拘留，留置自动解除。检察院在10日或者14日内作出是否适用强制措施的决定。检察院决定采取强制措施的期间不计入审查起诉期限。

②监察机关移送的案件告知委托辩护人的时间：一般是检察院收到材料3日内，若采取留置措施，应在执行拘留时告知。

★（5）认罪认罚案件的审查起诉：

①告知权利和认罪认罚的法律规定，就犯罪事实、罪名、法律适用、量刑建议和程序适用听取意见。

②签署认罪认罚具结书：须有辩护人或值班律师在场（未成年人案件，法代人和辩护人在场，法代人无法到场的，合适成年人应到场签字确认）；嫌疑人有辩护人的，不得绕开辩护人安排值班律师代为见证具结，辩护人可通过远程视频方式见证具结；嫌疑人没有委托辩护人，拒绝值班律师帮助的，签署具结书时，应当通知值班律师到场见证；检察院提起公诉后开庭前，被告人认罪认罚的，检察院可以组织听取意见，达成一致的，被告人应签署具结书；盲聋哑、精神

病、未成年人的法辩有异议的，不签具结书（有这些情形，未签署具结书的，不影响认罪认罚从宽制度的适用）。

③未成年人认罪认罚：三方同意且愿意签的即签具结书。

④不起诉后反悔的处理：

嫌疑人认罪认罚被酌定不起诉后又反悔的，检察院分别作出处理：A. 没有犯罪事实，或者符合《刑事诉讼法》第16条规定的情形的，应撤销原不起诉，重新作法定不起诉；B. 犯罪情节轻微，依照刑法不需要判处刑罚或免除刑罚的，可以维持原不起诉决定；C. 排除认罪认罚因素后，符合起诉条件的，应根据案件具体情况撤销原不起诉决定，提起公诉。

（6）检察院提前介入侦查、调查：

①检察院可经公安商请或者主动介入侦查，提出意见，监督侦查。

②检察院可经监察机关商请，介入监察机关办理的案件。（检察院不得监督监察机关）

（7）退回两次补充侦查或调查还有新罪：应当将线索移送监察或公安机关，对已经查清的犯罪事实，应提起公诉。

★（8）遗漏罪行和同案犯的：应当要求公安补充侦查或补充移送起诉。事实清楚，证据确实、充分的，也可直接提起公诉。

（9）核准追诉就是核准起诉，核准前不影响侦查和强制措施适用。

（10）速裁案件的审查起诉期限：一般 10 日，超一 15 日。

3. 审查起诉后的处理方式：

（1）提起公诉：

①条件：犯罪事实清楚，证据充分，需要追究刑事责任。

②材料移送：案卷材料和全部证据。

（2）程序倒流和不起诉：犯罪事实并非嫌疑人所为，应当作出不起诉决定，书面说明理由，退回监察机关或公安机关并建议重新调查或者侦查。

★4. 不起诉

（1）①法定不起诉：没有犯罪事实和《刑事诉讼法》第16条的“轻告时赦他死”；无裁量权，不能再起诉。

②酌定不起诉：犯罪情节轻微，不需要处罚；有裁量权；不能再起诉。

③证据不足不起诉：一次退回可以；两次退回应当；可再起诉。

（2）不起诉决定程序：检察长批准；公开宣布、立即生效；检察院自侦案件、监察机关移送案件，不起诉决定报上一级检察院批准；送达给四方。

（3）救济：

①公安机关：先复议后复核。

②监察机关：向上一级检提请复议。

③被害人对三类不起诉向上一级检申诉或直接自诉。

④被不起诉人对酌定不起诉向原决定检申诉。

（4）对人和物的处理：

①对人：在押的立即释放、训诫、赔礼道歉、赔偿损失；建议行政处罚、处分。

②对物：解除查封、扣押、冻结；死亡的：检向法申请没收违法所得。

（5）特殊情况下的不追究：

①实体要件：如实供述，有重大立功或涉及国家重大利益。

②程序要件：最高检核准。

③处理：撤销案件或不起诉（可对人不起诉，也可对某个罪不起诉）。下级公安机关应当层报公安部，由公安部商请最高人民检察院核准后撤销案件。

5. 撤回、追加、补充、变更起诉：

★（1）情形：

①撤回起诉的情形包括法定不起诉、证据不足不起诉和程序倒流的情形。

②追加补充起诉的情形：漏人和漏罪。

③变更起诉的情形：身份、事实、罪名、适用法律错误。

（2）撤回起诉的程序：

①撤回起诉后作不起诉决定，需要重新侦查、调查的，书面说明理由退回公安、监察机关建议重新侦查、调查。

②有新的事实、证据，可再起诉。

★6. 补充侦查与补充调查

(1) 审查批捕阶段：不批捕的同时需要补侦的，应当同时通知公安机关。

(2) 审查起诉阶段：

①条件：事实不清、证据不足、漏罪、漏人。

②对公安的案件：可退回公安补侦（2 次，1 次 1 个月）；可由检自行侦查。

③对监察机关移送的案件：应退回监察补充调查（2 次，1 次 1 个月）；也可由检自行补充侦查。（补充调查时，人不退回留置）

(3) 审判阶段：

①启动：检察院建议或法院建议或通知，注意法院可以建议的情形是被告人提出新的立功线索；法院通知检察院，由检察院决定补侦的情形是发现新的事实，可能影响定罪量刑的，或需要补查补证的。

②只能由检补充侦查（2 次，1 次 1 个月），期限内未移送补充的证据，法院可依在案的证据作裁判。

三、模拟演练

案例 1

张某因猥亵儿童刘某被 K 市 B 区公安局立案侦查，并移送审查起诉。张某委托律师苏某为其辩护。直至 B 区检察院以猥亵儿童罪对其提起公诉，张某对猥亵儿童的犯罪事实仍拒不承认。该案开庭审理之日，张某自愿提出认罪认罚，并签署认罪认罚具结书。B 区检察院根据认罪认罚从宽原则对其提出有期徒刑 10 个月，3 年内禁止从事对未成年人负有教育、训练、看护等特殊职责的职业的量刑建议，B 区法院采纳该建议，以猥亵儿童罪判处张某有期徒刑 10 个月，3 年内禁止从事对未成年人负有教育、训练、看护等特殊职责的职业。在案件事实、证据没有发生任何变化的情况下，张某以量刑畸重为由提出上诉。

问题

1. 若张某在签署认罪认罚具结书时，辩护人苏某因客观原因无法到场，可否安排值班律师代为见证具结？为什么？

若张某没有委托辩护人，拒绝值班律师帮助的，张某签署具结书时，是否应当通知值班律师到场见证？为什么？

2. 本案中，张某认罪认罚，张某的辩护人苏某在法庭上作无罪辩护，法院可否对张某适用认罪认罚从宽程序进行处理？为什么？

3. 请谈谈张某签署的认罪认罚具结书的法律效力。

4. 针对张某的上诉行为，B 区检察院是否应当提起抗诉？为什么？

5. 张某认罪认罚，签署了认罪认罚具结书，法院也按照检察院提出的确定刑量刑建议作出了判决，此时，张某的上诉权是否受到限制？为什么？

答案与解析

1. 依据《人民检察院办理认罪认罚案件开展量刑建议工作的指导意见》第 27 条第 2 款的规定，张某委托了辩护人苏某，应当由辩护人苏某在场见证具结并签字，不得绕开辩护人安排值班律师代为见证具结。辩护人确因客观原因无法到场的，可以通过远程视频方式见证具结。依据《人民检察院办理认罪认罚案件开展量刑建议工作的指导意见》第27条第3款的规定，张某自愿认罪认罚，若没有委托辩护人，拒绝值班律师帮助的，签署具结书时，应当通知值班律师到场见证，并在具结书上注明。值班律师对人民检察院量刑建议、程序适用有异议的，检察官应当听取其意见，告知其确认犯罪嫌疑人认罪认罚的自愿性后应当在具结书上签字。

2. 辩护人在法庭审判过程中享有独立的辩护权，其依据法律和事实进行辩护，辩护人的辩护意见可以和被告人的辩护意见不一致。司法机关是否适用认罪认罚从宽程序，应依犯罪嫌疑人、被告人的意见为准。依据《人民检察院办理认罪认罚案件开展量刑建议工作的指导意见》第35条的规定，张某认罪认罚而庭审中辩护人作无罪辩护的，B区检察院应当核实张某认罪认罚的真实性、自愿性。张某仍然认罪认罚的，可以继续适用认罪认罚从宽制度。

3. 认罪认罚具结书的法律效力包括认罪认罚具结书对检察机关和犯罪嫌疑人、被告人的效力和认罪认罚具结书对法院的效力。

（1）张某签署的认罪认罚具结书对检察机关和张某的效力。犯罪嫌疑人、被告人与检察机关签署认罪认罚具结书的法律意义在于，同意检察机关指控的犯罪事实、认定的罪名、提出的量刑建议，并认可检察机关对案件处理的程序性选择。认罪认罚具结书实质上是在犯罪嫌疑人、被告人与检察机关之间达成的合意。根据契约精神，控辩双方均应当受协议内容的约束，有义务配合推动协议的履行。但这种约束对控辩双方来讲，其效力并不一样，对代表公权力一方的检察机关的约束远大于对被告人个体的约束。

依据《人民检察院办理认罪认罚案件开展量刑建议工作的指导意见》第30条的规定，张某签署具结书后，没有新的事实和证据，且张某未反悔的，检察院不得撤销具结书、变更量刑建议。除发现张某认罪悔罪不真实、认罪认罚后又反悔或者不履行具结书中需要履行的赔偿损失、退赃退赔等情形外，不得提出加重张某刑罚的量刑建议。

依据《人民检察院办理认罪认罚案件开展量刑建议工作的指导意见》第 34 条的规定，张某签署认罪认罚具结书后，若庭审中反悔不再认罪认罚的，检察院应当了解反悔的原因，张某明确不再认罪认罚的，检察院应当建议法院不再适用认罪认罚从宽制度，撤回从宽量刑建议，并建议法院在量刑时考虑相应情况。依法需要转为普通程序或者简易程序审理的，检察院应当向法院提出建议。

（2）张某签署的认罪认罚具结书对法院的效力。根据《刑事诉讼法》第 201 条的规定，对于认罪认罚案件，除法定的 5 种情形外，法院依法作出判决时，一般应当采纳人民检察院指控的罪名和量刑建议。

4. 检察院提起抗诉必须是认为一审裁判在事实认定、证据采信、定罪量刑、程序适用等方面确有错误。《人民检察院办理认罪认罚案件开展量刑建议工作的指导意见》第 39 条规定："认罪认罚案件中，人民法院采纳人民检察院提出的量刑建议作出判决、裁定，被告人仅以量刑过重为由提出上诉，因被告人反悔不再认罪认罚致从宽量刑明显不当的，人民检察院应当依法提出抗诉。"本案中，B 区检察院不能仅因张某以量刑畸重为由提出上诉，即提起抗诉。必须是在张某反悔不再认罪认罚致从宽量刑明显不当的情形下，检察院才应依法提起抗诉。

5. 本案适用认罪认罚从宽程序对张某作出判决后，张某的上诉权不应受到限制。主要原因如下：（1）上诉权是被告人享有的法定诉讼权利。我国实行的是两审终审制，刑事诉讼法一直赋予被告人完全的不受限制的上诉权。（2）赋予被告人上诉权具有实践价值。适用认罪认罚从宽程序审理的案件，不能完全排除在第一审程序中被告人违背意愿认罪认罚或者一审判决确有错误。因此，允许被告人提出上诉，可以通过二审程序及时纠正原审判决存在的错误，确保实现公正与效率的刑事诉讼价值目标。（3）诉讼诚信原则应当服从于公正裁判目标。虽然从认罪认罚从宽制度设计本身看，其体现诉讼效益和诉讼诚信原则，但决不能以遵守诉讼诚信为由而使一些适用认罪认罚从宽程序作出的错误判决将错就错，让被告人通过牺牲上诉权为裁判不公买单，导致刑事裁判偏离实体与程序公正并重的目标。

案例 2

2013 年 3 月至 2017 年 4 月，刘某在担任 D 市 Z 县住房和城乡建设局规划办公室规划股股长、总规划师期间，利用负责楼盘项目开发地块意向性方案初审及规划条件通知书核发审批的职务便利，为他人提供帮助，收受房屋开发商杜某等人的财物。2018 年 8 月 19 日，D 市 H 区监察委员会以刘某涉嫌受贿罪采取留置措施。为了加强与 H 区监察委员会的配合，H 区检察院主动派员介入 H 区监察委员会的调查活动。同年 11 月 5 日移送 H 区检察院审查起诉，H 区检察院以刘某涉嫌受贿罪对其先行拘留并解除对刘某的留置措施，H 区检察院对刘某执行拘留。同年 11 月 21 日，H 区检察院以刘某涉嫌受贿罪批准逮捕，同日由 H 区公安局执行逮捕。H 区检察院在审查起诉时，对刘某进行了讯问。刘某未委托辩护人，H 区检察院告知刘某有权约见值班律师，刘某约见了值班律师宋某。宋某欲向 H 区检察院对案件处理提出意见，H 区检察院未予准许。H 区检察院审查后，认为该案的部分书证需要补充鉴定，将案件退回 H 区监察委员会补充侦查。半个月后，H 区检察院认为该案刘某犯罪情节轻微，可不予处罚，决定不起诉。H 区监察委员会对不起诉决定不服，向 H 区检察院提请复议。H 区检察院复议后，H 区监察委员会对复议意见书不服，提请 D 市检察院复核。D 市检察院维持该不起诉决定。

问题

本案诉讼程序存在哪些程序违法之处？请说明理由。

答案与解析

本案的诉讼程序存在以下违法之处：

1. H 区检察院主动派员介入 H 区监察委员会的调查活

动，是错误的。因为，《高检规则》第256条第2款规定："经监察机关商请，人民检察院可以派员介入监察机关办理的职务犯罪案件。"由此可见，H区检察院只有在H区监察委员会商请的前提下，才能介入H区监察委员会的调查活动。

2. H区检察院解除对刘某的留置措施，是错误的。《刑事诉讼法》第170条第2款规定："对于监察机关移送起诉的已采取留置措施的案件，人民检察院应当对犯罪嫌疑人先行拘留，留置措施自动解除。"因此，H区检察院对刘某拘留的同时无须解除留置措施。

3. H区检察院对刘某执行拘留，是错误的。因为，依据《高检规则》第142条的规定，对于监察机关移送起诉的已采取留置措施的案件，检察院应当在受理案件后，及时对犯罪嫌疑人作出拘留决定，交公安机关执行。

4. H区检察院对刘某批准逮捕，是错误的。因为，该案已经由H区监察委员会移送H区检察院，所以，H区检察院对自己正在办理的案件"决定"逮捕，而不是"批准"逮捕。

5. H区监察委员会11月5日移送H区检察院，H区检察院于11月21日才对刘某逮捕，其审查是否适用强制措施的期限超过了14天，这一做法是错误的。因为，《刑事诉讼法》第170条第2款规定，对于监察机关移送起诉的已采取留置措施的案件，人民检察院应当对犯罪嫌疑人先行拘留，留置措施自动解除。人民检察院应当在拘留后的10日以内作出是否逮捕、取保候审或者监视居住的决定。在特殊情况下，决定的时间可以延长1日至4日。

6. 宋某欲向H区检察院对案件处理提出意见，H区检察院未予准许，是错误的。《刑事诉讼法》第173条第1款规定："人民检察院审查案件，应当讯问犯罪嫌疑人，听取辩护人或者值班律师、被害人及其诉讼代理人的意见，并记录在案。辩护人或者值班律师、被害人及其诉讼代理人提出书面意见的，应当附卷。"因此，H区检察院应听取值班律师宋某的意见。

7. H区检察院审查后，认为该案的部分书证需要补充鉴定，将案件退回H区监察委员会补充侦查，是错误的。《刑事诉讼法》第170条第1款规定："人民检察院对于监察机关移送起诉的案件，依照本法和监察法的有关规定进行审查。人民检察院经审查，认为需要补充核实的，应当退回监察机关补充调查，必要时可以自行补充侦查。”由此可见，H区检察院退回H区监察委员会补充调查，而不是补充侦查，因为监察委员会行使的是调查权，而不是侦查权。

8. H区检察院认为该案中刘某犯罪情节轻微，可不予处罚，决定不起诉，是错误的。《监察法》第47条第4款规定："人民检察院对于有《中华人民共和国刑事诉讼法》规定的不起诉的情形的，经上一级人民检察院批准，依法作出不起诉的决定。”因此，H区检察院不能直接对刘某作出不起诉决定，其必须报请上一级检察院批准，才能作出不起诉决定。

9. H区监察委员会对不起诉决定不服，向H区检察院提请复议，H区检察院复议后，H区监察委员会对复议意见书不服，提请D市检察院复核，是错误的。《监察法》第47条第4款规定："监察机关认为不起诉的决定有错误的，可以向上一级人民检察院提请复议。”由此可见，H区监察委员会的错误在于：第一，H区监察委员会应向D市检察院提请复议，而不是向H区检察院提请复议。第二，H区监察委员会只能提请复议，不能提请复核。

案例3

2011年4月18日11时许，刘某、唐某在A省B市F区因生意问题与胡某发生纠纷，刘某、唐某分别持斧头、砖头击打胡某头部及躯干致其四肢瘫痪，该案由F区公安局立案侦查。2011年5月12日，刘某、唐某因涉嫌故意伤害罪被F区公安局移送F区检察院审查起诉。F区检察院审查之后认为，刘某、唐某可能被判处无期徒刑，遂将案件退回F区公安局。F区公安局又将案件移送B市公安局，B市公安局移送B市检察院审查起诉。B市检察院通过阅卷，讯问刘某、唐某及听取二人的辩护人的意见，认为该案的关键证据斧头缺失，于是退回B市公安局补充侦查。公安机关补充侦查后又移送B市检察院审查起诉，B市检察院仍然认为事实不清、证据不足，于是再次退回公安机关补充侦查，在经过两次补充侦查后，B市检察院认为刘某曾经诈骗生意伙伴周某，于是再次退回公安机关补充侦查。公安机关收集刘某诈骗的犯罪证据后再次移送B市检察院审查起诉。B市检察院认为刘某的故意伤害、诈骗两罪事实不清、证据不足，不符合起诉条件，唐某的犯罪情节轻微，依据刑法的规定不需要判处刑罚，决定对二人不起诉，同时对二人作出罚款的决定，对胡某提起的附带民事诉讼进行调解，在调解未达成协议的情形下，告知胡某向法院提起附带民事诉讼。对该不起诉决定，公安机关向A省检察院提请复议，唐某和胡某向A省检察院提出申诉。A省检察院经复查，认定B市检察院对刘某作出不起诉决定不当，决定由该院重新审查起诉。B市检察院在重新审查后，决定对刘某提起公诉，对刘某的不起诉决定视为自动撤销。B市中级法院经审理，以刘某犯故意伤害罪，判处其有期徒刑十年。

问题

本案存在哪些程序违法之处？请说明理由。

答案与解析

本案的诉讼程序存在以下违法之处：

1. F区检察院审查之后，认为刘某可能被判处无期徒刑，遂将案件退回F区公安局，是错误的。《高检规则》第328条第1、2款规定："各级人民检察院提起公诉，应当与人民法院审判管辖相适应。负责捕诉的部门收到移送起诉的案件后，经审查认为不属于本院管辖的，应当在发现之日起五日以内经由负责案件管理的部门移送有管辖权的人民检察院。属于上级人民法院管辖的第一审案件，应当报送上级人民检察院，同时通知移送起诉的公安机关；属于同级其他人民法院管辖的第一审案件，应当移送有管辖权的人民检察院或者报送共同的上级人民检察院指定管辖，同时通知移送起诉的公安机关。"本案中，刘某可能被判处无期徒刑，应当由B市检察院审查起诉，F区检察院应当报送B市检察院，同时通知移送审查起诉的F区公安局。

2. B市检察院在审查起诉时，只采用阅卷，讯问刘某、唐某及听取二人的辩护人的意见的方式，是错误的。《刑事诉讼法》第173条第1款规定：“人民检察院审查案件，应当讯问犯罪嫌疑人，听取辩护人或者值班律师、被害人及其诉讼代理人的意见，并记录在案。辩护人或者值班律师、被害人及其诉讼代理人提出书面意见的，应当附卷。”所以，本案中，B市检察院还应听取被害人胡某及其诉讼代理人的意见。

3. B市检察院退回B市公安局补充侦查，是错误的。《高检规则》第350条规定：“对于在审查起诉期间改变管辖的案件，改变后的人民检察院对于符合刑事诉讼法第一百七十五条第二款规定的案件，可以经原受理案件的人民检察院协助，直接退回原侦查案件的公安机关补充侦查，也可以自行侦查。改变管辖前后退回补充侦查的次数总共不得超过二次。”本案属于审查起诉时改变管辖的案件，故B市检察院若退回公安机关补充侦查，可以经F区检察院协助，直接退回原侦查案件的F区公安局补充侦查。

4. 在经过两次补充侦查后，B市检察院认为刘某曾经诈骗生意伙伴周某，再次退回公安机关补充侦查，是错误的。《高检规则》第349条规定：“人民检察院对已经退回监察机关二次补充调查或者退回公安机关二次补充侦查的案件，在审查起诉中又发现新的犯罪事实，应当将线索移送监察机关或者公安机关。对已经查清的犯罪事实，应当依法提起公诉。”所以，B市检察院应将刘某曾经诈骗生意伙伴周某这一案件，移送公安机关立案侦查。

5. B市检察院对刘某和唐某作出罚款的决定，是错误的。《高检规则》第373条规定：“人民检察院决定不起诉的案件，可以根据案件的不同情况，对被不起诉人予以训诫或者责令具结悔过、赔礼道歉、赔偿损失。对被不起诉人需要给予行政处罚、政务处分或者其他处分的，经检察长批准，人民检察院应当提出检察意见，连同不起诉决定书一并移送有关主管机关处理，并要求有关主管机关及时通报处理情况。”本案中的罚款属于行政处罚，不得由检察院直接作出，B市检察院只能提出检察意见，移送有关主管机关处理。

6. B市检察院在调解未达成协议的情形下，告知胡某向法院提起附带民事诉讼，是错误的。因为，检察院已经作出不起诉决定，刑事案件已经终结，只能告知被害人胡某向法院提起民事诉讼。

7. 公安机关向A省检察院提请复议，是错误的。《刑事诉讼法》第179条规定："对于公安机关移送起诉的案件，人民检察院决定不起诉的，应当将不起诉决定书送达公安机关。公安机关认为不起诉的决定有错误的时候，可以要求复议，如果意见不被接受，可以向上一级人民检察院提请复核。"因此，公安机关对不起诉决定不服，可以向B市检察院提请复议，如果意见不被接受，可以向A省检察院提请复核。

8. 被不起诉人唐某向A省检察院提出申诉，是错误的。《高检规则》第385条第1款规定："对于人民检察院依照刑事诉讼法第一百七十七条第二款规定作出的不起诉决定，被不起诉人不服，在收到不起诉决定书后7日以内提出申诉的，应当由作出决定的人民检察院负责捕诉的部门进行复查；被不起诉人在收到不起诉决定书7日以后提出申诉的，由负责控告申诉检察的部门进行审查。"由此可见，被不起诉人唐某对B市检察院作出的酌定不起诉决定不服，只能向B市检察院申诉，不得向A省检察院提出申诉。

9. A省检察院经复查，认定B市检察院对刘某作出不起诉决定不当，决定由该院重新审查起诉。B市检察院在重新审查后，决定对刘某提起公诉，对刘某的不起诉决定视为自动撤销，是错误的。因为，依据《高检规则》第385条、第388条的规定，A省检察院认为B市检察院不起诉决定不当，应当撤销该不起诉决定，作出起诉决定，交由B市检察院提起公诉。

重点法条提示

《高检规则》第342—346条	审查起诉阶段的补充侦查和补充调查
《刑事诉讼法》第170条	监察机关的调查与检察院审查起诉的衔接（留置转强制措施的程序）
《刑事诉讼法》第173、174条，《高检规则》第267—278条	认罪认罚案件的审查起诉程序
《高检规则》第356条	审查起诉时发现遗漏嫌疑人、遗漏罪行的处理

续表

《刑事诉讼法》第 177 条	法定不起诉、酌定不起诉
《高检规则》第 367 条	证据不足不起诉
《刑事诉讼法》第 179—181 条	不起诉的救济程序
《刑事诉讼法》第 182 条、《公安部规定》第 188 条第 1 款	特殊情况下的不追究（如特别不起诉）
《高检规则》第 423—426 条	检察院撤回、追加、补充、变更起诉

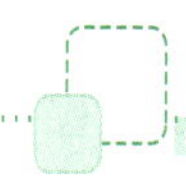

专题十三 刑事审判概述

一、主观题考情分析

年份	考点	题型
2021 年（统考）	合议庭的组成和人民陪审员制度	逐步发问型案例分析
2021 年（福建等地区延考）	审判公开原则	逐步发问型案例分析
2020 年（新疆延考）	两审终审制	逐步发问型案例分析
2017 年	第一审和第二审裁判的生效	逐步发问型案例分析
2015 年	审判的原则（以审判为中心的诉讼制度的改革）	论述
2014 年	审判公开原则	逐步发问型案例分析（含找错型案例分析）

本专题集中了关于审判的理论以及审判公开、审级制度、审判组织相关问题，若出现关于刑事审判的论述题，考生有必要结合刑事审判的特征、刑事审判模式、刑事审判的原则等进行作答。此外，还应注意 2021 年修改的《高法解释》中关于审判组织的规定，该规定宜结合第一审程序、第二审程序等加以考查。

二、必背精华

1. 审判的特征：

（1）审判程序启动的被动性。

（2）独立性。

（3）中立性。

（4）职权性：案件起诉到法院，即有义务有职权审理裁判。

（5）亲历性：裁判者自始至终参与审理、充分听取意见。

（6）程序性：严格遵循法定程序，违反程序带来程序性后果。

（7）公开性。

（8）公正性。

（9）终局性。

2. 我国刑事审判模式：

1979 年：超职权。

1996 年、2012 年、2018 年：吸收当事人主义，沿控辩式庭审方式改革。

★3. 审判公开原则：

（1）范围：

①应当不公开的：国秘、隐私、未成年人（审判时未满 18 周岁）。

②可以不公开：当事人申请的商业秘密。

（2）未成年人案件不公开审理时，经未成年人和法定代理人同意，学校和未成年人保护组织的代表可到场。

（3）宣判一律公开，评议一律秘密。

（4）公开审理、公开宣判时，需要封存犯罪记录的：不组织旁听，且告知不得传播信息。

（5）不得旁听人员：精神病、醉酒、未经批准的未成年人。

★4. 直接言词原则：

直接言词原则包括直接原则和言词原则，直接原则包括直接审理原则和直接采证原则，直接审理原则是指法官在审理案件时，公诉人、当事人及其他诉讼参与人除法律有特殊规定外，必须在场，否则审判活动无效。直接采证原则是指刑事程序中证据的调查与采取，应由法官亲自进行，只有以直接调查并经衡量、评判后采信的证据，才能作为判决依据。言词原则是指法庭审理须以口头陈述的方式进行。

★5. 集中审理原则（又称不中断审理原则，是指法院开庭审理案件，应在不更换审判人员的条件下连续进行，不得中断审理的诉讼原则）：

（1）体现（口诀）：审理不断、人员不换。

（2）意义：实现审判公正和效率，实现辩护权和迅速审判权。

6. 两审终审制度的例外：

（1）一审终审：最高院一审。

（2）两审不终：死刑、法定刑以下判处刑罚的案件。

第二审判决、裁定是终审的判决、裁定的，自宣告之日起发生法律效力。

7. 审判组织

（1）独任庭：只适用于基层法院、简易程序（3 年以下的案件，可以独任审判）、速裁程序；只能由审判员组成独任庭。

★（2）合议庭：

①人数和组成：基层和中级的一审由审判员 3 人或由审判员和陪审员共 3 人或 7 人；高级一审由审判员 3 ~ 7 人或由审判员和陪审员共 3 人或 7 人；最高一审由审判员 3 ~ 7 人；二审由 3 名或 5 名审判员；死刑复核由 3 名审判员；减刑、假释、没收和强制医疗必须组成合议庭。

②评议：少数服从多数原则；合议庭成员、法官助理、书记员签名。

8. 人民陪审员：

（1）陪审员参审案件范围（口诀）：申请公共群体，关注社会影响。

（2）陪审员参审形式和职权：

① 3 人合议庭：与法官同权。

② 7 人合议庭（4 个陪审员 +3 个法官）：审理的案件是“10 年以上 + 两公”；陪审员全程参加评议，只对事实认定表决，对法律适用可发表意见；事实问题和法律问题难以区分时，视为事实问题。

（3）法官对陪审员的指引：审判长应对事实认定、证据规则、法律规定等向陪审员进行必要的解释和说明，但不得妨碍陪审员独立裁判。

9. 审判委员会

（1）应当提交审判委员会讨论的案件：高院、中院拟判死立执和中院拟判死缓的、本院生效裁判需再审的、检察院再审抗诉的案件。

（2）提交审判委员会讨论的程序：合议庭、独任审判员认为难以作出决定→提请院长决定→提交审判委员会讨论。

（3）审判委员会的决定，应当执行。有不同意见的，可以建议院长提交审判委员会复议。

重点法条提示

《高法解释》第222、557、578条	审判公开原则
《高法解释》第413条第3款	审级制度
《高法解释》第213、215条	人民陪审员

专题十四　第一审程序

一、主观题考情分析

年份	考点	题型
2022 年	简易程序转普通程序、普通程序与简易程序审理的区别	逐步发问型案例分析
2021 年（统考）	单位犯罪案件的诉讼代表人	逐步发问型案例分析
2021 年（福建等地区延考）	庭前会议	逐步发问型案例分析
2020 年	公诉人举证、质证的方式	逐步发问型案例分析
2020 年（新疆延考）	简易程序、速裁程序	逐步发问型案例分析
2019 年	审判中适用认罪认罚从宽制度	逐步发问型案例分析
2018 年	第一审的判决方式	逐步发问型案例分析
2016 年	庭前会议	逐步发问型案例分析
2015 年	以审判为中心的诉讼制度的改革	论述
2008 年延考	法庭调查	逐步发问型案例分析
2007 年	共同犯罪案件的第一审程序	找错型案例分析
2005 年	可写判决书	直接撰写型法律文书
2004 年	被告人最后陈述阶段提到新事实的处理	逐步发问型案例分析

本专题多次考查案例分析题，宜出找错型案例分析题和逐步发问型案例分析题，是主观题的重点章节。考生应以法庭审判为核心，兼及相关的知识点。对于本专题，考生应当着重掌握公诉案件庭前审查后的处理方式，庭前会议，法庭审判程序（尤其是认罪认罚案件的审理程序的特点）以及遇

到特殊情形的处理方式（如延期审理、中止审理和终止审理），简易程序，速裁程序的适用范围和审理特点，量刑程序，自诉案件审理程序的特点，单位犯罪案件的诉讼程序（尤其是诉讼代表人），判决、裁定和决定的适用等问题。2021年修改的《高法解释》中关于庭前会议、法庭审判、认罪认罚案件的审理程序等的修改之处，考生也应高度重视。

二、必背精华

1. 公诉案件庭前审查后的处理方式：

（1）被告人不在案的，应退回检察院；但是，对检察院按照缺席审判程序提起公诉的，应当依照缺席审判程序处理。

（2）不属于本院管辖或撤诉后没有新的影响定罪量刑的事实、证据重新起诉的，退回检察院。

（3）《刑事诉讼法》第16条第2—6项，应退回检察院，属于亲告罪的，应同时告知被害人有权提起自诉。

（4）真实身份不明，但符合“事实清楚，证据确实、充分”的，应依法受理。

★2. 庭前会议：

（1）可以召开的情形：“多大杂”。

（2）启动：控辩双方可申请召开，法院认为有必要的，应召开；决定不召开的，应告知申请人。

（3）作用：

①可就程序性事项了解情况，听取意见。

②对可能导致庭审中断的程序性事项，可以在庭前会议后作处理，并在庭审中说明。若无新理由，在庭审中再次提申请或异议的，法庭可驳回。

③可对附民调解。

（4）对有异议的证据，庭审重点调查；无异议的，举证、质证可以简化。

（5）主持者：审判长或其他审判员。

参与者：

①应通知公诉人、辩护人到场。

②就排非了解情况、听取意见，或准备询问对证据材料的意见的，应通知被告人到场。

（6）方式：一般不公开，可视频进行。

（7）对明显事实不清、证据不足的，可建议检补充材料或撤回起诉。建议撤回起诉的案件，检不同意的，开庭审理后，没有新事实和理由，一般不准撤回起诉。

（8）可以在开庭时告知庭前会议情况。对庭前会议中达成一致意见的事项，法庭在向控辩双方核实后，可当庭予以确认；达成一致意见，在庭审中反悔的，除有正当理由外，一般不再处理。

★3. 法庭审判

（1）①被害人、诉代人不来，不影响开庭。

②辩护人不来：被告人同意的，可开庭（但应法援的除外）。

③被害人人数众多，且不属附民范围的，被害人可推选代表参加庭审。对被害人人数众多的涉众型案件，可以通过互联网公布文书，通知出庭。

（2）开庭：认罪认罚案件中，审判长告知权利和认罪认罚的规定，审查认罪认罚是否自愿、真实、合法。

（3）法庭调查：

①总顺序：公诉人宣读起诉书→被告人、被害人陈述→讯问、询问被告人→询问被害人→询问证人、鉴定人→出示物证、宣读鉴定意见和有关笔录。

②原则：先控方证据，再辩方证据；先人证，后物证；先活的，后死的。

③举证、质证方法：对关键和有争议的证据，一般应单独举证、质证；对无异议的非关键证据，可仅就名称及拟证明的事实作说明。

④询问证人、鉴定人：对控辩双方申请的证人——谁提请的谁先问；对法院依职权通知的证人等——由审判长确定发问顺序；单独询问；证人、鉴定人不能旁听。

⑤专家辅助人：“公、当、辩、诉”申请出庭；对鉴定意见和专门性问题的报告提意见；一种鉴定意见不超过 2 人；适用鉴定人的规定；不得旁听。

⑥法庭调查权：对证据有疑问；不可用搜查；可通知控辩双方参加；须经当庭质证才可作定案根据（对非关键证据、

有利的量刑证据及前科文书等，庭外征求意见，双方无异议除外）。

⑦合议庭发现有自首、坦白、立功的材料未移送：应当通知检察院在指定时间内移送。

（4）法庭辩论：

①对象：事实证据和适用法律问题。

②顺序：先控方后辩方。

③公诉人当庭发表与起诉书不同的意见，属于变更、追加、补充或撤回起诉的，应要求检在指定时间内以书面方式提出。检未提出的，法院应当就起诉书指控的犯罪事实作裁判。

（5）被告人最后陈述：

①不能被剥夺、他人代替。

②未成年人陈述后，法代可补充陈述。

（6）判决种类：

①有罪判决。

②无罪判决（包括确实无罪和证据不足的无罪）。

③不负刑责的判决（未达刑责年龄和精神病，不予处罚的）。

（7）变更罪名：

①判决事实与起诉事实一致的，可变更。

②法院发现新事实，可能影响定罪量刑的，或需要补查补证的，应通知检，由其决定是否补充、变更、追加起诉或补侦。检不同意的，法院就起诉指控的事实作裁判。

（8）部分合议庭成员不能履职的处理：

①庭审结束后、评议前，不能继续履职的，应更换合议庭人员，重新开庭审理。

②评议后、宣判前，因正常原因不能参加宣判，在不改变原评议结论的情况下，可由审判本案的其他审判员宣判，文书仍署审判本案的人员的姓名。

（9）撤诉：公诉撤回，审查是否有罪；自诉撤回，审查自愿性；有新事实、证据，均可再起诉。

（10）在线诉讼：①适用范围：速裁、减刑、假释和其他。②适用条件：公诉人、当事人、辩护人同意。③适用阶段：讯问被告人、开庭审理、宣判等。④出庭方式：被羁押的，可在羁押场所在线出庭；未被羁押的，确实无法到庭的，可在指定场所在线出庭；证人、鉴定人一般应当在线下出庭，除非例外。

★4. 认罪认罚案件的审理程序

（1）认罪认罚案件中对指控罪名和量刑建议的采纳：认罪认罚案件，法院一般应采纳检指控的罪名和量刑建议，但“不构罪”“不追究”“不自愿”“不认罪”“不一致”的是例外。量刑建议明显不当或提出异议的，检可调整量刑建议。检不调整或仍明显不当的，法院应依法作判决。

（2）对认罪认罚案件，指控罪名与审理认定的罪名不一致的，应听取控辩双方意见后作判决。

（3）对认罪认罚的被告人，一般应从轻处罚；有减轻情节的，可减轻处罚。

（4）审前未认罪认罚，审判中认罪认罚的，法院可不再通知检提出或调整量刑建议。法院应听取控辩双方意见，根据认罪认罚从宽的规定作判决。

5. 延期审理

（1）情形：（补）补充侦查、（回）回避、（变）变更、追加起诉、（新）新证据等。

（2）适用“决定”。

（3）适用于审理过程中，不能停止法庭审理以外的诉讼活动。

（4）期间的计算：

①计入审限：新证据；回避。

②重新计算：补侦、变更、追加起诉。

6. 中止审理

（1）情形：病了、跑了。

（2）适用“裁定”。

（3）适用于法院受理案件后至作出判决前；暂停一切诉讼活动。

（4）不计入审限。

7. 终止审理

（1）情形：《刑事诉讼法》第16条第2—6项；没收程序

中人回来了；对境外被告人缺席审理发现不属于“贪贿国恐”案。

（2）适用“裁定”。

8. 对违反法定秩序的处理方式

（1）暂扣存储介质，删除内容：未经许可录音、录像、拍照或使用即时通讯工具等传播庭审活动；审判长决定。

（2）律师被强行带出法庭、罚款、拘留，应通报司法局，可建议处罚。

（3）被责令退出法庭、强行带出法庭或被罚款后，具结保证的，可继续担任辩护人、诉讼代理人。擅自退庭、“不来”或“不按时来”而影响审判进行的、被拘留或具结保证后再次被责令退出法庭、强行带出法庭的，不得继续担任同一案件的辩护人、诉讼代理人。

★9. 简易程序

（1）适用范围：一审、基层法院。

（2）条件（口诀）：证据足、事实对、同意简易和认罪。

（3）不适用的情形（口诀）：盲聋哑、精神病、影响大、不认罪、不构罪、辩无罪。

（4）程序启动：被告人和辩护人可申请适用，检可建议适用，但需经法院和被告人两方同意才可用。

（5）审判组织：

①3 年以下：合议庭或独任庭。

②超过 3 年：合议庭。

（6）审理程序：

①公诉案件中检察院应当派员出庭；应当通知辩护人出庭。

②应当告知被告人适用简易程序规定 + 确认是否同意 + 询问对指控事实的意见。

③被告人最后陈述不能省略。

④对事实、证据无异议的，可直接围绕罪名和量刑审理。

⑤一般应当当庭宣判，裁判文书可简化。

（7）简转普：注意被告人可能不负刑责，应从简转普。

（8）审理期限：3 年以下：20 日；超过 3 年：1.5 月。

★10. 速裁程序

（1）适用范围：一审、基层法院。

（2）条件：证据确实充分、事实清楚、同意速裁、认罪认罚、三年以下。

（3）不适用的情形（口诀）：盲聋哑、精神病、未成年、影响大、不认罪罚、不调（解）和（解）、辩无罪、自诉案件。

（4）程序启动：被告人和辩护人可申请适用，检可建议适用，但需经法院和被告人两方同意才可用。公安机关可建议检察院适用。

（5）审判组织：独任庭。

（6）审理程序：

①应询问被告人对事证、量刑建议、适用速裁的意见，应核实具结书的自愿、真实、合法和附民赔偿情况。

②一般不进行法庭调查、法庭辩论。

③检察院应派员出庭。

④应听取辩护人的意见和被告人的最后陈述。

⑤应当庭宣判，裁判文书可简化。

（7）审理期限：一般 10 日，超一 15 日。（与速裁案件的审查起诉相同）

（8）速裁转简易或普通的情形：不构罪、不追究、不自愿、不认罪、疑难复杂、有争议。

11. 量刑程序

（1）认罪认罚案件中量刑建议的提出：①认罪认罚的案件，应提量刑建议，一般应当制作量刑建议书；对于案情简单、量刑情节简单，适用速裁程序的案件，也可在起诉书中载明量刑建议。量刑建议一般应当为确定刑。对新类型、不常见犯罪案件，量刑情节复杂的重罪案件等，也可提幅度刑量刑建议。②对于共同犯罪案件，应对每个被告人分别提出量刑建议。

（2）认罪认罚案件中量刑建议的调整：①认罪认罚案件中嫌疑人签署具结书后，没有新的事实和证据，且嫌疑人未反悔的，检察院不得撤销具结书、变更量刑建议。除发现认罪悔罪不真实、反悔或不履行具结书中需要履行的赔偿、退赔等外，不得提出加重刑罚的量刑建议。②庭审前或者休庭期间调整量刑建议的，应当重新听取意见。适用速裁程序的案件，需要调整量刑建议的，应在庭前或当庭调整。③被告人签署具结书后，庭审中被告人明确不再认罪认罚的，检察院应建议不再适用认罪认罚从宽制度，撤回从宽量刑建议。④被告人认罪认罚而庭审中辩护人作无罪辩护的，被告人仍然认罪认罚的，可继续适用认罪认罚从宽制度。

（3）认罪认罚案件的量刑监督：①法院违反规定未告知检察院调整量刑建议而直接作出判决的，检察院一般应当以违反法定程序为由提出抗诉。②认罪认罚案件中，法院采纳量刑建议作出判决、裁定，被告人仅以量刑过重为由提出上诉，因被告人反悔不再认罪认罚致从宽量刑明显不当的，检察院应当依法提出抗诉。

12. 自诉案件的受理和审理

（1）应说服撤诉或不予受理的情形：

①没法审（不属自诉案；缺罪证；下落不明）。

②没必要审（过时效、死亡、除了证据不足外的撤诉以及调解结案后又以同一事实起诉、公安和检察院已对公兼自追诉、对附条件不起诉及其考察期满的不起诉不服而提起自诉）。

（2）调解：公转自除外；应当制作调解书，签收时生效。

（3）和解：三类均可。

（4）撤诉：

三类均可，撤诉分为两类：

①裁定按撤诉处理：经两次传唤，无正当理由不来或走了（附民传1次）。

②申请撤诉。

（5）反诉：公转自除外；对象是自诉人；与本诉有关；性质相同；判决宣告前提出。

（6）自诉案的可分性：放弃告诉后，不得提自诉，但可另行提起民诉。

13. 单位犯罪案件诉讼程序

（1）诉讼代表人：

①单罚：法代、实际控制人或主要负责人。

②双罚或无法出庭：职工或其他负责人（被追责或作

证的除外）。

③若按前述难以确定的，可委托律师等单位以外的人员作为诉讼代表人。诉讼代表人不得同时担任被告单位或单位犯罪直接责任人员的辩护人。

④确定方式：被告单位委托，检察院确定。

⑤法代、实际控制人或主要负责人，可拘传；其他人员，不可拘传，只能另行确定。

（2）审理障碍：

①单位“半死”，应继续审理；单位“全死”但需要追究主要负责人，对主要负责人继续审理。

②分立合并后，原单位列为被告，罚金以在新单位的财产和收益为限。

三、真题演练

案例 1

(2022 年法律职业资格考试主观题第 3 题)〔1〕

甲系 A 市网约车司机。某日晚，甲独自在家中饮酒后心存侥幸，主动接单搭载乘客至市内某地。返程途中，因甲超速行驶，车辆转弯不及冲至人行横道，撞倒路人丙。丙当场昏迷、血流不止。甲害怕酒驾被查，打电话让恰好在附近购物的妻子乙尽快赶至现场。同时，甲将丙紧急送医救治后便返回家中。乙到达事故现场后，主动报警，并告知警方自己系肇事车主且伤者已被送医。当日，丙因伤重不治身亡。经交警部门认定，乙负事故全部责任。公安机关予以刑事立案，并传唤乙接受询问。乙在压力之下承认自己是为甲顶罪。公安机关随即拘传甲。甲到案后，主动承认自己的交通肇事行为。公安机关遂以甲涉嫌交通肇事罪、乙涉嫌包庇罪并案侦查。

后侦查人员带甲到案发现场进行指认。其间，侦查人员丁问甲当时是否饮酒了，甲回答“是的”。这一过程被丁携带的执法记录仪拍摄下来，但未记入笔录。此后，在侦查人员的历次询问中，甲均承认自己系酒后驾车。案件移送审查

〔1〕 本题系考生记忆版本，仅供参考。

起诉后，甲与乙在审查起诉阶段均签署了认罪认罚具结书。

检察院提起公诉后，丙的近亲属对甲提起附带民事诉讼，法院决定按照“先刑后民”原则以简易程序进行审理。庭审期间，被告人甲当庭否认自己存在酒驾及肇事逃逸行为。法院休庭研究后，决定将甲与乙分案处理。其中，对甲涉嫌交通肇事罪适用普通程序审理并作如下安排：一、由公诉机关补充提供指认现场的执法记录仪视频，作为视听资料予以认定；二、通知丁出庭作证，证实甲在指认现场时自认酒驾；三、通知乙作为证人出庭，证实甲案发后逃逸。在上述证据出示并质证后，甲再次表示认罪认罚。最终，法院判处甲有期徒刑5年，并对附带民事诉讼原告人作相应赔偿；判决乙免予刑事处罚。（共30分）

问题

1. 请结合本案中公安机关对传唤与拘传的适用，阐述传唤与拘传的区别。

2. 法院将甲一案由简易程序转至普通程序审理是否妥当？普通程序与简易程序审理有什么区别？

3. 本案遵循“先刑后民”原则进行审理应当注意哪些事项？

4. 法院分案审理甲与乙的决定是否妥当？为什么？

5. 法院对于执法记录仪视频的性质认定是否正确？为什么？

6. 丁的证言是否属于传闻证据？为什么？

答案与解析

1. 依据《刑事诉讼法》第66、119条，《公安部规定》第79条第1款，《高检规则》第81、82条，《高法解释》第148条、第221条第1款的规定，传唤与拘传的区别是：(1)强制力不同和是否属于强制措施不同。传唤是自动到案，不是强制措施；拘传则是强制到案，是强制措施。(2)适用的对象不同。传唤适用于所有当事人；拘传则仅适用于犯罪嫌疑人、被告人。(3)适用时是否一定需要法律文书不同。传唤需要传唤证或者传票，但在现场讯问时可口头传唤；拘传需要拘传票或者拘传证。

2. 依据《高法解释》第368条第1款的规定，因为甲不认罪，故对该案不能适用简易程序，转为普通程序审理，是妥当的。

普通程序与简易程序在审理方面的不同点：

(1) 审判组织不同。普通程序应适用合议庭审理。依据《刑事诉讼法》第216条第1款的规定，在简易程序中，可能判3年有期徒刑以下刑罚的，可适用合议庭或独任庭审理；可能判处有期徒刑超过3年的，应适用合议庭审理。

(2) 审理程序简化程度不同。依据《高法解释》第365条第1款的规定，在简易程序中，传唤、送达方式简便，公诉人可摘要宣读起诉书，法庭调查和法庭辩论可简化，一般应当当庭宣判，裁判文书可以简化。

(3) 审理期限不同。依据《刑事诉讼法》第208条第1

款的规定，人民法院适用普通程序审理公诉案件，应当在受理后2个月以内宣判，至迟不得超过3个月。对于可能判处死刑的案件或者附带民事诉讼的案件，以及有《刑事诉讼法》第158条规定情形之一的，经上一级人民法院批准，可以延长3个月；因特殊情况还需要延长的，报请最高人民法院批准。依据《刑事诉讼法》第220条的规定，适用简易程序审理案件，人民法院应当在受理后20日以内审结；对可能判处的有期徒刑超过3年的，可以延长至一个半月。

3. 依据《高法解释》第196条的规定，根据“先刑后民”的原则审理应当注意：附带民事诉讼应当同刑事案件一并审判，只有为了防止刑事案件审判的过分迟延，才可以在刑事案件审判后，由同一审判组织继续审理附带民事诉讼；同一审判组织的成员确实不能继续参与审判的，可以更换。

4. 本题是开放性的问题，采用下列两种观点中的任何一种观点作答均可：

第一种观点：分案审理妥当。依据《高法解释》第220条的规定，甲和乙的犯罪虽然是关联犯罪，但是二人涉嫌的罪名不同，甲不认罪而乙认罪认罚，在保证当事人质证权等诉讼权利的行使的前提下，将二人分案审理，有助于保障庭审质量和效率，防止因并案审理导致被告人被长期的羁押。

第二种观点：分案审理不妥当。依据《高法解释》第220条的规定，因为甲和乙的犯罪是关联犯罪，乙犯罪事实的查明建立在甲的犯罪事实查明的基础之上，若分案审理，则不利于查明案件事实，而且，分案审理会导致对同一证据、事实进行重复审查，从而降低诉讼效率、浪费司法资源。并且，分案审理不利于当事人、辩护人质证权等诉讼权利的行使。

5. 不正确。丁携带的执法记录仪中的内容是侦查人员带甲到案发现场进行指认时询问甲当时是否饮酒，甲回答“是的”。该记录仪的内容并非形成于案发过程中，是甲对案件事实的陈述以及甲辨认案发现场的过程，若用于证明甲涉嫌的犯罪事实，分别属于犯罪嫌疑人、被告人的供述和辨认笔录，而不是视听资料。若执法记录仪中的内容用于证明甲指认现场和丁对甲讯问过程的合法性，该执法记录仪中的内容则属于视听资料或电子数据。

6. 侦查人员丁在法庭上陈述甲"指认现场时自认酒驾"，侦查人员丁的这一陈述属于传闻证据，因为该陈述并非侦查人员就自己亲身感知的事实作证，而是向法庭转述他从甲那里听到的情况。

案例2

(2021年法律职业资格考试福建等地区延考主观题第3题)[1]

胡某是A市某事业单位的科长，向当地女商人于某借款20万元，到期后，经于某多次催要未归还。某日，胡某以还款为名将于某约至某宾馆见面，以殴打、捆绑等非法拘禁方式强奸了于某，胡某逼于某写下保证书免除自己还款的义务，并以于某及其家人的安全威胁于某不得报警。次日中午，胡某才允许于某离开。胡某随后留在宾馆将宾馆的床单等物品清洁处理后，打电话给朋友曹某，让曹某接其回家。在车上胡某说漏嘴，将自己的罪行告诉曹某。胡某恳求曹某不要说出去，曹某说不关我的事，我不会出去乱说的。

后来，于某报警。公安机关对胡某采取拘留措施，胡某拒不承认强奸事实，称他和于某是男女朋友关系，因二人发生争吵，于某才栽赃陷害自己。公安机关发现胡某和曹某的电话往来，于是询问曹某，刚开始曹某坚持说自己不知情，后来公安机关警告曹某说，如果不如实交代，可能追究共犯的刑事责任。曹某陷入恐惧，于是陈述了实情。公安机关根据曹某的证言，调取了曹某车上的行车记录仪，该行车记录仪还原了胡某和曹某当天的对话。公安机关随后向胡某播放了该录音，念了曹某的笔录，胡某当即表示认罪认罚，如实供述了罪行。公安机关以胡某涉嫌非法拘禁罪和强奸罪向检察院提请批准逮捕。检察院批准逮捕。

案件随后移送检察院审查起诉，于某表示不谅解胡某，要求从严惩处。胡某辩称其患有抑郁症，常年服用抗抑郁症药物，案发时系病情发作，不具有刑事责任能力，向检察机关申请精神病鉴定。检察机关进行鉴定，鉴定意见表明胡某精神正常，且具有刑事责任能力，之后，检察机关向法院提

[1] 本题系考生记忆版本，仅供参考。

起公诉。

辩护人在庭前会议中向法院提出两个申请：（1）曹某证言和行车记录仪的录音的取证不合法，要求排除该证据；（2）本案的公诉人周某曾与胡某是同事关系，申请周某回避。法院审理时，邀请A市某单位组织了20名员工旁听庭审。经审理，法院以非法拘禁罪和强奸罪，判处胡某有期徒刑11年。（共30分）

问题

1. 检察院对胡某批准逮捕是否符合比例原则？为什么？

2. 对于胡某提出的精神病鉴定的申请，检察院是否应当准许？为什么？

3. 对于曹某证言和行车记录仪的内容，法院是否应当排除？为什么？

4. 对辩护人在庭前会议中提出的回避申请，法院如何处理？

5. 法院审理本案时组织人员旁听，是否适当？为什么？

6. 法院在对胡某把握从宽幅度时，应考虑哪些因素？

答案与解析

1. 此问题是开放性的，答案可以是以下两种（任选一种作答）：

（1）检察院对胡某批准逮捕，符合比例原则。比例原则又称相当性原则，是指适用何种强制措施，应当与犯罪嫌疑人、被告人的人身危险性程度和涉嫌犯罪的轻重程度相适应，不得在人身危险性程度和涉嫌犯罪的轻重程度较低的情况下适用强制程度较高的强制措施。

本案中，胡某涉嫌非法拘禁罪和强奸罪，可能判处徒刑以上刑罚（或者较重的刑罚），主观恶性和社会危险性较大，一开始拒不认罪，在公安机关掌握相关的证据后，胡某才认罪，这表明胡某不具有真诚的悔罪态度。而且，其曾威胁于某及其家人的安全，这表明其有社会危险性，因此，检察院对其批捕，符合比例原则。

（2）检察院对胡某批准逮捕，不符合比例原则。比例原则又称相当性原则，是指适用何种强制措施，应当与犯罪嫌疑人、被告人的人身危险性程度和涉嫌犯罪的轻重程度相适应，不得在人身危险性程度和涉嫌犯罪的轻重程度较低的情况下适用强制程度较高的强制措施。本案中，胡某涉嫌非法拘禁罪和强奸罪，虽然可能判处徒刑以上刑罚（或者较重的刑罚），但是其最终认罪认罚，表明其社会危险性不大，而且，该案属于民间纠纷引起的犯罪，不宜适用逮捕措施，适用非羁押性强制措施较为适宜。因此，检察院对其批捕，不符合比例原则。

2. 检察院应当综合全案现有证据，判断胡某在实施犯罪时是否可能患有精神病，如果存在患有精神病的可能，而且，对胡某进行精神病鉴定，更有利于查明案情，应当准许；如果现有证据表明胡某不存在患有精神病的可能，检察院可不予准许。

3. 对曹某的证言应当排除，因为，依据《关于办理刑事案件严格排除非法证据若干问题的规定》第6条的规定，该证言是侦查人员采取威胁方式获得的，威胁所得的证言应当排除。

行车记录仪中的电子数据是以威胁取得的曹某的证言为线索而收集的证据，是非法证据的派生证据，属于“毒树之果”，该电子数据若经查证属实、合法，与案件有关联，可以作为定案根据。

4. 依据《高法解释》第228条第1款的规定，在庭前会议中，法院可以对回避问题了解情况、听取意见。《高法解释》第228条第3款规定，对可能导致庭审中断的程序性事项，人民法院可以在庭前会议后依法作出处理，并在庭审中说明处理决定和理由。依据《高法解释》第36、228条的规定，因为辩护人是以法定理由申请回避，该事项属于可能导致庭审中断的程序性事项，法院可在庭前会议后，通知检察院，由检察长决定公诉人是否回避。

5. 不适当。依据《刑事诉讼法》第188条的规定，因为本案中胡某涉嫌强奸罪，该罪涉及个人隐私，应当不公开审理，所以，法院不得组织单位员工代表旁听。

6. 依据《关于适用认罪认罚从宽制度的指导意见》第9、16条的规定，法院对胡某从宽考虑的因素包括胡某认罪认罚的诉讼阶段、认罪认罚对查明案件事实的价值和意义、是否确有悔罪表现，以及胡某的罪行严重程度、胡某的人身危险性，是否属于初犯、偶犯、被害人于某是否谅解胡某，是否对被害人进行赔偿，是否与被害人达成调解、和解协议等。

案例3

（2020年法律职业资格考试主观题第3题）[1]

甲帮助网络犯罪一案，由A市B区公安局立案侦查，B区检察院审查起诉后，向B区法院提起公诉。检察院指控：

---

〔1〕 本题系考生记忆版本，仅供参考。

2016年3月，甲明知乙（已判决）进行网络犯罪活动，仍向其出租“钓鱼”网站，而后乙用“偷梁换柱”手段，将被害人丙充值到“英雄联盟”内的4.1万个游戏币转移到自己账户后出售，造成丙损失5万余元。

2016年7月，甲明知丁（已判决）欲进行网络犯罪，而按照丁的要求提供“钓鱼”网站，丁发给被害人戊后，戊“英雄联盟”的账号密码被丁窃取，丁将被害人戊花3.14万元充值得到的2.6万余个游戏币转移到自己账户使用和售卖。戊损失3.14万元。

检察院认为，甲明知他人实施网络犯罪，提供帮助，应以帮助信息网络犯罪活动罪追究其刑事责任。公诉人向法庭提交了未到庭的戊、丙的陈述；未到庭证人丁、乙的证言及丁的辨认笔录；公安机关出具的抓获经过、情况说明、搜查笔录、扣押物品清单及照片、银行交易情况、电子证物检查工作记录、游戏充值明细记录、QQ聊天记录、游戏截图及相关电子数据鉴定意见书；价格部门出具的价格认定书；被告人甲的供述及其讯问时的录音录像等证据材料。

庭审中，控辩双方主要围绕计算机网络犯罪的管辖地、鉴定意见书、价格认定书的证明效力、口供笔录与录音录像等矛盾展开了争辩，为此，双方均申请有专门知识的人出庭，就鉴定人所做的鉴定意见提出意见。辩护人与法官也就公诉人向法庭举证、质证的方式有不同意见。（共30分）

问题

1. 本案主要系利用计算机网络实施的犯罪，关于利用计算机网络实施的犯罪地，应如何确定？

2. 对于收集、提取电子数据应从哪些方面审查？

3. 价格认定书属于什么证据种类？应如何审查判断？

4. 被告人的口供笔录与讯问时的录音录像有实质性差别时，应如何取舍？讯问被告人时的录音录像能否作为对被告人定罪量刑的根据，为什么？

5. 如何认识在法庭上有专门知识的人就鉴定意见提出的意见，在认定案件事实中起到何种作用？

6. 庭审中，公诉人举证、质证的方式是什么？

答案与解析

1. 根据《高法解释》第2条的规定，犯罪地包括犯罪行为地和犯罪结果地。针对或者主要利用计算机网络实施的犯罪，犯罪地包括用于实施犯罪行为的网络服务使用的服务器所在地，网络服务提供者所在地，被侵害的信息网络系统及其管理者所在地，犯罪过程中被告人、被害人使用的信息网络系统所在地，以及被害人被侵害时所在地和被害人财产遭受损失地等。

2. 对收集、提取电子数据，应当着重审查以下内容：(1) 是否移送原始存储介质；在原始存储介质无法封存、不便移动或者依法应当由有关部门保管、处理、返还时，提取、复制电子数据是否由二人以上进行，是否足以保证电子数据的完整性，有无提取、复制过程及原始存储介质存放地点的文字说明和签名。(2) 收集程序、方式是否符合法律及有关技术规范；经勘验、检查、搜查等侦查活动收集的电子数据，是否附有笔录、清单，并经调查人员、侦查人员、电子数据持有人、提供人、见证人签名或者盖章；没有签名或者盖章的，是否注明原因；远程调取境外或者异地的电子数据的，是否注明相关情况；对电子数据的规格、类别、文件格式等是否清楚注明。(3) 收集、提取电子数据，应当制作笔录，电子数据持有人（提供人）无法签名或者拒绝签名的，应当在笔录中注明，由见证人签名或者盖章。有条件的，应当对相关活动进行录像。

3. 价格认定书属于有专门知识的人出具的报告。因为，《高法解释》第 100 条第 1 款规定："因无鉴定机构，或者根据法律、司法解释的规定，指派、聘请有专门知识的人就案件的专门性问题出具的报告，可以作为证据使用。"

《高法解释》第 100 条第 2 款规定，对有专门知识的人出具的报告的审查与认定，参照适用本节（即关于鉴定意见的审查与认定）的有关规定。《高法解释》第 97 条规定，对鉴定意见应当着重审查以下内容：(1) 鉴定机构和鉴定人是否具有法定资质。(2) 鉴定人是否存在应当回避的情形。(3) 检材的来源、取得、保管、送检是否符合法律、有关规定，与相关提取笔录、扣押清单等记载的内容是否相符，检材是否可靠。(4) 鉴定意见的形式要件是否完备，是否注明提起鉴定的事由、鉴定委托人、鉴定机构、鉴定要求、鉴定过程、鉴定方法、鉴定日期等相关内容，是否由鉴定机构盖章并由鉴定人签名。(5) 鉴定程序是否符合法律、有关规定。(6) 鉴定的过程和方法是否符合相关专业的规范要求。(7) 鉴定意见是否明确。(8) 鉴定意见与案件事实有无关联。(9) 鉴定意见与勘验、检查笔录及相关照片等其他证据是否矛盾；存在矛盾的，能否得到合理解释。(10) 鉴定意见是否依法及时告知相关人员，当事人对鉴定意见有无异议。对价格认定书的审查判断，参照上述规定。

4. (1) 对于犯罪嫌疑人供述笔录与讯问时的录音录像有本质性差异，法院应当采用录音录像。因为录音录像修改的可能性小，不易被篡改。

(2) 根据综合判断或证据收集合法性调查的结果确定录音录像是否可以作为定案依据。

5. 有专门知识的人对鉴定意见提出的意见的性质不属于刑事诉讼法规定的证据种类，仅是一种质证意见，主要作用是作为司法工作人员的帮助、辅助、参考，其本身不可作为案件认定的证据。

6. 根据《高检规则》第399条的规定，在法庭审理中，公诉人应当客观、全面、公正地向法庭出示与定罪、量刑有关的证明被告人有罪、罪重或者罪轻的证据。按照审判长要求，或者经审判长同意，公诉人可以按照以下方式举证、质证：(1) 对于可能影响定罪量刑的关键证据和控辩双方存在争议的证据，一般应当单独举证、质证；(2) 对于不影响定罪量刑且控辩双方无异议的证据，可以仅就证据的名称及其证明的事项、内容作出说明；(3) 对于证明方向一致、证明内容相近或者证据种类相同，存在内在逻辑关系的证据，可以归纳、分组示证、质证。公诉人出示证据时，可以借助多媒体设备等方式出示、播放或者演示证据内容。定罪证据与量刑证据需要分开的，应当分别出示。

案例4

(2019年法律职业资格考试主观题第3题)[1]

王某系A市法院刑事审判庭法官。2016年9月，王某在审理本市刘某抢劫一案中，违反法律规定认定刘某具有立功情节，对刘某减轻处罚判处有期徒刑10年。刘某的弟弟为此向王某行贿50万元。王某为规避法律，让其侄子小王收钱并保管。

2018年11月，A市监察委接到举报后对王某立案调查，调查中另查明王某在担任审判监督庭法官时存在徇私舞弊减

---

〔1〕 本题系考生记忆版本，仅供参考。本题的命题特点主要体现在四个方面：第一，本题以实践中发生的真实案例（吉林省辽源市的王成忠案和云南昆明的孙小果案的关联案件）为原型加以命题，所以，考生在复习备考时应多关注实践中发生的热点案例、指导性案例等，并对其进行法律分析。第二，本题考查了2018年《刑事诉讼法修正案》中增加和修改之处，例如监察机关的调查与刑事诉讼的衔接、认罪认罚从宽制度，所以，考生务必对法考大纲增加的内容重点掌握。第三，本题考查了对法条和制度的理解和运用，例如第二问涉及对《高检规则》第356条背后的侦查和起诉关系的理解；第四问涉及对认罪认罚从宽制度的理解和运用。第四，本题出现了开放性问题，例如第二问。对于这种题目，考生不论以何种观点作答，都应当言之成理，所以，考生应当学会释法说理。

刑的犯罪事实。A市监察委对本案调查终结，移送检察机关审查起诉。检察机关以王某涉嫌受贿罪和徇私舞弊减刑罪向A市法院提起公诉，同时对小王以掩饰、隐瞒犯罪所得罪另案起诉。

法院审理期间，王某改变了在监察委调查和检察机关审查起诉期间不认罪的态度，主动承认被指控犯罪并自愿接受处罚。法院按认罪认罚从宽的规定，对王某从轻作出了判决。一审判决后检察机关没有抗诉，王某亦未上诉，一审判决发生法律效力。（共27分）

问题

1. 本案在管辖上有无问题？请说明理由。

2. 小王涉嫌掩饰、隐瞒犯罪所得罪在未经立案调查或者侦查的前提下，检察机关能否径行起诉？为什么？

3. 如本案中王某的行为既涉及监察机关管辖的犯罪又涉及公安机关、检察机关管辖的犯罪，关于管辖处理的原则是什么？

4. A市法院按照认罪认罚从宽的规定对王某从轻作出判决，是否符合法律规定？请说明理由。

答案与解析

1. （1）立案管辖

本题中王某犯受贿罪和徇私舞弊减刑罪，刘某的弟弟犯行贿罪，小王犯掩饰、隐瞒犯罪所得罪。

对王某的管辖没有问题，即受贿罪和徇私舞弊减刑罪均由监察机关调查。《监察法》第 11 条规定："监察委员会依照本法和有关法律规定履行监督、调查、处置职责：……（二）对涉嫌贪污贿赂、滥用职权、玩忽职守、权力寻租、利益输送、徇私舞弊以及浪费国家资财等职务违法和职务犯罪进行调查……"本案中，王某的受贿罪应当由监察机关调查。《刑事诉讼法》第 19 条第 2 款规定："人民检察院在对诉讼活动实行法律监督中发现的司法工作人员利用职权实施的非法拘禁、刑讯逼供、非法搜查等侵犯公民权利、损害司法公正的犯罪，可以由人民检察院立案侦查……"本案中王某的徇私舞弊减刑罪在检察院对诉讼活动实行法律监督中发现，检察院也可以对该罪立案侦查。当然，依据前引《监察法》第 11 条之规定，王某的徇私舞弊减刑罪也可以由监察机关进行调查。

（2）级别管辖

本案的级别管辖不存在问题。本案中王某涉嫌受贿 50 万元，根据《关于办理贪污贿赂刑事案件适用法律若干问题的解释》第 2 条第 1 款的规定，受贿 20 万元以上不满 300 万元的，属于"数额巨大"，依法判处 3 年以上 10 年以下有期徒刑，并处罚金或者没收财产。本案中，王某又涉嫌徇私舞弊减刑罪，最高可能判处 7 年有期徒刑，即使数罪并罚，也不会判处无期徒刑或死刑，故最低由基层法院审理。当然，依据《高法解释》第 14 条的规定，上级法院可以审理应当由下级法院管辖的案件，所以，中级法院管辖也不存在问题。

（3）地域管辖

《高法解释》第 20 条第 2 款规定："有关案件，由犯罪地、被告人居住地以外的人民法院审判更为适宜的，上级人民法院可以指定下级人民法院管辖。"因为王某曾是 A 市法院的法官，王某由其原任职的 A 市法院审理，可能影响公正审判，所以，王某的犯罪由 A 市以外的法院审判更为适宜，上级法院可以指定A市法院以外的下级法院管辖。

2. 此问题是开放性的，答案可以是以下两种（任选一种作答）：

第一种观点：可以径行起诉。《高检规则》第356条规定："人民检察院在办理公安机关移送起诉的案件中，发现遗漏罪行或者有依法应当移送起诉的同案犯罪嫌疑人未移送起诉的，应当要求公安机关补充侦查或者补充移送起诉。对于犯罪事实清楚，证据确实、充分的，也可以直接提起公诉。"依据此条规定的精神，小王涉嫌的掩饰、隐瞒犯罪所得罪在未经立案调查或者侦查的前提下，若犯罪事实清楚，证据确实、充分，检察机关可以对其径行起诉，这样也有助于实现检察院的法律监督权，提高诉讼效率，节省司法资源。

第二种观点：不能径行起诉。原因在于：第一，立案和侦查能起到案件过滤作用，防止犯罪嫌疑人受到无理追诉。第二，对刑事案件，在经过立案调查、侦查后，移送审查起诉，有助于更充分保障犯罪嫌疑人的辩护权。第三，前引《高检规则》第356条适用的前提是在公安机关立案侦查的前提下，发现犯罪嫌疑人遗漏罪行或者依法应当移送审查起诉同案犯罪嫌疑人的，才可以在犯罪事实清楚，证据确实、充分的情形下，径行提起公诉。但是，本案中小王的犯罪还未立案。第四，立案是刑事诉讼的必经程序，按照程序法定原则，公安司法机关进行刑事诉讼，必须严格按照法定程序进行，不能随意超越和颠覆任何一个诉讼阶段。

3. 若本案中王某的行为既涉及监察机关管辖的犯罪又涉及公安机关、检察机关管辖的犯罪，一般应当由监察机关为主调查，公安机关、检察机关予以协助。因为，《监察法》第34条第2款规定："被调查人既涉嫌严重职务违法或者职务犯罪，又涉嫌其他违法犯罪的，一般应当由监察机关为主调查，其他机关予以协助。"

4. A市法院按照认罪认罚从宽的规定对王某从轻作出判决，符合法律规定。

因为，《刑事诉讼法》第15条规定："犯罪嫌疑人、被告人自愿如实供述自己的罪行，承认指控的犯罪事实，愿意接受处罚的，可以依法从宽处理。"该条确立了认罪认罚从宽原则。《关于适用认罪认罚从宽制度的指导意见》第5条第1款规定："认罪认罚从宽制度贯穿刑事诉讼全过程，适用于侦查、起诉、审判各个阶段。"《高法解释》第356条规定："被告人在人民检察院提起公诉前未认罪认罚，在审判阶段认罪认罚的，人民法院可以不再通知人民检察院提出或者调整量刑建议。对前款规定的案件，人民法院应当就定罪量刑听取控辩双方意见，根据刑事诉讼法第十五条和本解释第三百五十五条的规定作出判决。"

法院审理期间，王某改变了在监察委调查和检察机关审查起诉期间不认罪的态度，主动承认被指控犯罪并自愿接受处罚，即王某在审理期间认罪认罚。A市法院可以不再通知检察院提出或者调整量刑建议。A市法院应当就定罪量刑听取控辩双方意见，根据《刑事诉讼法》第15条和《高法解释》第355条关于认罪认罚从宽的规定，对王某从轻处罚。

四、模拟演练

案例1

2019年4月，高某、郑某招募邱某、戴某、张某、冷某、陈某等人前往柬埔寨工作。上述人员分别冒充大陆地区的法院、公安局、检察院、银行工作人员，通过网络电话平台虚拟改号技术将来电显示号码改为上述机关的电话号码，通过群发语音电话的方式对大陆地区被害人实施诈骗，全国数十个省份近50万被害人将近8000万元转账汇入高某、郑某指定的银行账户。该案由A省B市公安局立案侦查，高某、郑某、邱某、戴某在侦查阶段认罪认罚，B市公安局移送B市检察院审查起诉。B市检察院鉴于邱某、戴某是从犯，对二人决定取保候审。B市检察院在决定取保候审时，责令邱某、戴某不得进入特定的场所、不得与特定的人员会见、通信。在取保候审期间，戴某欲前往A省C市就医。在B市检察院起诉后，B市中级法院经审理，以诈骗罪判处高某、郑某无期徒刑；以诈骗罪判处邱某、戴某、张某、冷某、陈某等人9年至4年不等有期徒刑。

问题

1. 鉴于本案的证据材料数量特别众多且具有同类性质、特征或者功能，办案机关如何进行取证、认定？

2. 如何认定本案中被告人的犯罪数额？

3. 本案的被害人如何参与审理？为什么？

4. 本案移送 B 市检察院审查起诉后，B 市检察院应当如何开展认罪认罚方面的工作？

5. 戴某离开 B 市前往 C 市就医，需要履行怎样的法律程序？

6. B 市检察院在决定取保候审时，责令邱某、戴某不得进入特定的场所、不得与特定的人员会见、通信。如何理解此处的“特定的场所”“特定的人员”？

答案与解析

1. 依据《关于办理信息网络犯罪案件适用刑事诉讼程序若干问题的意见》第20条的规定，本案属于信息网络犯罪案件，对于数量特别众多且具有同类性质、特征或者功能的物证、书证、证人证言、被害人陈述、视听资料、电子数据等证据材料，确因客观条件限制无法逐一收集的，应当按照一定比例或者数量选取证据，并对选取情况作出说明和论证。检察院、法院应当重点审查取证方法、过程是否科学。经审查认为取证不科学的，应当由原取证机关作出补充说明或者重新取证。检察院、法院应当结合其他证据材料，以及犯罪嫌疑人、被告人及其辩护人所提辩解、辩护意见，审查认定取得的证据。经审查，对相关事实不能排除合理怀疑的，应当作出有利于犯罪嫌疑人、被告人的认定。

2. 依据《关于办理信息网络犯罪案件适用刑事诉讼程序若干问题的意见》第21条的规定，本案属于涉案人数特别众多的信息网络犯罪案件，确因客观条件限制无法收集证据逐一证明、逐人核实涉案账户的资金来源，但根据银行账户、非银行支付账户等交易记录和其他证据材料，足以认定高某、郑某指定的银行账户主要用于接收、流转涉案资金的，可以按照该账户接收的资金数额认定犯罪数额，但高某、郑某能够作出合理说明的除外。案外人提出异议的，应当依法审查。

3. 依据《高法解释》第224条的规定，被害人人数众多，且案件不属于附带民事诉讼范围的，被害人可以推选若干代表人参加庭审。本案中被害人多达近50万人，而且，《高法解释》第176条规定，被告人非法占有、处置被害人财产的，应当依法予以追缴或者责令退赔。被害人提起附带民事诉讼的，法院不予受理。本案中的诈骗罪不属于附带民事诉讼范围。因此，本案的被害人可以推选若干代表人参加庭审。

4. 高某、郑某、邱某、戴某在侦查阶段认罪认罚，在本案的审查起诉阶段，B市检察院就高某、郑某、邱某、戴某的认罪认罚应当保障其获得有效法律帮助，确保其了解认罪认罚的性质和法律后果，自愿认罪认罚。具体来说，应当开展如下工作：

(1) 受理案件后，应当向高某、郑某、邱某、戴某了解其委托辩护人的情况。如果没有辩护人，其约见值班律师的，应当通知值班律师为其提供法律帮助。

（2）应当告知其享有的诉讼权利和认罪认罚的法律规定，听取高某、郑某、邱某、戴某及其辩护人或者值班律师对下列事项的意见，并记录在案：涉嫌的犯罪事实、罪名及适用的法律规定；从轻、减轻或者免除处罚等从宽处罚的建议；认罪认罚后案件审理适用的程序；其他需要听取意见的事项。

（3）应当听取被害人及其诉讼代理人的意见，并将犯罪嫌疑人、被告人是否与被害方达成和解协议、调解协议或者赔偿被害方损失，取得被害方谅解，作为从宽处罚的重要考虑因素。

（4）应当重点审查以下内容：高某、郑某、邱某、戴某是否自愿认罪认罚；有无因受到暴力威胁、引诱而违背意愿认罪认罚；高某、郑某、邱某、戴某认罪认罚时的认知能力和精神状态是否正常；高某、郑某、邱某、戴某是否理解认罪认罚的性质和可能导致的法律后果；公安机关是否告知高某、郑某、邱某、戴某享有的诉讼权利，如实供述自己罪行可以从宽处理和认罪认罚的法律规定，并听取意见；起诉意见书中是否写明高某、郑某、邱某、戴某认罪认罚情况；高某、郑某、邱某、戴某是否真诚悔罪，是否向被害人赔偿。

（5）高某、郑某、邱某、戴某自愿认罪认罚，同意量刑建议和程序适用的，应当在辩护人或者值班律师在场的情况下签署认罪认罚具结书。具结书应当包括高某、郑某、邱某、戴某如实供述罪行、同意量刑建议和程序适用等内容，由高某、郑某、邱某、戴某及其辩护人或者值班律师签名。

（6）向法院提起公诉，应当提出量刑建议，在起诉书中写明高某、郑某、邱某、戴某认罪认罚情况，并移送认罪认罚具结书等材料。

5. 戴某需要离开B市前往C市就医，应当向负责执行的派出所提出书面申请，并注明事由、目的地、路线、交通方式、往返日期、联系方式等。戴某有紧急事由，来不及提出书面申请的，可以先通过电话、短信等方式提出申请，并及时补办书面申请手续。负责执行的派出所批准后，应当通知B市检察院，并告知戴某遵守下列要求：（1）保持联系方式畅通，并在传讯的时候及时到案；（2）严格按照批准的地点、路线、往返日期出行；（3）不得从事妨害诉讼的活动；（4）返回居住地后及时向执行机关报告。

6. 依据《关于取保候审若干问题的规定》第7、8条的规定，决定取保候审时，可以根据案件情况责令邱某、戴某不得进入下列“特定的场所”：（1）可能导致其再次实施犯罪的场所；（2）可能导致其实施妨害社会秩序、干扰他人正常活动行为的场所；（3）与其所涉嫌犯罪活动有关联的场所；（4）可能导致其实施毁灭证据、干扰证人作证等妨害诉讼活动的场所；（5）其他可能妨害取保候审执行的特定场所。决定取保候审时，可以根据案件情况责令邱某、戴某不得与下列“特定的人员”会见或者通信：（1）证人、鉴定人、被害人及其法定代理人和近亲属；（2）同案违法行为人、犯罪嫌疑人、被告人以及与案件有关联的其他人员；（3）可能遭受被取保候审人侵害、滋扰的人员；（4）可能实施妨害取保候审执行、影响诉讼活动的人员。此处的“通信”包括以信件、短信、电子邮件、通话，通过网络平台或者网络应用服务交流信息等各种方式直接或者间接通信。

案例2

甲和乙共谋杀害丙和丁，致丙死亡，丁身受重伤。K市检察院对甲和乙以故意杀人罪向K市中级法院提起公诉，丙的父亲和丁向法院提起附带民事诉讼。

K市中级法院在受理案件后，由人民陪审员3人和审判员2人组成合议庭。在开庭前，甲、乙称自己被侦查人员刑讯逼供，要求排除刑讯所得的供述。K市中级法院鉴于该案社会影响重大，召开庭前会议，法院通知该案的公诉人、辩护人参加庭前会议，未通知甲、乙参加庭前会议。该案的法官助理苏某主持庭前会议，在以视频方式召开的庭前会议中，就非法证据排除了解情况、听取意见，听取了控辩双方对案件事实、证据材料的意见。甲的辩护人在庭前会议中以本案的审判长李某是丁的近亲属为由，申请李某回避。K市中级法院认为该案明显事实不清、证据不足，建议K市检察院撤回起诉。K市检察院不同意。在开庭时，对庭前会议中达成一致意见的事项，法庭在向控辩双方核实后，当庭予以确认。

法院在审理过程中，甲突然潜逃，下落不明，K市中级法院遂宣布延期审理，同时，由该院院长决定在全市范围内通缉甲。甲后来在家人陪同下到法院归案，K市中级法院决定逮捕甲，该逮捕决定经K市检察院批准，后由法院的司法警察将甲依法逮捕。

K市中级法院审理该案过程中，在公诉人对甲、乙发问后，甲、乙二人的辩护人、丙的父亲、丁相继对甲、乙进行了发问。随后，数名证人和鉴定人旁听此案的审理之后，逐一出庭作证揭露了甲和乙的犯罪事实。在审理中，甲的辩护律师申请法院通知有专门知识的人戊出庭对丙的死因发表意见，戊欲对出庭的鉴定人发问，法院予以拒绝。在法庭调查中，法院对公诉人出示的勘验笔录有疑问，遂建议检察院补充侦查，检察院未进行补充侦查，但对该勘验笔录作出说明。在法庭调查阶段，甲还主动交代自己曾经盗窃邻居的路虎Discovery5，法院建议检察院变更起诉，检察院在调查后补充了相关的犯罪事实。

在法庭辩论阶段，甲嫌法律援助机构指定的辩护律师王某辩护不力，拒绝王某为其辩护，要求自行辩护，K市中级法院予以准许。K市中级法院在审理时，甲提到了其邻居赵某曾持枪抢劫运钞车的线索，法院通知检察院移送，K市检察院在核实后提供了相关的证据。

K市中级法院在审理结束后，认为该案的某些关键事实未查清，K市检察院申请撤回起诉，K市中级法院未予准许。

问题

1. 本案的诉讼程序存在哪些不合法之处？请说明理由。

2. K市中级法院能否在庭前会议后决定李某回避？为什么？

3. 在该案审理中，K 市中级法院依职权通知证人陈某出庭作证，如何确定对陈某询问的顺序？

4. 在法庭辩论中，公诉人提出甲、乙构成故意伤害罪，K 市中级法院应如何处理？

5. 在庭审结束后，该案的合议庭成员林某患严重疾病，不能继续履行审判职责，K 市中级法院更换法官钟某直接参加该案的评议。这一做法是否正确？为什么？

6. K 市中级法院在审理结束后，K 市检察院申请撤回起诉，K 市中级法院未予准许。这一做法是否正确？为什么？

7. 该案中，若甲还在一起桥梁坍塌事故中涉嫌玩忽职守罪，检察院补充起诉该罪时，提交了一份桥梁坍塌的事故调查报告，如何看待该事故调查报告对认定事实的作用？

答案与解析

1. 本案的诉讼程序存在下列不合法之处：

（1）法院由人民陪审员3人和审判员2人组成合议庭，是错误的。《刑事诉讼法》第183条第1款规定："基层人民法院、中级人民法院审判第一审案件，应当由审判员三人或者由审判员和人民陪审员共三人或者七人组成合议庭进行，但是基层人民法院适用简易程序、速裁程序的案件可以由审判员一人独任审判。"由此可见，中级法院审判第一审案件，不得由人民陪审员3人和审判员2人共5人组成合议庭，只能由审判员3人或者由审判员和人民陪审员共3人或者7人组成合议庭进行审判。

（2）K市中级法院未通知甲、乙参加庭前会议，是错误的。《高法解释》第230条第3款规定，庭前会议准备就非法证据排除了解情况、听取意见，或者准备询问控辩双方对证据材料的意见的，应当通知被告人到场。本案庭前会议中法院就非法证据排除了解情况、听取意见，听取了控辩双方对案件事实、证据材料的意见，故应当通知甲、乙参加庭前会议。

（3）法官助理苏某主持庭前会议，是错误的。《高法解释》第230条第1款规定："庭前会议由审判长主持，合议庭其他审判员也可以主持庭前会议。"故法官助理不得主持庭前会议。

（4）法院在审理过程中，甲突然潜逃，下落不明，K市中级法院遂宣布延期审理，是错误的。《刑事诉讼法》第206条第1款规定："在审判过程中，有下列情形之一，致使案件在较长时间内无法继续审理的，可以中止审理：（一）被告人患有严重疾病，无法出庭的；（二）被告人脱逃的；（三）自诉人患有严重疾病，无法出庭，未委托诉讼代理人出庭的；（四）由于不能抗拒的原因。"由此可见，本案审理过程中，甲突然潜逃，下落不明，法院应当中止审理。

（5）法院院长决定在全市范围内通缉甲，是错误的。《刑事诉讼法》第155条规定："应当逮捕的犯罪嫌疑人如果在逃，公安机关可以发布通缉令，采取有效措施，追捕归案。各级公安机关在自己管辖的地区以内，可以直接发布通缉令；

超出自己管辖的地区，应当报请有权决定的上级机关发布。”因此，本案中，法院只能通知公安机关协助抓获甲。

（6）K市中级法院决定逮捕甲，该逮捕决定经K市检察院批准，后由法院的司法警察将甲依法逮捕，是错误的。法院决定的逮捕不需要再经K市检察院批准。《刑事诉讼法》第80条规定：“逮捕犯罪嫌疑人、被告人，必须经过人民检察院批准或者人民法院决定，由公安机关执行。”本案中，法院决定的逮捕，直接交由公安机关执行，无须再经检察院批准。同时，此处，交由法院的司法警察执行逮捕也是错误的，应当交由K市公安局执行逮捕。

（7）在公诉人对甲、乙发问后，甲、乙二人的辩护人、丙的父亲、丁相继对甲、乙进行了发问。此处发问的顺序错误。《高法解释》第242条第1、2款规定：“在审判长主持下，公诉人可以就起诉书指控的犯罪事实讯问被告人。经审判长准许，被害人及其法定代理人、诉讼代理人可以就公诉人讯问的犯罪事实补充发问；附带民事诉讼原告人及其法定代理人、诉讼代理人可以就附带民事部分的事实向被告人发问；被告人的法定代理人、辩护人，附带民事诉讼被告人及其法定代理人、诉讼代理人可以在控诉方、附带民事诉讼原告方就某一问题讯问、发问完毕后向被告人发问。”本案中，丙的父亲、丁应在甲、乙二人的辩护人之前对甲、乙进行发问。

（8）数名证人和鉴定人旁听此案的审理，是错误的。因为，《高法解释》第265条规定：“证人、鉴定人、有专门知识的人、调查人员、侦查人员或者其他人员不得旁听对本案的审理……”

（9）甲的辩护律师申请法院通知有专门知识的人戊出庭对丙的死因发表意见，是错误的。《高法解释》第250条第1款规定：“公诉人、当事人及其辩护人、诉讼代理人申请法庭通知有专门知识的人出庭，就鉴定意见提出意见的，应当说明理由……”由此可见，有专门知识的人戊只能针对鉴定意见发表意见，不能对丙的死因这一专门性事实问题发表意见。

（10）戊欲对出庭的鉴定人发问，法院予以拒绝，是错误的。《刑事诉讼法》第197条第2、3、4款规定：“公诉人、当事人和辩护人、诉讼代理人可以申请法庭通知有专门知识的人出庭，就鉴定人作出的鉴定意见提出意见。法庭对于上述申请，应当作出是否同意的决定。第二款规定的有专门知识的人出庭，适用鉴定人的有关规定。”因此，有专门知识的人戊有权对出庭的鉴定人发问。

（11）法院对公诉人出示的勘验笔录有疑问，遂建议检察院补充侦查，是错误的。《高法解释》第271条第1款规定：“法庭对证据有疑问的，可以告知公诉人、当事人及其法定代理人、辩护人、诉讼代理人补充证据或者作出说明；必要时，可以宣布休庭，对证据进行调查核实。”因此，法院对公诉人出示的勘验笔录有疑问的，不能建议检察院补充侦查。

（12）在法庭调查阶段，甲还主动交代自己曾经盗窃邻居的路虎Discovery5，法院建议检察院变更起诉，是错误的。《高法解释》第297条规定：“审判期间，人民法院发现新的事实，可能影响定罪量刑的，或者需要补查补证的，应当通知人民检察院，由其决定是否补充、变更、追加起诉或者补充侦查。人民检察院不同意或者在指定时间内未回复书面意见的，人民法院应当就起诉指控的事实，依照本解释第二百九十五条的规定作出判决、裁定。”本案中，法院应当通知人民检察院，由其决定是否补充、追加起诉或者补充侦查，而不能建议检察院变更起诉。

（13）在法庭辩论阶段，甲嫌法律援助机构指定的辩护律师王某辩护不力，拒绝王某为其辩护，要求自行辩护，法院予以准许，是错误的。《高法解释》第50条规定：“被告人拒绝法律援助机构指派的律师为其辩护，坚持自己行使辩护权的，人民法院应当准许。属于应当提供法律援助的情形，被告人拒绝指派的律师为其辩护的，人民法院应当查明原因。理由正当的，应当准许，但被告人应当在五日以内另行委托辩护人；被告人未另行委托辩护人的，人民法院应当在三日以内通知法律援助机构另行指派律师为其提供辩护。”《刑事诉讼法》第35条第3款规定：“犯罪嫌疑人、被告人可能被判处无期徒刑、死刑，没有委托辩护人的，人民法院、人民检察院和公安机关应当通知法律援助机构指派律师为其提供辩护。”由此可见，本案中的甲涉嫌故意杀人罪，可能判处无期徒刑、死刑，所以，甲属于应当提供法律援助辩护的对象，其必须有辩护人为其辩护，不能自行辩护。

（14）K 市中级法院在审理时，甲提到了其邻居赵某曾持枪抢劫运钞车的线索，法院通知检察院移送，是错误的。《高法解释》第 277 条规定："审判期间，合议庭发现被告人可能有自首、坦白、立功等法定量刑情节，而人民检察院移送的案卷中没有相关证据材料的，应当通知人民检察院在指定时间内移送。审判期间，被告人提出新的立功线索的，人民法院可以建议人民检察院补充侦查。"因此，本案中，甲在 K 市中级法院审理时提到了新的立功线索，K 市中级法院可以建议 K 市检察院补充侦查。

2. K 市中级法院可以在庭前会议后决定李某回避。因为，《高法解释》第 228 条第 1、3 款规定："庭前会议可以就下列事项向控辩双方了解情况，听取意见：（一）是否对案件管辖有异议；（二）是否申请有关人员回避；（三）是否申请不公开审理；（四）是否申请排除非法证据；（五）是否提供新的证据材料；（六）是否申请重新鉴定或者勘验；（七）是否申请收集、调取证明被告人无罪或者罪轻的证据材料；（八）是否申请证人、鉴定人、有专门知识的人、调查人员、侦查人员或者其他人员出庭，是否对出庭人员名单有异议；（九）是否对涉案财物的权属情况和人民检察院的处理建议有异议；（十）与审判相关的其他问题。对第一款规定中可能导致庭审中断的程序性事项，人民法院可以在庭前会议后依法作出处理，并在庭审中说明处理决定和理由。控辩双方没有新的理由，在庭审中再次提出有关申请或者异议的，法庭可以在说明庭前会议情况和处理决定理由后，依法予以驳回。"本案中，甲的辩护人在庭前会议中以法定理由申请李某回避，属于可能导致庭审中断的程序性事项，法院可以在庭前会议后依法作出处理。

3. 因为陈某是法院依职权通知出庭作证的证人，依据《高法解释》第 259 条第 2 款的规定，发问顺序由审判长根据案件情况确定。

4.《高法解释》第 289 条规定："公诉人当庭发表与起诉书不同的意见，属于变更、追加、补充或者撤回起诉的，人民法院应当要求人民检察院在指定时间内以书面方式提出；必要时，可以宣布休庭。人民检察院在指定时间内未提出的，人民法院应当根据法庭审理情况，就起诉书指控的犯罪事实依法作出判决、裁定。人民检察院变更、追加、补充起诉的，人民法院应当给予被告人及其辩护人必要的准备时间。”本案中，检察院起诉指控的是故意杀人罪，后来在法庭辩论阶段，公诉人改变指控罪名为故意伤害罪。由此可见，公诉人当庭发表与起诉书不同的意见，属于变更起诉的情形，法院应当要求检察院在指定时间内以书面方式提出；必要时，可以宣布休庭。检察院在指定时间内未提出的，法院应当根据法庭审理情况，就起诉书指控的犯罪事实依法作出判决、裁定。法院应当给予被告人及其辩护人必要的准备时间。

5. 不正确。因为，依据《高法解释》第 301 条第 1 款的规定，庭审结束后、评议前，部分合议庭成员不能继续履行审判职责的，法院应当依法更换合议庭组成人员，重新开庭审理。故 K 市中级法院在更换法官钟某后，应当重新开庭审理。

6. 正确。因为，《高法解释》第 232 条规定，法院在庭前会议中听取控辩双方对案件事实、证据材料的意见后，对明显事实不清、证据不足的案件，可以建议检察院补充材料或者撤回起诉。建议撤回起诉的案件，检察院不同意的，开庭审理后，没有新的事实和理由，一般不准许撤回起诉。本案庭前会议中，K 市中级法院以“明显事实不清、证据不足”为由，建议 K 市检察院撤回起诉，K 市检察院不同意。开庭审理后，K 市检察院若没有新的事实和理由，法院一般不准许撤回起诉。

7. 依据《高法解释》第 101 条的规定，桥梁坍塌的事故调查报告，在刑事诉讼中可以作为证据使用，需要接受控辩双方质证，接受法庭调查，事故调查报告中涉及专门性问题的意见，经法庭查证属实，且调查程序符合法律、有关规定的，可以作为定案的根据。

案例 3

张某，男，生于 1980 年 9 月 15 日。2005 年 8 月因犯诈骗罪被判处有期徒刑 1 年零 6 个月，2006 年 9 月 22 日刑满释

放。2011年1月至3月间，张某在T市N区以为刘某的妻子找到某事业单位的工作为由，骗取刘某共计人民币32000元。2018年2月24日，张某主动到公安机关自首。2018年2月24日张某因涉嫌诈骗罪被T市N区公安局刑事拘留。张某在接受讯问时，对自己的犯罪事实供认不讳，表示接受司法机关给予的处罚。在侦查阶段，张某家属退赔刘某人民币35000元，取得刘某谅解。N区公安局提请N区检察院批捕张某，2018年3月3日批准逮捕。同年3月20日，N区公安局移送N区检察院审查起诉。鉴于张某认罪认罚，接受N区检察院的量刑建议及适用速裁程序的建议，N区检察院在阅卷后，让张某于N区看守所在辩护人尤某的见证下签署了认罪认罚具结书。N区检察院于4月19日向N区法院提起公诉，在起诉书中提出量刑建议，建议在有期徒刑1年至有期徒刑1年零3个月之间对张某判处刑罚。N区法院适用速裁程序审理，由法官韩某和陪审员杨某、辛某组成合议庭进行审理。检察院未派员出庭，张某的辩护人尤某出庭。在审理时，法庭未进行法庭调查和法庭辩论，在听取尤某的意见后，法庭宣布休庭。2018年5月6日，法庭对张某进行宣判。N区法院一审判决认为，公诉机关指控张某犯诈骗罪的事实清楚，证据确实、充分，指控罪名成立。张某具有以下量刑情节：其系累犯，应当从重处罚；系自首，且已退赔被害人经济损失，取得谅解，自愿签署认罪认罚具结书，可以从轻处罚，判处张某犯诈骗罪，有期徒刑1年零4个月，并处罚金人民币1万元。张某以量刑过重为由，提出上诉，T市中级法院由审判员李某经过书面审理后，认为张某提出上诉就是不认罚，遂改判张某有期徒刑1年零6个月。

问题

1. 本案诉讼程序存在哪些违法之处？请说明理由。

2. 若张某认罪认罚，N 区检察院鉴于其犯罪情节轻微，可不予处罚，作出不起诉决定，之后，张某反悔的，N 区检察院应当如何处理?

答案与解析

1. 本案的诉讼程序存在以下违法之处：

(1) N 区检察院在阅卷后，即让张某签署认罪认罚具结书，是错误的。《刑事诉讼法》第 173 条第 2 款规定："犯罪嫌疑人认罪认罚的，人民检察院应当告知其享有的诉讼权利和认罪认罚的法律规定，听取犯罪嫌疑人、辩护人或者值班律师、被害人及其诉讼代理人对下列事项的意见，并记录在案：(一) 涉嫌的犯罪事实、罪名及适用的法律规定；(二) 从轻、减轻或者免除处罚等从宽处罚的建议；(三) 认罪认罚后案件审理适用的程序；(四) 其他需要听取意见的事项。"本案中，张某认罪认罚，N 区检察院除阅卷以外，还应当听取张某、辩护人、刘某及其诉讼代理人的意见。

(2) N 区检察院于 4 月 19 日向 N 区法院提起公诉，是错误的。《刑事诉讼法》第 172 条第 1 款规定："人民检察院对于监察机关、公安机关移送起诉的案件，应当在一个月以内作出决定，重大、复杂的案件，可以延长十五日；犯罪嫌疑人认罪认罚，符合速裁程序适用条件的，应当在十日以内作出决定，对可能判处的有期徒刑超过一年的，可以延长至十五日。"本案符合速裁程序适用条件，审查起诉期限最长 15 日，但 N 区公安局 3 月 20 日移送审查起诉，N 区检察院 4 月 19 日才提起公诉，该审查起诉期限超过了 15 日。

(3) N 区法院适用速裁程序审理，由法官韩某和陪审员杨某、辛某组成合议庭进行审理，是错误的。依据《刑事诉讼法》第 222 条第 1 款的规定，适用速裁程序，由审判员一人独任审判。因此，本案中，N 区法院不得适用合议庭审理。

（4）检察院未派员出庭，是错误的。《高检规则》第441条规定："人民法院适用速裁程序审理的案件，人民检察院应当派员出席法庭。"

（5）在审理时，法庭在听取尤某的意见后，宣布休庭，是错误的。《刑事诉讼法》第224条第1款规定："适用速裁程序审理案件，不受本章第一节规定的送达期限的限制，一般不进行法庭调查、法庭辩论，但在判决宣告前应当听取辩护人的意见和被告人的最后陈述意见。"由此可见，N区法院适用速裁程序审理时，不仅应听取辩护人尤某的意见，还应听取被告人张某的最后陈述意见。

（6）2018年5月6日，法庭对张某进行宣判，该宣判属于定期宣判，是错误的。《刑事诉讼法》第224条第2款规定："适用速裁程序审理案件，应当当庭宣判。"本案适用速裁程序，不得适用定期宣判，而应当庭宣判。此外，因为张某被判处有期徒刑1年零4个月，属于超过1年有期徒刑的案件，依据《刑事诉讼法》第225条的规定，对可能判处的有期徒刑超过1年的案件，适用速裁程序审理的，审理期限最长15日，但本案的审理期限超过15日。

（7）N区法院判处张某有期徒刑1年零4个月，是错误的。《刑事诉讼法》第201条规定："对于认罪认罚案件，人民法院依法作出判决时，一般应当采纳人民检察院指控的罪名和量刑建议，但有下列情形的除外：（一）被告人的行为不构成犯罪或者不应当追究其刑事责任的；（二）被告人违背意愿认罪认罚的；（三）被告人否认指控的犯罪事实的；（四）起诉指控的罪名与审理认定的罪名不一致的；（五）其他可能影响公正审判的情形。人民法院经审理认为量刑建议明显不当，或者被告人、辩护人对量刑建议提出异议的，人民检察院可以调整量刑建议。人民检察院不调整量刑建议或者调整量刑建议后仍然明显不当的，人民法院应当依法作出判决。"本案中，被告人张某认罪认罚，且未出现上述法条中的例外情形，故法院需采纳检察院的量刑建议，即在有期徒刑1年至有期徒刑1年零3个月之间对张某判处刑罚，而不是判处张某有期徒刑1年零4个月。

（8）T市中级法院由审判员李某经过书面审理，是错误的。《刑事诉讼法》第234条第1、2款规定："第二审人民法院对于下列案件，应当组成合议庭，开庭审理：（一）被告人、自诉人及其法定代理人对第一审认定的事实、证据提出异议，可能影响定罪量刑的上诉案件；（二）被告人被判处死刑的上诉案件；（三）人民检察院抗诉的案件；（四）其他应当开庭审理的案件。第二审人民法院决定不开庭审理的，应当讯问被告人，听取其他当事人、辩护人、诉讼代理人的意见。"本案不属于二审应当开庭审理的情形，但是T市中级法院不得书面审理，而应在阅卷之后，讯问被告人，听取其他当事人、辩护人、诉讼代理人的意见。此外，T市中级法院由审判员李某一人审理是错误的，应当组成合议庭审理。

（9）T市中级法院认为，张某提出上诉就是不认罚，遂改判张某有期徒刑1年零6个月，是错误的。《刑事诉讼法》第237条规定："第二审人民法院审理被告人或者他的法定代理人、辩护人、近亲属上诉的案件，不得加重被告人的刑罚。第二审人民法院发回原审人民法院重新审判的案件，除有新的犯罪事实，人民检察院补充起诉的以外，原审人民法院也不得加重被告人的刑罚。人民检察院提出抗诉或者自诉人提出上诉的，不受前款规定的限制。"本案中，只有被告人张某上诉，没有检察院抗诉，故不得加重张某的刑罚，即不能将张某的有期徒刑1年零4个月改为有期徒刑1年零6个月。

（10）T市中级法院改判，这一做法是错误的。因为N区法院第一审程序的审判组织不合法，依据《刑事诉讼法》第238条的规定，T市中级法院应当裁定撤销原判，发回N区法院重新审判。

2. 依据《高检规则》第278条的规定，张某反悔后，若发现张某没有犯罪事实，或者符合《刑事诉讼法》第16条规定的情形之一的，N区检察院应当撤销原不起诉决定，依法重新作出法定不起诉决定；若认为张某犯罪情节轻微，依照刑法不需要判处刑罚或者免除刑罚的，N区检察院可以维持原不起诉决定；若排除认罪认罚因素后，符合起诉条件的，N区检察院应当根据案件具体情况撤销原不起诉决定，对张某依法提起公诉。

案例4

2015年4月25日12时许，张某为泄私愤，携带木制把

手的大铁锤窜至某小区，将席某停放在小区内的白色宾利汽车的四周车窗玻璃依次砸碎。经鉴定，被毁财物价值人民币138856元。案发后，张某的家属代为赔偿了席某车辆修理费48000元，席某对张某的行为表示谅解。2015年7月5日，张某被检察院以寻衅滋事罪提起公诉，法院在征得张某同意后，适用简易程序审理，但检察院对适用简易程序提出了异议。法院决定由审判员沈某独任审理，在审理时，首先询问张某对指控的犯罪事实的意见，张某对自己构成犯罪不持异议，但认为自己不构成寻衅滋事罪。张某的辩护律师未出庭，提交的书面辩护意见是：张某不构成寻衅滋事罪，只构成故意毁坏财物罪，而且，席某已经谅解，建议法院适用“当事人和解的公诉案件诉讼程序”。在法庭调查中，公诉人未对张某发问，因为控辩双方对证据无异议，公诉人仅就证据的名称及所证明的事项作出说明。在法庭辩论阶段，审判员沈某让控辩双方直接围绕罪名确定和量刑问题进行辩论。辩论结束后，审判员沈某告知张某有权做最后陈述，张某表示放弃最后陈述权。之后，法庭宣布闭庭，择期宣判。该案在2015年9月3日公开宣判，张某犯故意毁坏财物罪，判处有期徒刑3年零3个月。张某不服，提出上诉。第二审法院经过审理，裁定驳回上诉，维持原判。

问题

1. 此案能否适用简易程序进行审理？为什么？

2. 此案能否适用“当事人和解的公诉案件诉讼程序”？为什么？

3. 此案中法院能否改变检察院指控的罪名？为什么？

4. 此案存在哪些程序违法之处？为什么？

答案与解析

1. 此案可以适用简易程序。《刑事诉讼法》第214条规定："基层人民法院管辖的案件，符合下列条件的，可以适用简易程序审判：（一）案件事实清楚、证据充分的；（二）被告人承认自己所犯罪行，对指控的犯罪事实没有异议的；（三）被告人对适用简易程序没有异议的。人民检察院在提起公诉的时候，可以建议人民法院适用简易程序。"本案中，法院在征得张某同意后，可以适用简易程序审理。

检察院对适用简易程序提出异议的，不影响法院适用简易程序审理该案。张某对自己构成犯罪不持异议，但认为自己不构成寻衅滋事罪，也就是说，张某认罪但对罪名有异议，也不影响该案适用简易程序。

2. 此案不能适用"当事人和解的公诉案件诉讼程序"。《刑事诉讼法》第288条第1款规定："下列公诉案件，犯罪嫌疑人、被告人真诚悔罪，通过向被害人赔偿损失、赔礼道歉等方式获得被害人谅解，被害人自愿和解的，双方当事人可以和解：（一）因民间纠纷引起，涉嫌刑法分则第四章、第五章规定的犯罪案件，可能判处三年有期徒刑以下刑罚的；（二）除渎职犯罪以外的可能判处七年有期徒刑以下刑罚的过失犯罪案件。"虽然在本案中检察院起诉寻衅滋事罪，法院最后认定的是故意毁坏财物罪，对于前者不得适用刑事和解程序，对于后者则可以适用刑事和解程序。但是，被告人张某被判处有期徒刑3年零3个月，属于3年有期徒刑以上刑罚的案件，不得适用刑事和解程序。

3. 法院可以改变检察院指控的罪名。本案中，检察院指控的事实与法院判决的事实基础是一致的，只是检察院指控的罪名错误，法院可以直接改变检察院指控的罪名，将寻衅滋事罪变更为故意毁坏财物罪。

4. 此案的诉讼程序存在以下违法之处：

（1）由审判员沈某一人独任审判，是错误的。《刑事诉讼法》第216条第1款规定："适用简易程序审理案件，对可能判处三年有期徒刑以下刑罚的，可以组成合议庭进行审判，也可以由审判员一人独任审判；对可能判处的有期徒刑超过三年的，应当组成合议庭进行审判。"本案中，张某最后被判处有期徒刑3年零3个月，因此，法院应当组成合议庭进行审理。

（2）法院的审理期限超过了一个半月，是错误的。《刑事诉讼法》第220条规定："适用简易程序审理案件，人民法院应当在受理后二十日以内审结；对可能判处的有期徒刑超过三年的，可以延长至一个半月。"由此可见，被告人张某被判处3年零3个月有期徒刑，属于有期徒刑超过3年的案件，审理期限最长一个半月。但是，7月5日张某被提起公诉，9月3日才宣判，法院的审理期限超过了法定的审理期限。

（3）第二审法院经过审理，裁定驳回上诉，维持原判，是错误的。《刑事诉讼法》第238条规定："第二审人民法院发现第一审人民法院的审理有下列违反法律规定的诉讼程序的情形之一的，应当裁定撤销原判，发回原审人民法院重新审判：（一）违反本法有关公开审判的规定的；（二）违反回避制度的；（三）剥夺或者限制了当事人的法定诉讼权利，可能影响公正审判的；（四）审判组织的组成不合法的；（五）其他违反法律规定的诉讼程序，可能影响公正审判的。"本案中，第一审程序中存在上述第4项中审判组织不合法的情形，第二审法院应当裁定撤销原判，发回原审法院重新审判。

重点法条提示

《高法解释》第219条	公诉案件庭前审查后的处理
《高法解释》第226—233条	庭前会议
《高法解释》第274、277、288、289、296、297、301条	审判阶段的补充侦查、新事实、撤诉、立功线索、公诉人发表不同意见、合议庭成员不能继续履行审判职责等情况的处理

续表

《刑事诉讼法》第200条，《高法解释》第295、298条	第一审的裁判方式
《刑事诉讼法》第201条、《高法解释》第347—358条	认罪认罚案件的审理程序
《刑事诉讼法》第204条	延期审理
《刑事诉讼法》第206条	中止审理
《刑事诉讼法》第214—221条、《高法解释》第359—368条	简易程序的适用条件、审理程序
《刑事诉讼法》第222—226条、《高法解释》第369—377条	速裁程序的适用条件、审理程序
《高法解释》第336、344条	单位犯罪案件的审理程序

专题十五　第二审程序

一、主观题考情分析

年份	考点	题型
2021 年	二审的处理方式	逐步发问型案例分析
2020 年（新疆延考）	二审的审理和处理方式	逐步发问型案例分析
2017 年	二审裁判的生效	逐步发问型案例分析
2016 年	上诉不加刑、二审的处理方式	逐步发问型案例分析
2009 年	二审的审理程序、附带民事诉讼二审程序	逐步发问型案例分析
2008 年延考	二审发回重审的审判组织	逐步发问型案例分析
2007 年	共同犯罪案件的二审程序	找错型案例分析
2004 年	上诉及其撤回、申请抗诉权	逐步发问型案例分析
2002 年	二审抗诉的提出；二审的审理和处理方式；对查封、扣押、冻结财物的处理	找错型案例分析

第二审程序在历年的考试中多次考查案例分析题，考生应着重注意上诉和抗诉的区别、全面审查原则、上诉不加刑原则的理解与运用、二审的审理程序（尤其是二审的审理方式、共同犯罪案件的二审）、附带民事诉讼的二审、二审的处理方式、第二审裁判的生效等问题。考生还应注意第二审程序与第一审程序、审判监督程序在启动方式、审理程序、处理方式等方面的区别。2021 年修改的《高法解释》中关于上诉不加刑原则等修改之处，考生也应高度重视。

二、必背精华

1. 上诉与二审抗诉

（1）上诉：

①主体：

A. 独立的上诉主体：被告人、自诉人及法代、附民当事人及法代；

B. 经被告人同意的主体：被告人的辩护人和近亲属。

②上诉无须理由。

③口头或书面方式。

④通过原审法院或二审法院上诉。

（2）二审抗诉：

①主体：提起公诉的检察机关

［注意申请抗诉的主体：被害人及其法代（只能针对判决）］。

②理由是确有错误。

③书面方式。

④通过原审法院提交抗诉书。

（3）上诉、抗诉的期限：

①判决：10 日。裁定：5 日。

②附民一律按刑事诉讼法计算。

（4）上诉和抗诉的撤回：

①上诉、抗诉期内撤回，法院应准许，一审裁判在上诉、抗诉期满之日起生效。

②期满后撤回，法院审查一审裁判的正确性，正确的才准许撤回。裁定准许的，一审裁判从准许撤诉裁定书送达之日起生效。

2. 二审应全面审查

★3. 上诉不加刑

（1）只有被告一方上诉的，上诉不加刑才能适用。上诉不加刑原则本身没有例外。

（2）检抗或者自诉人上诉的，就可以加刑。

（3）只有被告一方上诉，二审发回原审重审的，除有新的犯罪事实，检察院补充起诉的以外，原审也不得加重刑罚。对该案件，原审法院对上诉发回重审的案件作出判决后，检察院抗诉的，二审法院不得改判为重于原审法院第一次判处的刑罚。

（4）加刑包括：刑种变化、刑期增加、缓刑改实刑或延长考验期、增加限制减刑、决定终身监禁；增加禁止令、职业禁止及其内容、延长其期限。

（5）只有被告一方上诉，原判罪数不当的，可改变罪数，并调整刑罚，但不得加重决定执行的刑罚或对刑罚执行产生不利影响。

（6）只有被告一方上诉，原判罪名不当的，可改变罪名，但不得加重刑罚或对刑罚执行产生不利影响。

（7）只有被告一方上诉的，原判判处的刑罚不当、应当适用附加刑而没有适用的，二审不得直接加重刑罚、适用附加刑。原判畸轻，必须改判的，应当在二审裁判生效后，依照再审程序重新审判。

（8）共同犯罪中，要具体到每个被告头上，看有没有对其检抗或自诉人上诉，有则可加刑，无则不能加刑。

★4. 二审的审理方式

（1）应当开庭的（口诀）：抗诉、死刑（含死立执和死缓）、影响罪刑的事实上诉。

（2）二审要发回重审的，二审可不开庭。二审不开庭的，必须讯问被告人、听取其他当事人、辩护人、诉代的意见。

★5. 二审的审理程序

（1）开庭的，同级检应派员出庭。

（2）二审法院应在决定开庭审理后通知检阅卷。检在1个月内阅完（不计入二审期限）。

（3）共同犯罪案件的二审：

①二审法院可不再传唤未上诉的被告人到庭。

②未上诉也未被抗诉的被告人，可参加法庭调查或辩论，可委托辩护人。

（4）检察院办理死刑上诉、抗诉案件：应讯问原审被告人和听取辩护人意见。

（5）自诉案件的二审：

①二审中反诉的，告知另行起诉。

②二审和解，裁定准许撤回自诉的，应撤销一审裁判。

③二审调解的，应制作调解书，一审裁判视为自动撤销。

（6）附带民诉的二审（处理民事必须以刑事为基础）：

①刑民都上诉，按二审程序一并改判。

②只针对刑事上诉、抗诉，民错的就对民事按审监程序，刑事按二审。

③只针对民事上诉，刑错的就对刑事按审监程序进行再审，并将民刑一并审理。附民审结前，可以暂缓送监执行。

★6. 二审的处理方式

（1）一审无问题，裁定维持原判。

（2）适用法律有错误，或者量刑不当，应当改判。

（3）事实不清、证据不足，可改判可发回重审（以事实不清、证据不足为由发回，只限一次）。

（4）程序违法（公开、回避、组织、剥权），应当发回（以程序违法为由发回，无次数限制）。

7. 对查封、扣押、冻结在案财物的处理

（1）对被害人的合法财产，应当及时返还。

（2）无关的，应返还（对被告人的合法财产，在赔偿被害人损失、执行财产刑后返还）。

（3）不宜移送的在案财物，以代替品移送。

（4）上缴国库要依据法院的裁判。

（5）不损害国家、被害人利益，不影响诉讼正常进行的，以及有效期即将届满的，可在判决生效前出售或变现（即先行处置）。

（6）二审判决生效后，发现原判未对涉案财物及其孳息作出处理的，由原审法院作出处理。

三、真题演练

案例 1

（2021 年法律职业资格考试主观题第 3 题）[1]

C 区柯城公司取得某地块的建设用地使用权，拟将该地块内居民搬迁，但是有两户“钉子户”拒不搬迁。柯城公司股东贾某和赵某指使手下宋某和李某采取断水、噪音污染等手段，扰乱居民正常生活，居民苦不堪言。当地公安机关以寻衅滋事罪对四人立案侦查后移送检察院审查起诉。该案引起社会广泛关注，影响重大。

〔1〕 本题系考生记忆版本，仅供参考。

宋某在侦查阶段认罪认罚，且举报他人，有重大立功表现，公安机关拟撤销案件。

贾某、赵某在审查起诉阶段认罪认罚，赵某没有委托辩护律师，侦查机关为其指派值班律师马某。

在该案审理过程中，有人举报贾某和赵某以柯城公司名义向C区副区长行贿，监察机关对该行为展开了调查。(共30分)

问题

1. 如何认定认罪认罚中的“重大立功”？如果公安机关撤销案件，需要履行什么法定程序？

2. 本案中，马某作为值班律师，属于何种诉讼地位？如果一审中赵某还未委托辩护人，马某能否出庭为赵某辩护？为什么？

3. 本案一审的合议庭应当怎么组成？各自的职责分工是什么？

4. 在柯城公司单位行贿案审理中，贾某和赵某被指控为直接责任人，柯城公司的诉讼代表人如何确定？

5. 如果该寻衅滋事案的被告人上诉，在二审过程中，法院发现柯城公司的单位行贿案已被监察机关移送检察院审查起诉，二审法院如何处理？

6. 如果二审法院经审理发现，贾某、赵某的犯罪事实清楚、证据确实充分，但李某的犯罪事实不清、证据不足，二审法院如何处理？

答案与解析

1. 依据《最高人民法院关于处理自首和立功具体应用法律若干问题的解释》第7条的规定，“重大立功”是指犯罪分子有检举、揭发他人重大犯罪行为；提供侦破其他重大案件的重要线索；阻止他人重大犯罪活动；协助司法机关抓捕其他重大犯罪嫌疑人（包括同案犯）；对国家和社会有其他重大贡献等表现。此处的“重大犯罪”“重大案件”“重大犯罪嫌疑人”的标准，一般是指犯罪嫌疑人、被告人可能被判处无期徒刑以上刑罚或者案件在本省、自治区、直辖市或者全国范围内有较大影响等情形。

依据《公安部规定》第188条第1款的规定，公安机关对宋某撤销案件，应当层报公安部，由公安部商请最高人民检察院核准后撤销案件。报请撤销案件的公安机关应当同时将相关情况通报同级人民检察院。

2. 值班律师的诉讼地位是犯罪嫌疑人、被告人的法律帮助者，不是辩护人。在审判时，赵某仍未委托辩护人，马某不得以值班律师的身份出庭为赵某辩护。若赵某委托侦查阶段的值班律师马某担任其辩护人，马某即可以为其出庭辩护。因为马某之前曾为赵某提供法律帮助，对案情熟悉，为赵某辩护提供了一定的基础，有利于更好地维护赵某的合法权益。

3. 根据《高法解释》第213条的规定，本案涉及征地拆迁，且社会影响重大，由审判员和人民陪审员组成七人合议庭进行审理。根据《高法解释》第215条的规定，人民陪审员对事实问题可以发表意见，进行表决，但是对于法律问题可以发表意见，不得参加表决。法官对事实问题和法律问题均可进行表决。

4. 依据《高法解释》第 336 条的规定，本案中，被告单位柯城公司被指控单位行贿罪，贾某和赵某被指控为直接责任人，应当由柯城公司委托其他负责人或者职工作为诉讼代表人。但是，有关人员被指控为单位犯罪直接责任人员或者知道案件情况、负有作证义务的除外。依据前述难以确定诉讼代表人的，可以由柯城公司委托律师等单位以外的人员作为诉讼代表人。

5. 根据《高法解释》第 24、25 条的规定，第二审法院发现该单位涉嫌单位行贿罪被审查起诉，可以协商检察院并案处理，但可能造成审判过分迟延的除外。若第二审法院决定并案审理，应当发回第一审法院，由第一审法院作出处理。

6.《高法解释》第 404 条第 1 款规定："第二审人民法院认为第一审判决事实不清、证据不足的，可以在查清事实后改判，也可以裁定撤销原判，发回原审人民法院重新审判。"本案中，贾某、赵某的事实清楚、证据确实充分，但李某的犯罪事实不清、证据不足，第二审法院可以查清事实后改判，也可全案裁定撤销原判，发回重审。

注意：《高法解释》第 404 条第 2 款规定："有多名被告人的案件，部分被告人的犯罪事实不清、证据不足或者有新的犯罪事实需要追诉，且有关犯罪与其他同案被告人没有关联的，第二审人民法院根据案件情况，可以对该部分被告人分案处理，将该部分被告人发回原审人民法院重新审判。原审人民法院重新作出判决后，被告人上诉或者人民检察院抗诉，其他被告人的案件尚未作出第二审判决、裁定的，第二审人民法院可以并案审理。"本案中，因为李某与贾某、赵某共同涉嫌寻衅滋事罪，所以，他们的犯罪之间存在关联，故二审法院不能适用《高法解释》第 404 条第 2 款的规定，对李某分案处理，将李某发回原审法院重新审判。

案例 2

（2020 年法律职业资格考试新疆延考主观题第 3 题）[1]

林某是汇成公司的法定代表人，公司主要从事电脑硬件销售。某海关缉私局以林某涉嫌走私普通货物罪立案侦查。

---

〔1〕 本题系考生记忆版本，仅供参考。

在侦查阶段，林某承认走私电脑硬盘，愿意接受处罚。侦查终结后移送A区检察院。A区检察院在审查起诉中，林某自愿认罪认罚，接受A区检察院的量刑建议，签署认罪认罚具结书，同意适用简易程序或者速裁程序。但是，林某认为，汇成公司构成走私普通货物罪，自己作为主要负责人愿意承担刑事责任。A区检察院向A区法院提起公诉。A区法院进行公开审理，认定林某走私电脑硬盘20万件，偷逃税额100万元，适用认罪认罚从宽制度，对林某判处7年有期徒刑，并处罚金100万元。林某提出上诉，对罪名和量刑没有异议，认为第一审判决法律适用错误，应当判处汇成公司走私普通货物罪，其应承担刑事责任，检察院未抗诉。

问题

1. A区法院可否适用简易程序或者速裁程序？为什么？

2. 本案适用认罪认罚从宽制度，是否正确？为什么？

3. 第二审法院应如何审理？

4. 林某以法律适用错误为由提出上诉，第二审法院能否直接改判？为什么？

5. 如果要将汇成公司列为被告人，追究汇成公司和林某的刑事责任，第二审法院如何处理，才符合我国刑事诉讼中的控审关系和第一审与第二审的关系？

答案与解析

1. A 区法院可以适用简易程序，但不能适用速裁程序。《刑事诉讼法》第 214 条第 1 款规定："基层人民法院管辖的案件，符合下列条件的，可以适用简易程序审判：（一）案件事实清楚、证据充分的；（二）被告人承认自己所犯罪行，对指控的犯罪事实没有异议的；（三）被告人对适用简易程序没有异议的。"《高法解释》第 360 条规定："具有下列情形之一的，不适用简易程序：（一）被告人是盲、聋、哑人的；（二）被告人是尚未完全丧失辨认或者控制自己行为能力的精神病人的；（三）案件有重大社会影响的；（四）共同犯罪案件中部分被告人不认罪或者对适用简易程序有异议的；（五）辩护人作无罪辩护的；（六）被告人认罪但经审查认为可能不构成犯罪的；（七）不宜适用简易程序审理的其他情形。"本案中，林某认罪，同意适用简易程序，虽然其认为汇成公司构成走私普通货物罪，应被追究刑事责任，但不影响其认罪的认定，而且，该案不具有不能适用简易程序的情形，故该案可以适用简易程序。

《刑事诉讼法》第 222 条第 1 款规定，基层人民法院管辖的可能判处 3 年有期徒刑以下刑罚的案件，案件事实清楚，证据确实、充分，被告人认罪认罚并同意适用速裁程序的，可以适用速裁程序。由此可见，速裁程序只能适用于可能判处 3 年有期徒刑以下刑罚的案件，本案中，林某被判处 7 年有期徒刑，不符合速裁程序适用的刑罚要件。

2. 本案适用认罪认罚从宽制度，是正确的。《刑事诉讼法》第 15 条规定的"认罪"，是指犯罪嫌疑人、被告人自愿如实供述自己的罪行，对指控的犯罪事实没有异议。"认罚"，是指犯罪嫌疑人、被告人真诚悔罪，愿意接受处罚。"认罚"，在侦查阶段表现为表示愿意接受处罚；在审查起诉阶段表现为接受人民检察院拟作出的起诉或不起诉决定，认可人民检察院的量刑建议，签署认罪认罚具结书；在审判阶段表现为当庭确认自愿签署具结书，愿意接受刑罚处罚。本案中，林某虽然认为汇成公司构成走私普通货物罪，应被追究刑事责任，但是其自己承认走私电脑硬盘，作为主要负责人愿意承担刑事责任，接受A区检察院的量刑建议，签署认罪认罚具结书，应当认定林某认罪认罚，可适用认罪认罚从宽制度。

3. 第二审法院应当组成合议庭审理。本案不属于应当开庭审理的案件，故可以不开庭审理，但应当讯问被告人林某，听取其他当事人、辩护人、诉讼代理人的意见。因为，《刑事诉讼法》第234条第1、2款规定："第二审人民法院对于下列案件，应当组成合议庭，开庭审理：（一）被告人、自诉人及其法定代理人对第一审认定的事实、证据提出异议，可能影响定罪量刑的上诉案件；（二）被告人被判处死刑的上诉案件；（三）人民检察院抗诉的案件；（四）其他应当开庭审理的案件。第二审人民法院决定不开庭审理的，应当讯问被告人，听取其他当事人、辩护人、诉讼代理人的意见。"

4. 依据《刑事诉讼法》第233条、第236条、第239条的规定，虽然林某以法律适用错误为由上诉，但第二审法院应全面审查。若认为原判决适用法律有错误或量刑不当，应当改判，但不得加重林某的刑罚；若原判决无错误，应当裁定驳回上诉，维持原判；若原判决事实不清楚或者证据不足，可以在查清事实后改判；也可以裁定撤销原判，发回A区法院重新审判；若发现A区法院有违反公开审判的规定、违反回避制度、"剥夺或者限制了当事人的法定诉讼权利，可能影响公正审判"、审判组织的组成不合法等违反法律规定的诉讼程序的情形之一的，应当裁定撤销原判，发回A区法院重新审判。

5. 第二审法院应当发回A区法院重新审判，A区法院在重审时，A区检察院补充对汇成公司起诉，A区法院才可追究汇成公司的走私普通货物罪的刑事责任。因为，依据控审分离、不告不理的原理，法院审判的范围应受到检察院起诉范围的限制，只有检察院对汇成公司起诉后，法院才可追究汇成公司的刑事责任。此外，我国实行两审终审制，若第二审法院直接追究汇成公司的刑事责任，其作出的裁判为终审裁判，会使得汇成公司涉嫌的走私普通货物罪未接受一审，让当事人丧失审级利益。

四、模拟演练

案例 1

T 市 L 区检察院起诉白某、黄某共同盗窃瑞凯公司的财物，L 区法院经过一审，判处白某犯盗窃罪，有期徒刑 8 年；判处黄某犯盗窃罪，有期徒刑 9 年。白某、黄某均不服，提出上诉。T 市中级法院经过不开庭审理，认为原判决事实不清、证据不足，裁定撤销原判，发回 L 区法院重新审判。在 L 区法院由原合议庭重审过程中，L 区检察院发现白某还涉嫌抢劫罪，于是对白某补充起诉，L 区法院经过重新审理，确认了白某抢劫的犯罪事实，同时还发现原审认定黄某自首的事实不能成立，于是改判白某盗窃罪有期徒刑 8 年，抢劫罪有期徒刑 9 年，合并执行 12 年有期徒刑；黄某盗窃罪 10 年有期徒刑。白某和黄某又不服提出上诉，T 市中级法院在第二审审理过程中，白某申请撤回上诉，T 市中级法院认为，白某检举揭发他人犯罪成立，属于有新的事实，故不予准许撤诉。T 市中级法院经过不开庭审理，裁定撤销原判，发回 L 区法院重新审判。L 区法院经过重审，改判白某有期徒刑 10 年，黄某有期徒刑 9 年，并宣布改判后的判决为终审判决，白某、黄某不得上诉。

问题

1. T 市中级法院两次不开庭审理，是否正确？为什么？

2. L区法院经过重审，改判白某12年有期徒刑，黄某10年有期徒刑，这一处理是否正确？

3. 白某申请撤回上诉，T市中级法院认为，白某检举揭发他人犯罪成立，属于有新的事实，不予准许撤诉，这一处理是否正确？

4. L区法院重审后宣布改判后的判决为终审判决，白某、黄某不得上诉，是否正确？为什么？

5. 若T市中级法院第一次发回重审后，L区法院对黄某维持原判的9年有期徒刑，黄某未上诉，L区检察院抗诉提起二审，T市中级法院在第二次二审时能否改判黄某10年有期徒刑？为什么？

6. 若白某未撤回上诉，T市中级法院在第二次二审时，认为白某盗窃的犯罪事实应当认定为抢劫罪，T市中级法院是否可以改判白某抢劫罪，12年有期徒刑？为什么？

7. 瑞凯公司是否可以确定诉讼代表人并委托诉讼代理人参与本案的法庭审理程序？为什么？

答案与解析

1. T市中级法院两次不开庭审理，是正确的。《高法解释》第394条规定："对上诉、抗诉案件，第二审人民法院经审查，认为原判事实不清、证据不足，或者具有刑事诉讼法第二百三十八条规定的违反法定诉讼程序情形，需要发回重新审判的，可以不开庭审理。"本案中，T市中级法院两次均撤销原判，发回L区法院重新审判，可以不开庭审理。

2. L区法院经过重审，改判白某12年有期徒刑，是正确的；改判黄某10年有期徒刑，是错误的。《刑事诉讼法》第237条第1款规定："第二审人民法院审理被告人或者他的法定代理人、辩护人、近亲属上诉的案件，不得加重被告人的刑罚。第二审人民法院发回原审人民法院重新审判的案件，除有新的犯罪事实，人民检察院补充起诉的以外，原审人民法院也不得加重被告人的刑罚。"本案中，在L区法院由原合议庭重审过程中，L区检察院发现白某还涉嫌抢劫罪，于是对白某补充起诉，L区法院经过重新审理，确认了白某抢劫罪的事实，将白某的8年有期徒刑改为12年有期徒刑，即加重白某的刑罚，是正确的。但是，对黄某没有发现新的犯罪事实，不能把黄某的刑罚从9年有期徒刑加重为10年有期徒刑。

3. T市中级法院不予准许撤诉，是正确的。《高法解释》第383条第2款规定："上诉人在上诉期满后要求撤回上诉的，第二审人民法院经审查，认为原判认定事实和适用法律正确，量刑适当的，应当裁定准许；认为原判确有错误的，应当不予准许，继续按照上诉案件审理。"本案中，白某申请撤回上诉，T市中级法院认为，白某检举揭发他人犯罪成立，属于有新的事实，可能有立功表现，影响其量刑，T市中级法院应当不予准许，继续按照上诉案件审理。

4. L区法院重审后宣布改判后的判决为终审判决，白某、黄某不得上诉，是不正确的。因为，《刑事诉讼法》第239条规定：“原审人民法院对于发回重新审判的案件，应当另行组成合议庭，依照第一审程序进行审判。对于重新审判后的判决，依照本法第二百二十七条、第二百二十八条、第二百二十九条的规定可以上诉、抗诉。”本案中，L区法院按照第一审程序重新审理，所作的判决仍为一审判决，可以上诉、抗诉。

5. T市中级法院在第二次二审时不得改判黄某10年有期徒刑。因为，《高法解释》第403条规定：“被告人或者其法定代理人、辩护人、近亲属提出上诉，人民检察院未提出抗诉的案件，第二审人民法院发回重新审判后，除有新的犯罪事实且人民检察院补充起诉的以外，原审人民法院不得加重被告人的刑罚。对前款规定的案件，原审人民法院对上诉发回重新审判的案件依法作出判决后，人民检察院抗诉的，第二审人民法院不得改判为重于原审人民法院第一次判处的刑罚。”本案中，L区法院在重审时，检察院未对黄某补充起诉新的犯罪事实，L区法院对黄某维持原判的9年有期徒刑后，L区检察院抗诉提起二审，T市中级法院不得将黄某的9年有期徒刑改为10年有期徒刑。

6. T市中级法院在第二次二审时不得改判白某抢劫罪，12年有期徒刑。《高法解释》第401条第1款规定：“审理被告人或者其法定代理人、辩护人、近亲属提出上诉的案件，不得对被告人的刑罚作出实质不利的改判，并应当执行下列规定：……（三）原判认定的罪数不当的，可以改变罪数，并调整刑罚，但不得加重决定执行的刑罚或者对刑罚执行产生不利影响……”本案中，L区法院认定白某盗窃罪有期徒刑8年，抢劫罪有期徒刑9年，合并执行12年有期徒刑，此种情形下，白某还可以假释。但是，依据《刑法》第81条第2款的规定：“对累犯以及因故意杀人、强奸、抢劫、绑架、放火、爆炸、投放危险物质或者有组织的暴力性犯罪被判处十年以上有期徒刑、无期徒刑的犯罪分子，不得假释。”若T市中级法院第二次二审中，改判白某抢劫罪，有期徒刑12年，会导致对白某不得假释，对白某的刑罚执行产生不利影响。故T市中级法院不得改判白某抢劫罪，有期徒刑12年。

7. 法律和司法解释虽然没有明确规定被害单位和被告单位一样需要确定诉讼代表人，但基于诉讼的需要和原理，被害单位瑞凯公司可以确定诉讼代表人并同样可以与自然人被害人一样委托诉讼代理人参与诉讼，享有聘请诉讼代理人、请求抗诉等程序参与权利，以维护自身的合法权利。

案例 2

Z 市 R 县检察院以被告人孙某犯抢劫罪、盗窃罪，被告人吴某、王某、郑某等犯抢劫罪，向 R 县法院提起公诉。R 县法院经过审理，根据各被告人犯罪的事实、性质、情节和对社会的危害程度，认定被告人孙某犯抢劫罪，判处有期徒刑 12 年；犯盗窃罪，判处有期徒刑 1 年；决定执行有期徒刑 12 年 6 个月。被告人吴某犯抢劫罪，判处有期徒刑 6 年。被告人王某犯抢劫罪，判处有期徒刑 6 年。被告人郑某犯抢劫罪，判处有期徒刑 6 年。

第一审宣判后，R 县检察院认为一审判决对孙某量刑畸重，因为孙某有自首的情节，应对其从轻处罚；认为吴某系累犯，一审判决对其量刑畸轻，R 县检察院直接向 Z 市中级法院提交抗诉书，提起抗诉。孙某、吴某、王某均提出上诉，郑某未上诉。Z 市中级法院鉴于该案事实清楚、证据充分，在二审开庭审理前未通知 Z 市检察院阅卷，也未传唤郑某到庭，Z 市检察院未派员出庭，向 Z 市中级法院提交了书面的抗诉意见，该意见称：Z 市检察院支持 R 县检察院提出的关于孙某量刑畸重、吴某量刑畸轻的抗诉意见，同时提出王某参与四次抢劫，虽有二次抢劫因系犯罪预备不计入抢劫次数，也应作为犯罪情节酌情予以考虑，第一审仅判处王某有期徒刑 6 年，量刑畸轻。

问题

1. 在抗诉期限届满后，Z 市检察院在支持抗诉时增加王某作为抗诉对象，Z 市中级法院应如何处理？

2. R县检察院能否直接向Z市中级法院提交抗诉书？为什么？

3. 若R县法院2015年7月24日分别向被告人孙某、吴某、王某、郑某和R县检察院送达了判决书。孙某、吴某、王某均提出上诉。同年8月1日，检察院电话通知法院对孙某、吴某提出抗诉。同年8月7日，R县检察院对孙某、吴某签发抗诉书。次日，法院收到落款日期为2015年8月2日的抗诉书。R县检察院提出的书面抗诉是否有效？

4. Z市中级法院鉴于该案事实清楚、证据充分，在二审开庭审理前未通知Z市检察院阅卷，也未传唤郑某到庭，Z市检察院未派员出庭，向Z市中级法院提交了书面的抗诉意见。上述程序是否违法？为什么？

5. Z市中级法院认为孙某量刑畸轻，可否加重孙某的刑罚？为什么？

答案与解析

1. 《刑事诉讼法》第232条规定："地方各级人民检察院对同级人民法院第一审判决、裁定的抗诉，应当通过原审人民法院提出抗诉书，并且将抗诉书抄送上一级人民检察院……上级人民检察院如果认为抗诉不当，可以向同级人民法院撤回抗诉，并且通知下级人民检察院。”《高检规则》第589条规定：“上一级人民检察院对下级人民检察院按照第二审程序提出抗诉的案件，认为抗诉正确的，应当支持抗诉。上一级人民检察院认为抗诉不当的，应当听取下级人民检察院的意见。听取意见后，仍然认为抗诉不当的，应当向同级人民法院撤回抗诉，并且通知下级人民检察院。上一级人民检察院在上诉、抗诉期限内，发现下级人民检察院应当提出抗诉而没有提出抗诉的案件，可以指令下级人民检察院依法提出抗诉。上一级人民检察院支持或者部分支持抗诉意见的，可以变更、补充抗诉理由，及时制作支持抗诉意见书，并通知提出抗诉的人民检察院。”由此可见，在抗诉及相关程序中，是否启动抗诉和抗诉的具体内容由原审人民法院的同级人民检察院决定，上一级人民检察院是以支持、撤回或者指令抗诉的方式对下级人民检察院抗诉工作进行监督、指导，并不直接纠正不正确的抗诉，或者对下级人民检察院应当提出抗诉而没有提出抗诉的案件直接提起抗诉。抗诉期限届满后，上一级人民检察院在支持抗诉时增加抗诉对象，对被告人的权利造成实质损害。被告人“上诉不加刑”的权利得不到保障。追加抗诉会使部分被告人的辩护权遭受控诉突袭。控辩双方之间的平等无法实现。抗诉期限届满后，上一级人民检察院在支持抗诉时增加抗诉对象，违反了抗诉期限的法律规定。所以，Z市中级法院对Z市检察院增加的对王某的抗诉意见，应当不予支持。

2. R县检察院不能直接向Z市中级法院提交抗诉书。《高法解释》第384条规定：“地方各级人民检察院对同级人民法院第一审判决、裁定的抗诉，应当通过第一审人民法院提交抗诉书。第一审人民法院应当在抗诉期满后三日以内将抗诉书连同案卷、证据移送上一级人民法院，并将抗诉书副本送交当事人。”由此可见，R县检察院必须向R县法院提交抗诉书，提起二审程序。

3. R县检察院提出的书面抗诉是无效的。按照《刑事诉讼法》第232条第1款的规定：“地方各级人民检察院对同级人民法院第一审判决、裁定的抗诉，应当通过原审人民法院提出抗诉书，并且将抗诉书抄送上一级人民检察院。”由此可见，抗诉应当以书面的方式提出，R县检察院只是在法定期限内口头抗诉，R县检察院的书面抗诉已经过了法定期限。

4.（1）Z市中级法院在第二审开庭审理前未通知Z市检察院阅卷，是错误的。依据《刑事诉讼法》第235条的规定：“第二审人民法院应当在决定开庭审理后及时通知人民检察院查阅案卷。”

（2）Z市检察院未派员出庭，向Z市中级法院提交了书面的抗诉意见，是错误的。依据《刑事诉讼法》第235条的规定：“人民检察院提出抗诉的案件或者第二审人民法院开庭审理的公诉案件，同级人民检察院都应当派员出席法庭。”需要注意的是，Z市中级法院未传唤郑某到庭，不违法。因为，《高法解释》第399条第1款规定：“开庭审理上诉、抗诉案件，可以重点围绕对第一审判决、裁定有争议的问题或者有疑问的部分进行。根据案件情况，可以按照下列方式审理：……（三）对同案审理案件中未上诉的被告人，未被申请出庭或者人民法院认为没有必要到庭的，可以不再传唤到庭……”本案中，孙某、吴某、王某均提出上诉，郑某未上诉。Z市中级法院可以不再传唤郑某到庭。

5. 表面看来，依据《刑事诉讼法》第237条第2款的规定，人民检察院提出抗诉的二审案件中，二审法院可以加重被告人的刑罚。本案中，因为R县检察院抗诉提起二审，Z市中级法院认为一审对孙某的量刑畸轻，可以加重孙某的刑罚。

但是，全国人大法工委编写的《〈中华人民共和国刑事诉讼法〉释解与适用》对上诉不加刑条文的释义指出：“人民检察院认为第一审判决确有错误，处刑过重而提出抗诉的，第二审人民法院经过审理也不应当加重被告人的刑罚。”[1]从某种程度上来讲，在R县检察院提出有利于被告人孙某的抗诉的情形下，Z市中级法院加重孙某的刑罚，违反了控审分离原则。此外，从保障当事人权利的角度出发，Z市中级法院加

〔1〕 王爱立、雷建斌主编：《〈中华人民共和国刑事诉讼法〉释解与适用》，人民法院出版社2018年版，第450页。

重孙某的刑罚，不利于保障当事人的救济权，也不利于社会矛盾的化解以及体现判决的社会效果。

重点法条提示

法条	内容
《刑事诉讼法》第234条、《高法解释》第393条	二审的审理方式（开庭和不开庭）
《刑事诉讼法》第236、238条；《高法解释》第404条	二审的处理方式
《刑事诉讼法》第237条；《高法解释》第401、403条	上诉不加刑原则
《高法解释》第407—410条	附带民事诉讼的二审程序

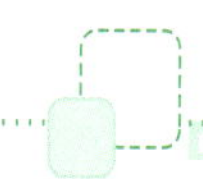

专题十六　死刑复核程序

一、主观题考情分析

年份	考点	题型
2009 年	死刑立即执行案件复核程序和死缓复核程序	逐步发问型案例分析

对于本专题，考生应主要把握死刑立即执行案件的报请程序、复核程序、复核后的处理等知识点。对于死刑缓期二年执行案件复核后的处理方式，应注意与死刑立即执行案件复核后的处理方式的异同点。考生还应将本专题与其他专题（如管辖、辩护、侦查、第二审程序等）中对死刑案件的特殊规定结合掌握。2021 年修改的《高法解释》中关于死刑立即执行复核后的处理方式等修改之处，考生也应高度重视。

二、必背精华

1. 死刑立即执行案件的复核程序

（1）核准法院：最高法院（最高法院自己判决的除外）。

（2）报请程序：自动上报、逐级上报、一案一报。高院对中院报请复核的死刑案件（应提审被告人），认为有瑕疵但应判死刑的，可以在纠正后作出核准的判决、裁定；不同意判死刑的，应发回重审或提审改判。

（3）复核程序：3 名审判员组成复核庭；应讯问被告人；律师提要求的，应当听意见；最高检可以向最高法提意见；最高法应当将复核结果通报最高检；全面审查原则（包括影响定罪、判死刑的情节和事实；程序是否合法）。

★（4）复核后的处理（规律：不审事实问题）

①裁定核准：没有问题，直接裁定核准；认定事实或引用法律有瑕疵，但不影响死刑的，纠正后核准。

②应当发回的：事实不清、证据不足（包括全部和部分）；新的影响罪刑的事实证据；程序违法。

③应当发回，但也可改判：量刑过重。

★（5）发回重审的方式

①发回的法院级别：

A. 一审或者二审或复核的高院。若发回复核的高院，可依照二审提审改判或发回重审。

B. 对发回二审法院的案件，二审法院一般不得发回一审法院。

C. 发回重审的，一审法院判处死刑、死刑缓期执行的，上一级法院依照二审程序或复核程序审理后，应作出裁判，不得再发回重新审判，但程序违法的除外。

②是否开庭：发回一审的，一律开庭；发回二审的，需查清事实、核实证据、纠正程序违法，则必须开庭。

③应当另行组成合议庭的情形：以事实不清、证据不足和程序违法为由发回的（但以新的影响罪刑的事实证据、量刑过重发回的例外）。

2. 死缓案件的复核程序

（1）核准法院：高院和解放军军事法院。

（2）复核程序：3 名审判员组成复核庭，应当讯问被告人，全面审查。

（3）处理：

①认定事实或引用法律有瑕疵，但不影响死缓的，纠正后核准。

②事实、证据有问题的，可以改、可以发回。

③事实正确，但适用法律错误或量刑过重，应当改判。

④程序违法：应当发回。

⑤死缓复核不加刑。

三、模拟演练

案例

张某、李某和王某共同实施抢劫、绑架、杀人一案，经 A 省 B 市中级法院一审，判处张某故意杀人罪死刑，绑架罪死刑，抢劫罪无期徒刑，合并执行死刑立即执行；李某故意杀人罪死刑，绑架罪无期徒刑，抢劫罪15年有期徒刑，合并执行死刑立即执行；王某故意杀人罪死刑缓期2年执行，绑架罪15年有期徒刑，抢劫罪10年有期徒刑，合并执行死刑缓期2年执行。张某、李某和王某均未提出上诉，检察院未抗诉。B市中级法院对此案逐级报请最高人民法院核准。最高人民法院由5名审判员组成合议庭复核此案时，通过阅卷发现此案的事实存在重大疑点，在通过远程视频方式讯问被告人时进行了核实，通过实地走访案发现场、与公安机关及有关司法鉴定机构进行座谈等方式调查、核实证据，并要求第一审法院会同有关部门进行了补查工作。辩护律师要求向最高人民法院当面反映意见，最高人民法院让辩护律师提交书面辩护意见。最高人民检察院对此案也提出了监督意见，最高人民法院复核终结后，将最高人民法院裁判文书送达最高人民检察院，并委托相关法院送达给被告人及其辩护律师。

问题

1. 最高人民法院复核该案时，若张某、李某未委托辩护人，最高人民法院是否应当通知法律援助机构为张某、李某指派律师辩护？为什么？

2. B市中级法院报请A省高级法院复核，A省高级法院复核后认为，李某的死刑可以改判为死缓并限制减刑，A省高级法院如何处理？

3. B市中级法院对此案逐级报请最高人民法院核准，最高人民法院在复核后认为，张某的死刑判决事实不清，李某的死刑判决事实正确，但依法可不立即执行，最高人民法院如何处理？

4. B市中级法院对此案逐级报请最高人民法院核准，最高人民法院在复核后认为，李某的死刑可以改判为无期徒刑，最高人民法院如何处理？

5. B市中级法院对此案逐级报请最高人民法院核准，最高人民法院在复核期间，张某揭发邻居周某曾贩卖毒品，影响其死刑判决的，最高人民法院如何处理？

6. B市中级法院对此案逐级报请最高人民法院核准，最高人民法院在复核后认为，张某和李某的死刑判决正确，王某的死缓判决认定事实正确，但可以改判为无期徒刑，最高人民法院如何处理？

7. B市中级法院对此案逐级报请最高人民法院核准，最高人民法院认为张某、李某的死刑判决均事实不清、证据不足，遂裁定不予核准，发回B市中级法院重新审判。B市中级法院由原合议庭重新审理后，维持张某的死刑立即执行，改判李某死刑缓期2年执行后，张某、李某均不服，提出上诉，A省高级法院能否再发回B市中级法院重新审判？为什么？

8. B市中级法院一审判决后，若张某提出上诉，A省高级法院维持原判，之后逐级报请最高人民法院核准，最高人民法院在复核后，若认为张某和李某的量刑均过重，发回A省高级法院重审，A省高级法院能否再发回B市中级法院重审？A省高级法院在重审时是否应当重新组成合议庭开庭审理？为什么？

9. 最高人民法院复核此案时存在哪些不合法之处？为什么？

10. A省高级法院复核后认为，王某的死缓可以改判为无期徒刑，A省高级法院如何处理？

11. B市中级法院对王某的死缓报请A省高级法院复核，A省高级法院指派审判员秦某复核此案，秦某通过书面审查的方式，查阅了相关案卷材料和证据，发现王某还实施绑架犯罪未被追诉，遂决定提审该案。A省高级法院最后以提审的方式改判王某死刑立即执行。该复核过程中存在哪些程序违法？

答案与解析

1. 最高人民法院不是应当通知法律援助机构为张某、李某指派律师辩护。因为，依据《法律援助法》第26条、《关于为死刑复核案件被告人依法提供法律援助的规定（试行）》第1、4条的规定，最高人民法院复核死刑案件，张某、李某申请法律援助的，应当通知司法部法律援助中心指派具有三年刑事辩护执业经历的律师为其提供辩护。若张某、李某未申请法律援助的，则无须通知司法部法律援助中心指派律师为其提供辩护。

2. A省高级法院可以提审或者发回B市中级法院重新审判。因为，《最高人民法院关于死刑缓期执行限制减刑案件审理程序若干问题的规定》第5条第2款规定："高级人民法院复核判处死刑后没有上诉、抗诉的案件，认为应当改判死刑缓期执行并限制减刑的，可以提审或者发回重新审判。"

3. 最高人民法院应当对全案裁定不予核准，并撤销原判，发回重新审判。因为，《高法解释》第429条规定："最高人民法院复核死刑案件，应当按照下列情形分别处理：……（三）原判事实不清、证据不足的，应当裁定不予核准，并撤销原判，发回重新审判……"

4. 最高人民法院应当裁定不予核准，并撤销原判，发回重新审判；根据案件情况，必要时，也可以对李某依法改判。《高法解释》第429条规定："最高人民法院复核死刑案件，应当按照下列情形分别处理：……（五）原判认定事实正确、证据充分，但依法不应当判处死刑的，应当裁定不予核准，并撤销原判，发回重新审判；根据案件情况，必要时，也可以依法改判……"本案中，张某和李某均被判处死刑，李某的死刑可改判为无期徒刑，属于"事实正确、证据充分，但依法不应当判处死刑的"情形，故应当裁定不予核准，并撤销原判，发回重新审判；根据案件情况，必要时，也可以对李某依法改判。

5. 最高人民法院应当裁定不予核准，并撤销原判，发回重新审判。《高法解释》第429条规定："最高人民法院复核死刑案件，应当按照下列情形分别处理：……（四）复核期间出现新的影响定罪量刑的事实、证据的，应当裁定不予核准，并撤销原判，发回重新审判……"本案中，最高人民法院在复核期间，张某揭发邻居周某曾贩卖毒品，影响其死刑判决，属于"复核期间出现新的影响定罪量刑的事实、证据的”情形，故应当裁定不予核准，并撤销原判，发回重新审判。

6. 最高人民法院应对张某和李某予以核准，对王某的死缓判决按照审判监督程序予以纠正。因为，王某的死缓判决在A省高级人民法院核准之后生效，最高人民法院复核该案时，王某的死缓裁判已经生效，对于生效的裁判，应当按照审判监督程序予以纠正，同时对张某和李某的死刑判决予以核准。

7. 《高法解释》第433条规定：“依照本解释第四百三十条、第四百三十一条发回重新审判的案件，第一审人民法院判处死刑、死刑缓期执行的，上一级人民法院依照第二审程序或者复核程序审理后，应当依法作出判决或者裁定，不得再发回重新审判。但是，第一审人民法院有刑事诉讼法第二百三十八条规定的情形或者违反刑事诉讼法第二百三十九条规定的除外。”本案中，B市中级法院在重审时由原合议庭重审，即违反了《刑事诉讼法》第238条的“另行组成合议庭”的规定，故A省高级法院应以程序违法为由，发回B市中级法院重新审判。

8. （1）《高法解释》第430条第1、2款规定：“最高人民法院裁定不予核准死刑的，根据案件情况，可以发回第二审人民法院或者第一审人民法院重新审判。对最高人民法院发回第二审人民法院重新审判的案件，第二审人民法院一般不得发回第一审人民法院重新审判。”本案中，A省高级法院是第二审法院，B市中级法院是第一审法院，所以，A省高级法院一般不得发回B市中级法院重新审判。

（2）A省高级法院在重审时不是应当重新组成合议庭审理。《高法解释》第432条规定：“最高人民法院裁定不予核准死刑，发回重新审判的案件，原审人民法院应当另行组成合议庭审理，但本解释第四百二十九条第四项、第五项规定的案件除外。”《高法解释》第429条规定：“最高人民法院复核死刑案件，应当按照下列情形分别处理：……（四）复核期间出现新的影响定罪量刑的事实、证据的，应当裁定不予核准，并撤销原判，发回重新审判；（五）原判认定事实正确、证据充分，但依法不应当判处死刑的，应当裁定不予核准，并撤销原判，发回重新审判；根据案件情况，必要时，也可以依法改判……”本案中，最高人民法院以张某和李某的量刑均过重为由，发回A省高级法院重审，属于上述第（五）项规定的情形，所以，A省高级法院在重审时不是应当另行组成合议庭审理。

（3）A省高级法院在重审时可以直接改判，不是应当开庭审理。《高法解释》第430条规定：“最高人民法院裁定不予核准死刑的，根据案件情况，可以发回第二审人民法院或者第一审人民法院重新审判。对最高人民法院发回第二审人民法院重新审判的案件，第二审人民法院一般不得发回第一审人民法院重新审判。第一审人民法院重新审判的，应当开庭审理。第二审人民法院重新审判的，可以直接改判；必须通过开庭查清事实、核实证据或者纠正原审程序违法的，应当开庭审理。”本案中，最高人民法院以张某和李某的量刑均过重为由发回A省高级法院重审，而且，A省高级法院是第二审法院，所以，A省高级法院在重新审判时可以直接改判，不是应当开庭审理。

9. 最高人民法院复核此案时存在以下不合法之处：

（1）最高人民法院由5名审判员组成合议庭，是错误的。因为，依据《刑事诉讼法》第249条的规定，最高人民法院复核死刑案件，应当由审判员三人组成合议庭进行。

（2）辩护律师要求向最高人民法院当面反映意见，最高人民法院让辩护律师提交书面辩护意见，是错误的。因为，《关于办理死刑复核案件听取辩护律师意见的办法》第5条规定：“辩护律师要求当面反映意见的，案件承办法官应当及时安排。一般由案件承办法官与书记员当面听取辩护律师意见，也可以由合议庭其他成员或者全体成员与书记员当面听取。”所以，辩护律师要求向最高人民法院当面反映意见，最高人民法院应当当面听取辩护律师的意见。

10. A省高级法院应当改判。《高法解释》第428条第1款规定：“高级人民法院复核死刑缓期执行案件，应当按照下列情形分别处理：……（三）原判认定事实正确，但适用法律有错误，或者量刑过重的，应当改判……”本案中，A省高级法院复核后认为，王某的死缓可以改判为无期徒刑，属于量刑过重，故A省高级法院应当改判。

11.（1）A省高级法院指派审判员秦某单独复核此案，是错误的。因为，《刑事诉讼法》第249条规定："高级人民法院复核死刑缓期执行的案件，应当由审判员三人组成合议庭进行。"

（2）在复核过程中，审判员秦某采用书面审理的做法，是错误的。《高法解释》第424条第2款规定："高级人民法院复核死刑缓期执行案件，应当讯问被告人。"也就是说，讯问被告人是高级人民法院复核死缓案件时必经的程序。

（3）A省高级法院最后以提审的方式改判王某死刑立即执行，是错误的。《高法解释》第428条第2款规定："复核死刑缓期执行案件，不得加重被告人的刑罚。"本案中，A省高级法院将王某的死缓改判为死刑立即执行，就是加重王某的刑罚。

《高法解释》第428条	死缓复核后的处理方式
《高法解释》第429—433条	死刑立即执行案件复核后的处理方式

专题十七　审判监督程序

一、主观题考情分析

年份	考点	题型
2017 年	当事人向检察院申诉的程序、审判监督程序的提起主体和权限、再审审理后的处理方式	逐步发问型案例分析

当前一些冤假错案都是通过审判监督程序加以纠正的，考生宜结合典型冤案的纠错程序理解此种程序。在复习时，考生应主要注意申诉与申诉的审查处理、审判监督程序的提起程序、再审的审理和处理方式，此种程序往往会结合第一审程序、第二审程序加以考查，要注意审判监督程序与第一审程序、第二审程序之间的联系与区别，再审抗诉与二审抗诉的区别。2021 年修改的《高法解释》中关于申诉程序、再审的审理程序等修改之处，考生也应高度重视。

二、必背精华

1. 申诉的审查处理

（1）主体：当事人及法代、近亲属；案外人（必须侵害其权利）；律师可代理申诉。

（2）对象：生效裁判。

（3）法院对申诉的审查处理：

①终审法院审查处理是原则。

②二审中撤诉的：可以由一审法院审查处理。

③未经终审直接到上一级申诉的：可以告知向终审申诉或直接转交终审，疑难、重大、复杂的可直接审查处理。

④死刑裁判：原核准法院审查处理，原审法院可审查、提出意见后报原核准法院处理。

⑤两级申诉原则。

★⑥异地审查：最高法院或上级法院可指定终审法院以外的法院审查。被指定的法院审查后提出处理意见，层报最高法院或上级法院审查处理。

★⑦审查方式：可听取意见、核实。必要时，可进行听证。

⑧对申诉应当重新审判的情形：证据、事实、法律、程序、人等方面有问题。

（4）检察院对申诉的审查处理：类似于法院对申诉的审查程序。

★2. 提起再审的主体及权限

（1）各级法院院长针对本院生效裁判，提交审判委员会讨论。

（2）最高法院针对地方法院提审或指令重审；上级法院针对下级法院提审或指令重审。

（3）最高检针对四级法院生效裁判向最高法院抗诉；上级检察院针对下级法院的生效裁判向其同级法院抗诉。

注意：再审抗诉是“上对下，同级抗”；二审抗诉是“下级检察院向上级法院提出，但须向原审法院提交抗诉书”。

★3. 再审的审理程序

（1）审判级别：原来是一审，按一审；原来是二审，按二审；提审按二审。

（2）应当制作再审决定书。

（3）再审不停止原裁判执行，但可能无罪或者减轻刑罚导致刑期届满的，可以决定中止原裁判执行。

（4）应重点审理，必要时全面审查。

（5）指令重审：应指令原审法院以外的其他下级法院审，但原审更适宜也可以审。

（6）开庭的案件，同级检应当派员出庭。

（7）强制措施决定主体：谁启动，谁决定。

（8）再审不加刑：法院主动再审一般不得加刑，检察院抗可以加重。再审决定书或抗诉书只针对部分被告人的，不得加重其他被告人的刑罚。

（9）应当开庭审理的情形：一审全部审、二审事实（证据）审、抗诉加重审。

（10）再审重审后的处理方式：类似于二审处理方式。

三、模拟演练

案例 1

2013 年 6 月 21 日，G 省 S 市某基金公司经理马某涉嫌利用未公开信息从事相关的证券交易活动，由中国证监会立案稽查，交 G 省 S 市证监局办理。2013 年 7 月 17 日，马某到 G 省 S 市公安局投案自首。2014 年 1 月 2 日，S 市检察院向 S 市中级法院提起公诉，指控马某构成利用未公开信息交易罪，情节特别严重。2014 年 3 月 24 日，S 市中级法院作出一审判决，认定马某构成利用未公开信息交易罪，鉴于《刑法》第 180 条第 4 款未对利用未公开信息交易罪情节特别严重作出相关规定，马某属于犯罪情节严重，同时考虑其具有自首、退赃、认罪态度良好、罚金能全额缴纳等可以从轻处罚情节，因此，判处其有期徒刑 3 年，缓刑 5 年，并处罚金，同时对其违法所得予以追缴。

S 市检察院于 2014 年 4 月 4 日向 G 省高级法院提出抗诉，认为被告人马某的行为应当认定为犯罪情节特别严重，依照“情节特别严重”的量刑档次处罚；马某的行为不属于退赃，应当认定为司法机关追赃。第一审判决适用法律错误，量刑明显不当，应当依法改判。2014 年 8 月 28 日，G 省检察院向 G 省高级法院发出《支持刑事抗诉意见书》，认为第一审判决认定情节错误，导致量刑不当，应当依法纠正。

G 省高级法院于 2014 年 10 月 20 日作出终审裁定，认为《刑法》第 180 条第 4 款并未对利用未公开信息交易罪规定“情节特别严重”的情形，马某的行为属“情节严重”，应在该量刑幅度内判处刑罚，抗诉机关提出马某的行为应认定为“情节特别严重”缺乏法律依据，遂裁定驳回抗诉，维持原判。

G 省检察院认为，终审裁定理解法律规定错误，导致认定情节错误，适用缓刑不当，于 2014 年 11 月 27 日提请最高人民检察院抗诉。2014 年 12 月 8 日，最高人民检察院按照审判监督程序向最高人民法院提出抗诉。

2015年12月11日，最高人民法院决定再审的同时中止原判决的执行，指令G省高级法院重新审理，G省高级法院在重审时决定逮捕马某，并由原合议庭对此案不开庭审理，对马某改判有期徒刑3年，并处罚金，将其违法所得予以追缴。

问题

1. 此案中的两种抗诉有哪些区别？

2. 最高人民法院决定中止原判决的执行，是否正确？为什么？

3. 最高人民法院能否对此案指令G省高级法院重新审理？为什么？

4. G省高级法院在重审时决定逮捕马某，是否正确？为什么？

5. G省高级法院由原合议庭对马某利用未公开信息交易案不开庭审理，是否正确？为什么？

6. 法院重审后能否将对马某利用未公开信息交易案原判的“有期徒刑3年，缓刑5年”改为“有期徒刑3年”？为什么？

答案与解析

1. S市检察院向G省高级法院提出的是二审抗诉，最高人民检察院按照审判监督程序向最高人民法院提出的是再审抗诉。二审抗诉和再审抗诉有如下区别：

（1）抗诉的对象不同。二审抗诉的对象是地方各级人民法院尚未发生法律效力的一审判决、裁定；而再审抗诉的对象是已经发生法律效力的判决和裁定。

（2）接受抗诉的审判机关不同。接受二审抗诉的是提出抗诉的人民检察院的上一级人民法院；而接受再审抗诉的是提出抗诉的人民检察院的同级人民法院。

（3）抗诉的期限不同。二审抗诉必须在法定期限内提出；而法律对再审抗诉的提起没有规定期限。

（4）抗诉的效力不同。二审抗诉将阻止第一审判决、裁定发生法律效力；而再审抗诉并不导致原判决、裁定在人民法院按照审判监督程序重新审判期间执行的停止。

2. 最高人民法院决定中止原判决的执行，是错误的。《高法解释》第464条规定：“……再审期间不停止原判决、裁定的执行，但被告人可能经再审改判无罪，或者可能经再审减轻原判刑罚而致刑期届满的，可以决定中止原判决、裁定的执行，必要时，可以对被告人采取取保候审、监视居住措施。”本案中，未出现“改判被告人无罪，或者可能经再审减轻原判刑罚而致刑期届满”的情形，所以，最高人民法院不得决定中止原判决的执行。

3. 最高人民法院不得对此案指令G省高级法院重新审理。尽管《高法解释》第461条第2款规定：“上级人民法院指令下级人民法院再审的，一般应当指令原审人民法院以外的下级人民法院审理；由原审人民法院审理更有利于查明案件事实、纠正裁判错误的，可以指令原审人民法院审理。”本案中，G省高级法院是原审法院，最高人民法院似乎可以对此案指令G省高级法院重新审理。但是，《高法解释》第463条规定：“对人民检察院依照审判监督程序提出抗诉的案件，接受抗诉的人民法院应当组成合议庭审理。对原判事实不清、证据不足，包括有新的证据证明原判可能有错误，需要指令下级人民法院再审的，应当在立案之日起一个月以内作出决定，并将指令再审决定书送达抗诉的人民检察院。”本案未出现“事实不清、证据不足”的问题，因此，最高人民法院不得对此案指令G省高级法院重新审理。

4. G省高级法院在重审时决定逮捕马某，是错误的。《刑事诉讼法》第257条第1款规定：“人民法院决定再审的案件，需要对被告人采取强制措施的，由人民法院依法决定；人民检察院提出抗诉的再审案件，需要对被告人采取强制措施的，由人民检察院依法决定。”本案是检察院抗诉提起审判监督程序的案件，所以应由检察院决定是否逮捕马某。

5. 不正确。《最高人民法院关于刑事再审案件开庭审理程序的具体规定（试行）》第5条规定：“人民法院审理下列再审案件，应当依法开庭审理：（一）依照第一审程序审理的；（二）依照第二审程序需要对事实或者证据进行审理的；（三）人民检察院按照审判监督程序提出抗诉的；（四）可能对原审被告人（原审上诉人）加重刑罚的；（五）有其他应当开庭审理情形的。”本案中，G省高级法院将马某的有期徒刑3年，缓刑5年，改为有期徒刑3年，是对马某加重刑罚，属于上述第4项情形，而且检察院提出了抗诉，符合上述第3项情形，故应开庭审理，并且法院重审应当另行组成合议庭审理。

6. 可以。《高法解释》第469条规定：“除人民检察院抗诉的以外，再审一般不得加重原审被告人的刑罚。再审决定书或者抗诉书只针对部分原审被告人的，不得加重其他同案原审被告人的刑罚。”本案是检察院抗诉提起再审的案件，法院重审后可以撤销马某的缓刑，加重马某的刑罚。

案例2

1998年4月7日，于某因故意杀害韩某被A省B市中级法院判处死刑缓期2年执行。于某不服，向A省高级法院提出上诉。1998年9月14日，A省高级法院以原审判决认定于某故意杀人罪事实不清、证据不足为由，裁定撤销原判，发回重审。韩某的父母提起附带民事诉讼。1999年9月16日，B市中级法院重审后以故意杀人罪判处于某死刑缓期2年执行。于某不服，再次向A省高级法院提出上诉。2000年5月15日，A省高级法院以原审判决事实不清、证据不足为由，裁定撤销原判，发回重审。2000年10月25日，B市中级法院重审后仍然以故意杀人罪判处于某死刑缓期2年执行。于某不服，再次向A省高级法院提出上诉。2002年7月1日，A省高级法院裁定驳回上诉，维持原判。2002年12月8日，于某向A省高级法院提出申诉。2004年8月9日，A省高级法院驳回于某的申诉。于某又向最高人民法院提出申诉。最高人民法院指令S省高级法院进行复查，S省高级法院组成合议庭通过阅卷、召开听证会等方式复查后，建议最高人民法院依照审判监督程序重新审判。2004年10月18日，最高人民法院以事实不清、证据不足为由对该案决定再审，指令S省高级法院重新审判，S省高级法院经过重审，认为原审判决、裁定认定于某犯故意杀人罪的事实不清、证据不足，指控的犯罪不能成立。

问题

1. A省高级法院能否两次发回B市中级法院重新审判？为什么？

2. A省高级法院第一次发回重审后，韩某的父母可否提起附带民事诉讼？为什么？

3. 如何看待S省高级法院对于某故意杀人案复查时召开听证会？

4. 哪些法院、检察院可以针对于某的死缓裁判提起审判监督程序？

5. S省高级法院应当怎样处理本案？

答案与解析

1. 不能。依据《刑事诉讼法》第236条的规定："第二审人民法院对不服第一审判决的上诉、抗诉案件，经过审理后，应当按照下列情形分别处理：（一）原判决认定事实和适用法律正确、量刑适当的，应当裁定驳回上诉或者抗诉，维持原判；（二）原判决认定事实没有错误，但适用法律有错误，或者量刑不当的，应当改判；（三）原判决事实不清楚或者证据不足的，可以在查清事实后改判；也可以裁定撤销原判，发回原审人民法院重新审判。原审人民法院对于依照前款第三项规定发回重新审判的案件作出判决后，被告人提出上诉或者人民检察院提出抗诉的，第二审人民法院应当依法作出判决或者裁定，不得再发回原审人民法院重新审判。"由此可见，第二审法院以事实不清、证据不足为由发回重审，只能发回一次。本案中，A省高级法院作为第二审法院两次以"事实不清、证据不足"为由发回B市中级法院重新审判，是错误的。

2. 可以。《高法解释》第184条第1款规定："附带民事诉讼应当在刑事案件立案后及时提起。”这就意味着，在刑事案件立案之后的侦查、审查起诉和审判阶段，均可以提起附带民事诉讼。本案中，A省高级法院第一次发回重审后，该案又回到第一审程序中，被害人韩某的父母可以提起附带民事诉讼。

3. S省高级法院对于某故意杀人案复查时召开听证会，可以实现社会公众对复查工作的有序参与，让诉讼程序自治与兼顾社会监督在有序组织听证会中实现完美融汇，让依法独立审案与兼听则明判断有机贯通，唯此才能确保复查结论准确公正、社会理解支持，最大限度消除社会公众的疑虑，让司法结论经得起历史和人民的检验。

4. A省高级法院、最高人民法院、最高人民检察院可以针对于某的死缓裁判提起审判监督程序。本案中，B市中级法院判处于某死刑缓期2年执行。于某不服，向A省高级法院提出上诉。A省高级法院裁定驳回上诉，维持原判。该案在A省高级法院核准后生效，因此，该案是A省高级法院作出的生效裁判。

依据《刑事诉讼法》第254条第1款的规定：“各级人民法院院长对本院已经发生法律效力的判决和裁定，如果发现在认定事实上或者在适用法律上确有错误，必须提交审判委员会处理。”本案中，A省高级法院院长针对本院作出的死缓裁判，提交本院审判委员会处理，可以提起审判监督程序。

依据《刑事诉讼法》第254条第2款的规定：“最高人民法院对各级人民法院已经发生法律效力的判决和裁定，上级人民法院对下级人民法院已经发生法律效力的判决和裁定，如果发现确有错误，有权提审或者指令下级人民法院再审。”本案中，最高人民法院对A省高级法院的死缓裁判，有权提审或者指令下级法院再审。

依据《刑事诉讼法》第254条第3款的规定：“最高人民检察院对各级人民法院已经发生法律效力的判决和裁定，上级人民检察院对下级人民法院已经发生法律效力的判决和裁定，如果发现确有错误，有权按照审判监督程序向同级人民法院提出抗诉。”本案中，最高人民检察院对A省高级法院的死缓裁判，有权按照审判监督程序向最高人民法院提出抗诉。

5. S省高级法院应当撤销A省高级法院的二审裁定和B市中级法院的一审判决，判决宣告于某无罪。因为，最高人民法院以事实不清、证据不足为由对该案决定再审，指令S省高级法院重新审判，那么，S省高级法院按照第二审程序进行审理，依据《高法解释》第472条的规定："再审案件经过重新审理后，应当按照下列情形分别处理：……（四）依照第二审程序审理的案件，原判决、裁定事实不清、证据不足的，可以在查清事实后改判，也可以裁定撤销原判，发回原审人民法院重新审判。原判决、裁定事实不清或者证据不足，经审理事实已经查清的，应当根据查清的事实依法裁判；事实仍无法查清，证据不足，不能认定被告人有罪的，应当撤销原判决、裁定，判决宣告被告人无罪。"因此，在本案中，S省高级法院经过重审，认为原审判决、裁定认定于某犯故意杀人罪的事实不清、证据不足，指控的犯罪不能成立，应当撤销原审判决、裁定，判决宣告原审被告人于某无罪。

重点法条提示

《刑事诉讼法》第254条	提起审判监督程序的主体和权限
《刑事诉讼法》第255—257条、《高法解释》第464—469条	再审的审理程序
《高法解释》第472条	再审审理后的处理方式

专题十八　涉外刑事诉讼程序与司法协助

一、主观题考情分析

本专题在历年法律职业资格考试（司法考试）中未曾考查过主观题。对于本专题的内容，了解即可。

二、必背精华

1. 国籍的确认：依入境时持用的有效证件确认；依证明确认；国籍无法查明的，以无国籍人对待。

2. 涉外刑事诉讼程序的适用范围：涉及外国人的犯罪案件和需要进行司法协助的案件。

3. 除了将处理结果通报外事部门、对外国人执行死刑的通知驻华使领馆以外的，其他事项，既要通知驻华使领馆，也要通报外事部门。

4. 探视、会见在押的外国籍被告人：向受理案件的法院所在地的高级法院提出。

5. 限制出境：针对被告人；暂缓出境：针对开庭审理时必须到庭的证人。

6. 外国籍当事人委托辩护人和诉讼代理人：委托律师的，只能是中国律师；外国人是可以法律援助的对象。

7. 使用中国通用的语言文字进行诉讼

（1）使用我国通用的语言、文字，应为外国人提供翻译。

（2）诉讼文书为中文本。外国人不通晓中文的，应当附有外文译本，译本不加盖法院印章，以中文本为准。

8. 外国人拒绝接受探视、会见的，拒绝他人翻译，或不需要外文译本的，应出具书面声明。拒绝书面声明的，应记录在案；必要时，应当录音录像。被告人拒绝辩护人辩护的，应出具书面声明，或将其口头声明记录在案；必要时，应当录音录像。

专题十九　执　行

一、主观题考情分析

年份	考点	题型
2009 年	停止执行死刑程序	逐步发问型案例分析
2002 年	交付执行	找错型案例分析

对于本专题，考生应主要注意执行中的变更程序，例如，停止执行死刑程序、死缓的变更程序、监外执行、减刑、假释程序等。同时，兼及刑罚执行的分工、一些重要的刑罚的执行程序，例如，财产刑和附带民事裁判的执行。

二、必背精华

1. 执行机关

（1）法院：无罪免刑、要钱要命。

（2）监狱：有期徒刑（余刑超过 3 个月的）、无期、死缓。

（3）公安：拘役、剥夺政治权利和有期徒刑（余刑 3 个月以下的）、驱逐出境。

（4）社区矫正机构：管制、缓刑、假释、暂予监外执行。

★2. 死刑立即执行的停止执行程序

（1）情形（口诀）：同犯到案停死刑；怀孕立功他坏行。

（2）最高法院审核后的处理：

①怀孕的，应当改判。

②其他错误的，应发回。

③无错误的，裁定继续执行死刑。

3. 财产刑和附带民事裁判的执行

（1）执行机关：一审法院（可委托财产所在地法院）；没收财产刑可会同公安执行。

（2）执行时间

①罚金可分期缴纳。

②没收财产：生效后立即执行。

（3）执行顺序（口诀）：医先退债罚没。

（4）执行措施：侦查机关已查扣冻的，法院执行时可直接裁定处置。

（5）没收财产的范围：生效时被执行人合法所有财产。

（6）追缴赃款赃物：不仅追赃，还要追赃款赃物的收益。

（7）第三人恶意取得，应追缴；善意取得，不予追缴。

（8）涉案财物认定错误的，能裁定补正的就裁定补正，否则就按审监程序纠正。

4. 死缓的变更程序

（1）故意犯罪，情节恶劣的——应执行死刑的，由高院报请最高法院核准。

（2）故意犯罪未执行死刑的——死刑缓期执行的期间重新计算，并报最高法院备案，备案不影响裁判的生效和执行。经备案审查，认为有错误的，应依照审监程序纠正。

（3）没有故意犯罪的——由高院裁定减刑。

★5. 监外执行

（1）适用对象和条件

①有期徒刑和拘役：有病（省级政府指定医院出证明）、不理、怀孕、哺乳（注意：自伤自残和有危险性不得保外）。

②无期徒刑：怀孕、哺乳。

（2）决定主体

①交付执行前：法院决定。（法院负责组织鉴别）

②交付执行后：对有期徒刑和无期徒刑，监狱提出意见→省级以上监管机关批准；对拘役，看守所提出意见→设区的市一级以上公安机关批准。

（3）检察院的监督：对监外执行的意见和决定提出书面意见。

（4）收监

①情形：不符合条件、严重违规、情形消失。

②法院决定监外执行的，法院决定收监。

③送交收监执行和收监执行的主体：法院、公安决定收

监的——公安送交收监执行；监狱管理机关决定收监的——监狱收监执行。

（5）特殊情形的处理

①花钱买保外就医和脱逃的，不计入刑期；不计入刑期要报请法院审核裁定。

②死亡的，通知监狱或看守所。

6. 社区矫正

（1）监督管理

①严重违法违规的情形下，才可以使用电子定位装置。使用期限：N 个 3（月）。

②社区矫正对象离开所居住的市、县或者迁居，应当报经社区矫正机构批准。

（2）①解除矫正的情形：期满或赦免。

②终止矫正的情形：撤销缓刑、假释、收监执行、死亡。

（3）对未成年人的社区矫正：应与成年人分别进行。社区矫正期间年满 18 周岁的，继续按照未成年人社区矫正规定执行。

（4）①撤销缓刑、假释的法院：有漏罪或者新罪——审理案件的法院；其他原因——原审法院或者执行地法院。

②律师可参与撤销缓刑、假释的审理。但律师不得对减刑、假释提出意见。

★7. 减刑、假释程序

（1）裁定主体

①服刑地的高院：死缓减刑、无期徒刑的减刑和假释。

②服刑地的中院：有期徒刑的减刑和假释、管制、拘役的减刑、缓刑的减刑。

（2）审理组织：合议庭（陪审员可参加）。

（3）审理方式

①可书面可开庭。

②有七种应开庭（口诀）：重大立功报减刑，一般规定不得行，公示期间有意见，职务黑金要开庭。

③开庭审理时应通知检察院、执行机关、罪犯参加。

④书面审理假释时，应提讯罪犯；书面审理减刑时，可提讯罪犯。

三、模拟演练

案例

苗某伙同卢某、周某等人共同受贿，数额特别巨大。A省F市中级法院判处苗某死刑；判处卢某死刑缓期2年执行；判处周某有期徒刑15年。此案逐级报请最高人民法院核准了苗某的死刑，并由最高人民法院院长签发了死刑执行命令。

A省F市中级法院对苗某执行死刑时，苗某检举揭发了司法机关尚未掌握的其伙同他人共同故意杀人、敲诈勒索的犯罪事实。F市中级法院裁定停止执行死刑，同时逐级上报最高人民法院，最高人民法院经过审核，认为苗某供述其本人伙同他人故意杀人的犯罪事实基本属实，遂指令F市中级法院对苗某的故意杀人的犯罪事实进行再审，F市中级法院经审理，认定苗某犯故意杀人罪，判处无期徒刑，与原判尚未执行的死刑并罚，决定执行死刑。

卢某对F市中级法院作出的死刑缓期2年执行判决不服，提出上诉，A省高级法院认为卢某的犯罪事实清楚，证据确实、充分，但量刑过轻，遂改判卢某死刑立即执行。之后，A省高级法院对卢某的死刑判决报请最高人民法院核准，最高人民法院复核时，认为该案事实正确，但可不立即执行，于是改判卢某死缓并限制减刑。

周某在一审判决后未提出上诉，在交付H市监狱执行期间，由于确有悔改表现，H市监狱向H市中级法院提出减刑建议，经过书面审理，H市中级法院将周某的刑期减为13年，在服刑期间，周某因患癌症，监狱提出监外执行的意见，报F市中级法院决定监外执行。监外执行期间，周某因脱逃而被收监，经监狱审核决定脱逃的8个月不计入刑期。

问题

1. 本案的诉讼程序存在哪些不合法之处？请说明理由。

2. 若卢某在死缓的 2 年考验期内将同监犯人打成轻伤，未被执行死刑，应当如何处理？

答案与解析

1. 本案的诉讼程序存在以下不合法之处：

（1）F 市中级法院裁定停止执行死刑，是错误的。《高法解释》第 500 条第 1 款规定："下级人民法院在接到执行死刑命令后、执行前，发现有下列情形之一的，应当暂停执行，并立即将请求停止执行死刑的报告和相关材料层报最高人民法院：（一）罪犯可能有其他犯罪的；（二）共同犯罪的其他犯罪嫌疑人到案，可能影响罪犯量刑的；（三）共同犯罪的其他罪犯被暂停或者停止执行死刑，可能影响罪犯量刑的；（四）罪犯揭发重大犯罪事实或者有其他重大立功表现，可能需要改判的；（五）罪犯怀孕的；（六）判决、裁定可能有影响定罪量刑的其他错误的。"由此可见，F 市中级法院在执行前发现苗某还有其他犯罪，应当暂停执行死刑，并立即将请求停止执行死刑的报告和相关材料层报最高人民法院。

（2）最高人民法院经过审核，认为苗某供述其本人伙同他人故意杀人的犯罪事实基本属实，遂指令 F 市中级法院对苗某的故意杀人的犯罪事实进行再审，是错误的。依据《高法解释》第 504 条的规定："最高人民法院对停止执行死刑的案件，应当按照下列情形分别处理：（一）确认罪犯怀孕的，应当改判；（二）确认罪犯有其他犯罪，依法应当追诉的，应当裁定不予核准死刑，撤销原判，发回重新审判；（三）确认原判决、裁定有错误或者罪犯有重大立功表现，需要改判的，应当裁定不予核准死刑，撤销原判，发回重新审判；（四）确认原判决、裁定没有错误，罪犯没有重大立功表现，或者重大立功表现不影响原判决、裁定执行的，应当裁定继续执行死刑，并由院长重新签发执行死刑的命令。"在本案中，最高人民法院审核后，认为苗某供述其本人伙同他人故意杀人的犯罪事实基本属实，应当裁定不予核准死刑，撤销原判，发回F市中级法院重新审判，而且对苗某故意杀人案不是进行再审，而是按照第一审程序进行审理。

(3) A省高级法院认为卢某的犯罪事实清楚，证据确实、充分，但量刑过轻，遂改判卢某死刑立即执行，是错误的。《刑事诉讼法》第237条第1款规定："第二审人民法院审理被告人或者他的法定代理人、辩护人、近亲属上诉的案件，不得加重被告人的刑罚……"本案中，卢某对F市中级法院作出的死刑缓期2年执行判决不服，提出上诉，A省高级法院只能对卢某的死缓维持不变，不得改判卢某死刑立即执行。

(4) H市中级法院书面审理周某的减刑案件，是错误的。《高法解释》第538条规定："审理减刑、假释案件，应当组成合议庭，可以采用书面审理的方式，但下列案件应当开庭审理：(一)因罪犯有重大立功表现提请减刑的；(二)提请减刑的起始时间、间隔时间或者减刑幅度不符合一般规定的；(三)被提请减刑、假释罪犯系职务犯罪罪犯，组织、领导、参加、包庇、纵容黑社会性质组织罪犯，破坏金融管理秩序罪犯或者金融诈骗罪犯的；(四)社会影响重大或者社会关注度高的；(五)公示期间收到不同意见的；(六)人民检察院提出异议的；(七)有必要开庭审理的其他案件。"本案中，周某涉嫌受贿罪，属于职务犯罪，依据上述条文第3项，法院应当开庭审理周某的减刑案件，不得书面审理。

(5) F市中级法院对周某决定监外执行，是错误的。《刑事诉讼法》第265条第5款规定："在交付执行前，暂予监外执行由交付执行的人民法院决定；在交付执行后，暂予监外执行由监狱或者看守所提出书面意见，报省级以上监狱管理机关或者设区的市一级以上公安机关批准。"本案是在服刑期间，周某因患癌症，监狱提出监外执行的意见，应当报省级以上监狱管理机关批准监外执行。

(6) 监狱审核决定周某脱逃的8个月不计入刑期，是错误的。《六机关规定》第34条规定："……对于人民法院决定暂予监外执行的罪犯具有上述情形的，人民法院在决定予以收监的同时，应当确定不计入刑期的期间。对于监狱管理机关或者公安机关决定暂予监外执行的罪犯具有上述情形的，罪犯被收监后，所在监狱或者看守所应当及时向所在地的中级人民法院提出不计入执行刑期的建议书，由人民法院审核裁定。”本案中，监外执行期间，周某因脱逃而被收监，监狱应当及时向所在地的中级人民法院提出不计入执行刑期的建议书，由人民法院审核裁定。

2. 依据《高法解释》第497条的规定，若卢某在死缓的2年考验期内将同监犯人打成轻伤，未被执行死刑，死刑缓期执行的期间重新计算，并报最高人民法院备案。备案不影响判决、裁定的生效和执行。最高人民法院经备案审查，认为原判不予执行死刑错误，确需改判的，应当依照审判监督程序予以纠正。

专题二十　未成年人刑事案件诉讼程序

一、主观题考情分析

本专题在历年法律职业资格考试（司法考试）中未曾考查过主观题。对于本专题，主观题适宜集中考查未成年人刑事案件诉讼程序不同于一般案件诉讼程序的特殊之处，考生应注意“教育、感化、挽救”“教育为主、惩罚为辅”的理念在未成年人刑事案件诉讼程序和制度中的具体贯彻。本专题的重要知识点包括法律援助辩护，社会调查，强制措施适用，法定代理人、其他合适成年人到场，适用认罪认罚从宽的特殊之处，不公开审理，审理程序，犯罪记录的封存，附条件不起诉等。考生应特别注意今年“九大本”之刑事诉讼法教材中增加的关于未成年人犯罪记录封存制度的规定。

二、必背精华

1. 原则

（1）社会参与原则：将社会调查、讯问和审判时在场、附条件不起诉考察等委托给社会力量承担、参与。

（2）优先保护、特殊保护：针对未成年人。双向保护：既要注重保护未成年犯罪嫌疑人、被告人的合法权益，也要注重维护社会利益，平等保护被害人。

（3）最有利于未成年人原则。

★2. 未成年人案件审判组织审理的案件

（1）犯罪时未满 18 周岁，法院立案时未满 20 周岁，由未成年人案件审判组织审理。

（2）法院立案时不满 22 周岁的在校学生案件，侵害未成年人人身权利的案件，可由未成年人案件审判组织审理。

（3）共同犯罪案件有未成年被告人的或者其他涉及未成年人的刑事案件，由院长决定是否由未成年人案件审判组织审理。

★3. 社会调查

（1）主体：公检法自行或者委托社区矫正机构、共青团、社会组织等调查，辩护人也可提交调查材料。

（2）内容：成长经历、犯罪原因、监护教育等。

（3）社会调查报告不是证据，只是作为办案和教育的参考。

（4）法院可通知作出调查报告的人出庭接受询问。

4. 心理疏导、测评

（1）对未成年嫌疑人、被告人、被害人、证人，可以疏导。

（2）对未成年嫌疑人、被告人，须经本人和法代同意，可以测评。

（3）心理测评报告可作为办案和教育的参考。

★5. 检察院对未成年人审查批捕、法院对未成年人决定逮捕：应讯问、应听取律师意见。对被逮捕且未完成义务教育的未成年人，应保证其接受义务教育。

★6. 法定代理人、其他合适成年人到场

（1）讯问和审判未成年人时：应当通知法代到场，无法通知、法代不能到场或法代是共犯的，也可通知其他成年亲属，学校、单位、居住地基层组织或未成年人保护组织的代表到场。到场的法代可代为行使诉讼权利（但到场的其他合适成年人不能代为行使）。

（2）未成年嫌疑人明确拒绝法定代理人以外的合适成年人到场，且有正当理由的，检可准许，但应当在征求其意见后通知其他合适成年人到场。

7. 询问未成年被害人、证人，应以一次为原则。法院审理未成年人遭受性侵或暴力伤害案，询问未成年被害人、证人时，应同步录音录像。

8. 合适保证人：对没有固定住所（没家）、无法提供保证人（没人）的未成年嫌疑人、被告人适用取保候审的，指定合适成年人作为保证人。可以安排取保候审的未成年被告人接受社会观护。

9. 简易程序的适用：应得到未成年被告人及其法代、辩护人的同意。被告人是未成年人的，不得适用速裁程序。

★10. 犯罪记录封存

（1）条件：犯罪时未满 18 周岁 +5 年以下、免除刑事处罚。

（2）对 18 周岁前后实施数个行为，构成一罪或一并处理的数罪，主要犯罪行为是在 18 周岁前实施的，被判 5 年以下及免予刑事处罚的，应对全案封存。

（3）未成年人因事实不清、证据不足被宣告无罪的，应对涉罪记录予以封存，但未成年被告人及法代人申请不予封存或解封的，经法院同意，可不予封存或解封。

（4）检察院作的不起诉决定（不包括附条件不起诉）应封存。

（5）被封存犯罪记录的未成年人在入伍、就业时免除犯罪记录的报告义务。

（6）被封存犯罪记录的未成年人本人或其法代人申请出具无犯罪记录证明的，应当出具无犯罪记录的证明。

（7）发现漏罪或新罪，且数罪并罚后超过 5 年的；经审判监督程序改判 5 年以上的，解除封存。

★11. 附条件不起诉

（1）条件（口诀）：四五六章未成年，一年起诉好表现，听取三方的意见［此处的三方是：应听取公安、被害人（及其法代、诉代）、未成年嫌疑人及法代、辩护人］。

（2）未成年嫌疑人及法定代理人对附条件不起诉提出异议的处理：提出异议的，检察院应提起公诉。但是，提出无罪辩解，检察院认为成立的，应当法定不起诉。对附条件不起诉没有异议，仅对所附条件及考验期有异议的，检察院可采纳合理意见；意见不合理的，应释法说理。起诉前撤回异议的，检察院可附条件不起诉。

（3）决定程序

①公安、被害人有异议，可举行不公开听证会。

②在押的：应当释放或变更强制措施。

（4）附条件不起诉决定书：应当送达三方，当面向未成年人、法代宣布。

（5）考验期内监督考察

①考察机关：检察院。

②考验期：6个月以上1年以下，作出决定之日起，审查起诉期限中止，考验期满或撤销之日起恢复计算审查起诉期限。根据表现，可在法定期限内缩短或延长。

（6）遵守规定

①守法、服从监督。

②报告活动情况。

③离开市、县或者迁居，应报经检察院批准。

④接受矫治、教育（如接受教育、公益劳动、三个特定、赔偿损失、赔礼道歉等）。

（7）考验后的处理

①有漏罪、新罪、严重违规，撤销附条件不起诉的决定，再提起公诉。

②遵守规定的，应不起诉（不起诉以前，应听取被害人的意见）。

（8）救济途径

①公安：先复议后复核。

②被害人对附条件不起诉和考验期满的不起诉不服：向上一级检察院申诉（不能向法院起诉）。

三、模拟演练

案例

2014年10月11日凌晨1时许，元某（1998年6月12日生）、波某（1998年2月3日生）二人故意伤害邓某（1998年4月5日生），致其重伤。M市检察院在讯问元某、听取元某父亲的意见后，综合考量元某的年龄、主观恶性、人身危险性等因素，对元某作出不批准逮捕的决定。

M市公安局移送审查起诉后，M市检察院通过M市未成年人司法项目办，委托专业社工并通过与元某、波某二人户籍所在地检察机关开展社会调查异地协作，完成了对二人的社会背景调查工作。M市检察院审查案件情况后，认为二人故意伤害罪符合起诉条件，波某是该案的主犯，依法向M市法院提起公诉。鉴于元某虽系该案的从犯，但无固定住所、无固定工作、非本地户籍、家庭经济状况差、父母不具备监护能力，M市检察院对元某作出附条件不起诉决定。在司法项目办工作人员的配合下，M 市检察院寻找到元某的舅舅配合做好监督考察工作。在监督考察期间，检察机关定期联合项目办专业心理咨询师对元某开展心理疏导和帮教，并对元某开展“精读一本好书、参加一次公益活动、参加一次义务劳动、学习一项劳动技能”的“四个一”活动。2015 年 8 月 5 日，附条件不起诉的考验期届满后根据元某在考验期内的良好表现，检察机关决定对元某作出不起诉决定。邓某对该不起诉决定不服，向 M 市法院提起自诉。

2015 年 8 月 23 日，M 市法院少年法庭组成合议庭对元某、波某故意伤害案适用简易程序公开开庭审理。元某的近亲属为其聘请的辩护人到庭，波某的辩护人未到庭，法院还通知了元某、波某的法定代理人参加诉讼，但元某的法定代理人无法到场，法院也未再通知其他人到场。M 市法院在审理中，元某拒绝其辩护人为其辩护，法院准许其自行辩护。M 市法院经过审理，依据案卷材料以及元某的辩护人提交的社会调查报告等证据，判处波某有期徒刑 3 年，但元某的犯罪事实不清、证据不足，故宣告其无罪。法院在公开宣判时，为了进行普法教育，组织了 M 市第一中学的学生进行旁听。

问题

1. 本案存在哪些程序违法之处？请说明理由。

2. 若元某对附条件不起诉处理无异议，只是对“考验期内要求其参加公益劳动”提出异议，M 市检察院应当如何处理？

3. 本案中的哪些做法体现了未成年人刑事案件诉讼程序中的社会参与原则？

答案与解析

1. 本案的诉讼程序存在以下违法之处：

(1) M市检察院审查批捕时，只是讯问元某、听取元某的父亲的意见，是错误的，M市检察院还应听取元某的辩护律师的意见。因为，《刑事诉讼法》第280条第1款规定："对未成年犯罪嫌疑人、被告人应当严格限制适用逮捕措施。人民检察院审查批准逮捕和人民法院决定逮捕，应当讯问未成年犯罪嫌疑人、被告人，听取辩护律师的意见。"

(2) 被害人邓某对附条件不起诉期满作出的不起诉决定不服，向法院提起自诉，是错误的。《全国人民代表大会常务委员会关于〈中华人民共和国刑事诉讼法〉第二百七十一条（现第二百八十二条）第二款的解释》规定："人民检察院办理未成年人刑事案件，在作出附条件不起诉的决定以及考验期满作出不起诉的决定以前，应当听取被害人的意见。被害人对人民检察院对未成年犯罪嫌疑人作出的附条件不起诉的决定和不起诉的决定，可以向上一级人民检察院申诉，不适用刑事诉讼法第一百七十六条（现第一百八十条）关于被害人可以向人民法院起诉的规定。"由此可见，被害人邓某不得对附条件不起诉期满作出的不起诉决定向法院提起自诉。

(3) 法院对元某、波某故意伤害案公开审理，是错误的。《刑事诉讼法》第285条规定："审判的时候被告人不满十八周岁的案件，不公开审理……"本案中，元某、波某在接受审判时均未满18周岁，所以，对二人应当不公开审理。

(4) 元某的法定代理人无法到场，法院也未再通知其他人到场，是错误的。《刑事诉讼法》第281条第1款规定："对于未成年人刑事案件，在讯问和审判的时候，应当通知未成年犯罪嫌疑人、被告人的法定代理人到场。无法通知、法定代理人不能到场或者法定代理人是共犯的，也可以通知未成年犯罪嫌疑人、被告人的其他成年亲属，所在学校、单位、居住地基层组织或者未成年人保护组织的代表到场，并将有关情况记录在案……"由此可见，当元某的法定代理人无法到场时，法院也可以通知其他合适成年人到场。

(5) 波某的辩护人未到庭，法院进行审理，是错误的。《刑事诉讼法》第278条规定："未成年犯罪嫌疑人、被告人没有委托辩护人的，人民法院、人民检察院、公安机关应当通知法律援助机构指派律师为其提供辩护。”依据《高法解释》第225条第2款的规定：“辩护人经通知未到庭，被告人同意的，人民法院可以开庭审理，但被告人属于应当提供法律援助情形的除外。”本案中，波某系未成年人，属于应当提供法律援助辩护的对象，其辩护人未到庭的，法院不得开庭审理。

（6）元某拒绝辩护后，法院准许其自行辩护，是错误的。依据前引《刑事诉讼法》第278条的规定，元某系未成年人，属于应当提供法律援助辩护的对象。《高法解释》第50条规定：“被告人拒绝法律援助机构指派的律师为其辩护，坚持自己行使辩护权的，人民法院应当准许。属于应当提供法律援助的情形，被告人拒绝指派的律师为其辩护的，人民法院应当查明原因。理由正当的，应当准许，但被告人应当在五日以内另行委托辩护人；被告人未另行委托辩护人的，人民法院应当在三日以内通知法律援助机构另行指派律师为其提供辩护。”所以，元某拒绝辩护后，经法院审查，理由正当的，应当准许，但元某须另行委托辩护人或者法律援助机构另行为其指派律师辩护。

（7）因为元某的犯罪事实不清、证据不足，法院对其适用简易程序，是错误的。《高法解释》第368条第1款规定：“适用简易程序审理案件，在法庭审理过程中，具有下列情形之一的，应当转为普通程序审理：（一）被告人的行为可能不构成犯罪的；（二）被告人可能不负刑事责任的；（三）被告人当庭对起诉指控的犯罪事实予以否认的；（四）案件事实不清、证据不足的；（五）不应当或者不宜适用简易程序的其他情形。”本案中，法院适用简易程序审理，但发现元某犯罪事实不清、证据不足，根据上述第368条第1款第4项的规定，应当转为普通程序审理。

（8）法院将元某的辩护人提交的社会调查报告作为证据使用，是错误的。因为，《高法解释》第575条第1款规定：“对未成年被告人情况的调查报告，以及辩护人提交的有关未成年被告人情况的书面材料，法庭应当审查并听取控辩双方意见。上述报告和材料可以作为办理案件和教育未成年人的参考。”由此可见，元某的辩护人提交的社会调查报告不得作为证据使用。

(9) 法院在公开宣判时，为了进行普法教育，组织M市第一中学的学生进行旁听，是错误的。依据《高法解释》第578条的规定：“对未成年人刑事案件，宣告判决应当公开进行。对依法应当封存犯罪记录的案件，宣判时，不得组织人员旁听；有旁听人员的，应当告知其不得传播案件信息。”《刑事诉讼法》第286条第1款规定:“犯罪的时候不满十八周岁，被判处五年有期徒刑以下刑罚的，应当对相关犯罪记录予以封存。”本案中，法院判处波某有期徒刑3年，而且其犯罪时未满18周岁，应当对其犯罪记录予以封存，所以法院在公开宣判时，不得组织人员旁听；有旁听人员的，应当告知其不得传播案件信息。

2.《高检规则》第470条规定：“未成年犯罪嫌疑人及其法定代理人对拟作出附条件不起诉决定提出异议的，人民检察院应当提起公诉。但是，未成年犯罪嫌疑人及其法定代理人提出无罪辩解，人民检察院经审查认为无罪辩解理由成立的，应当按照本规则第三百六十五条的规定作出不起诉决定。未成年犯罪嫌疑人及其法定代理人对案件作附条件不起诉处理没有异议，仅对所附条件及考验期有异议的，人民检察院可以依法采纳其合理的意见，对考察的内容、方式、时间等进行调整；其意见不利于对未成年犯罪嫌疑人帮教，人民检察院不采纳的，应当进行释法说理。人民检察院作出起诉决定前，未成年犯罪嫌疑人及其法定代理人撤回异议的，人民检察院可以依法作出附条件不起诉决定。”本题中，若元某对附条件不起诉处理无异议，只是对“考验期内要求其参加公益劳动”提出异议，M市检察院可以依法采纳其合理的意见，对所附条件进行调整，对其作出附条件不起诉决定；其意见不利于对元某帮教，M市检察院不采纳的，应当进行释法说理。

3. 本案中以下做法体现了未成年人刑事案件诉讼程序中的社会参与原则：

(1) M市检察院通过M市未成年人司法项目办，委托专业社工并通过与元某、波某二人户籍所在地检察机关开展社会调查异地协作，完成了对二人的社会背景调查工作。

（2）在附条件不起诉的监督考察期间，检察机关定期联合项目办专业心理咨询师对元某开展心理疏导和帮教。

重点法条提示

《刑事诉讼法》第 282—284 条、《高检规则》第 470、476 条	附条件不起诉
《高检规则》第 467、468 条	未成年嫌疑人适用认罪认罚从宽制度
《刑事诉讼法》第 281 条、《高检规则》第 465 条	法定代理人、其他合适成年人到场
《高法解释》第 550 条	未成年人案件审判组织审理的案件范围
《刑事诉讼法》第 286 条	未成年人犯罪记录封存

专题二十一　当事人和解的公诉案件诉讼程序

一、主观题考情分析

年份	考点	题型
2021 年（黑龙江延考）	当事人和解的公诉案件诉讼程序的适用范围	逐步发问型案例分析

对于本专题，考生应着重把握当事人和解的公诉案件诉讼程序（简称“刑事和解”）的适用条件、和解的主体、和解的对象、和解协议的审查程序、和解协议书及其履行、达成和解协议后提起附带民事诉讼的处理、和解的反悔与无效、和解的效力等问题。此外，还应注意刑事和解程序与附带民事诉讼程序（如附带民事诉讼调解、和解），自诉案件的调解、和解的区别与联系。

二、必背精华

★1. 适用条件

（1）（口诀）民间纠纷四五三，七年以下过失犯，五年故意渎职难。

（2）不是民间纠纷引起的有黑社会、寻衅滋事、聚众斗殴等。

★2. 和解主体

（1）被害方：

①死亡：近亲属和解（近亲属有多人的，须经处于最先继承顺序的所有近亲属同意才可和解）。

②无限人：法代、近亲属代为和解。

（2）被告方：

①在押的：经过嫌疑人同意，法代或近亲属代为和解。

②限制行为能力人：法代代为和解。赔礼道歉须嫌疑人、被告人亲自履行。

（3）①检察院可建议当事人进行和解。

②当事人提出申请的，法院可以主持双方当事人协商以达成和解。

★3. 和解的对象：民事责任事项、被害人是否同意从宽处罚（事实认定、证据采信、法律适用和定罪量刑等不能协商、和解）。

4. 和解协议的审查：应听取当事人等相关人员的意见；审查自愿、合法性；应制作和解协议书。

5. 和解协议书

（1）检察院制作的协议：双方当事人签字，检察人员不签字、检察院不盖章。

（2）法院制作的协议：双方当事人和审判人员签字，法院不盖章。

★6. 和解的履行

（1）法院制作的协议：应即时履行。

（2）公安制作的协议：应及时履行。

（3）检察院制作的协议：应立即履行，至迟在检察院作出从宽处理决定前履行；若在被害人同意并提供有效担保的情况下，也可以分期履行。

7. 附带民事诉讼的处理

（1）侦查、审查起诉中和解协议履行完毕，又提附民，不予受理（违反自愿合法的除外）。

（2）和解协议不能即时履行，应制作附民调解书。

8. 和解的反悔

（1）不起诉决定作出之后反悔的，检不撤销原决定（违反自愿合法的除外）。

（2）和解协议已经全部履行，当事人反悔的，法院不予支持（违反自愿合法的除外）。

9. 和解的无效：不自愿、不合法，就无效。

★10. 和解后的处理

（1）公安机关：向检提出从宽处理的建议。

（2）检察院：向法院提从宽处罚建议；犯罪情节轻微，不需要判处刑罚的，可酌定不起诉。

（3）法院：应从轻，也可减轻、免除处罚。

三、真题演练

案例（2021 年法律职业资格考试黑龙江地区延考主观题第 3 题）[1]

A 市某煤矿坍塌，矿工郭某和王某遇难。A 市煤矿安全监察部门、能源、应急管理、公安机关、工会等部门联合成立事故调查组进行调查，出具《事故调查报告》，报告中进行了归责：(1) 矿长齐某有管理不力的责任，需要负刑事责任；(2) 煤矿总工程师陈某，对此次事故没有直接责任，不负刑事责任，建议罚款 2 万元；(3) 事故直接负责人刘某明知漏水而不报，需要负刑事责任。A 市 C 县公安局依据该事故调查报告立案侦查，之后，C 县公安局将齐某和刘某移送 C 县检察院审查起诉。C 县检察院认为陈某应该被追加为被告人，刘某证据不足，没法证明刘某明知漏水的问题，对刘某作出证据不足不起诉决定。检察院对陈某和齐某提起公诉后，在法院审判阶段，检察院发现陈某不应负刑事责任，撤回对陈某的起诉。之后，A 市检察院认为直接负责人刘某证据充分，应负刑事责任，撤销该不起诉决定，要求 C 县检察院再次审查起诉，C 县检察院重新审查起诉后，认为因为客观条件始终无法证明刘某明知漏水的问题。（共 30 分）

问题

1. 在审查起诉中，检察院如何对陈某涉嫌的犯罪补充侦查和追加起诉？

2. 在审查起诉中，被害人王某的父亲能否与犯罪嫌疑人达成刑事和解？为什么？

[1] 本题系考生记忆版本，仅供参考。

3. 在检察院对齐某、陈某提起公诉的情况下，被害人郭某的妻子能否提起附带民事诉讼？为什么？

4. 检察院对刘某作出的证据不足不起诉决定，被害人郭某的妻子不服，应当如何救济？

5. C县检察院再次审查起诉发现刘某犯罪事实不清、证据不足，不构成重大责任事故罪，应当如何处理？

6. 谈谈A市煤矿安全监察部门、能源、应急管理、公安机关、工会组成的事故调查组，出具的《事故调查报告》在刑事诉讼法中的证据价值。

答案与解析

本题考查补充侦查、追加起诉、当事人和解的公诉案件诉讼程序、附带民事诉讼赔偿范围、不起诉、事故调查报告。

1. 依据《高检规则》第356条的规定，本案中，C县检察院认为陈某应该被追加为被告人，应当要求公安机关对陈某补充侦查或者补充移送起诉。陈某的犯罪事实清楚，证据确实、充分的，也可以直接提起公诉。依据《高检规则》第342条的规定，该案需要补充侦查的，C县检察院应当制作补充侦查提纲，连同案卷材料一并退回C县公安局补充侦查。C县公安局应当在1个月以内补充侦查完毕，补充侦查以二次为限。C县检察院也可以自行侦查，必要时可以要求C县公安局提供协助。

2. 《刑事诉讼法》第288条规定：“下列公诉案件，犯罪嫌疑人、被告人真诚悔罪，通过向被害人赔偿损失、赔礼道歉等方式获得被害人谅解，被害人自愿和解的，双方当事人可以和解：(一) 因民间纠纷引起，涉嫌刑法分则第四章、第五章规定的犯罪案件，可能判处三年有期徒刑以下刑罚的；(二) 除渎职犯罪以外的可能判处七年有期徒刑以下刑罚的过失犯罪案件。犯罪嫌疑人、被告人在五年以内曾经故意犯罪的，不适用本章规定的程序。”

本案中，齐某和刘某涉嫌重大责任事故罪，该罪是过失犯罪，而且不是渎职犯罪，依据《刑法》第 134 条第 1 款的规定，该罪的最高法定刑为 7 年以下有期徒刑，若齐某和刘某真诚悔罪，通过向王某的父亲赔偿损失、赔礼道歉等方式获得王某的父亲谅解，王某的父亲自愿和解的，双方可以适用刑事和解程序。

3. 《高法解释》第 175 条第 1 款规定：“被害人因人身权利受到犯罪侵犯或者财物被犯罪分子毁坏而遭受物质损失的，有权在刑事诉讼过程中提起附带民事诉讼；被害人死亡或者丧失行为能力的，其法定代理人、近亲属有权提起附带民事诉讼。”本案中，被害人郭某的人身权利遭受到犯罪侵犯，郭某的妻子作为被害人郭某的近亲属可以就医疗费、护理费、交通费、丧葬费等向齐某、陈某提起附带民事诉讼，要求赔偿。

4. 依据《刑事诉讼法》第 180 条的规定，本案中，检察院对刘某作出的证据不足不起诉决定，因为被害人郭某死亡，其妻子不服，可以自收到决定书后 7 日以内向上一级人民检察院申诉，请求提起公诉。对人民检察院维持不起诉决定的，被害人郭某的妻子可以向人民法院起诉。被害人也可以不经申诉，直接向人民法院起诉。

5. 依据《高检规则》第 367 条的规定，本案中，C 县检察院再次审查起诉发现刘某犯罪事实不清、证据不足，不构成重大责任事故罪，可以再次退回 C 县公安局补充侦查，若认为证据不足，不符合起诉条件，且没有再次退回补充侦查必要的，经检察长批准，可以对刘某作出不起诉决定。经过二次退回补充侦查，仍然认为证据不足，不符合起诉条件的，经检察长批准，依法对刘某作出不起诉决定。

6. 依据《高法解释》第101条的规定，本案中，A市煤矿安全监察部门、能源、应急管理、公安机关、工会组成的事故调查组，出具的《事故调查报告》可以作为证据使用；报告中对煤矿坍塌发生的原因等涉及专门性问题的意见，经法庭查证属实，且调查程序符合法律、有关规定的，可以作为定案（即定罪量刑等）的根据。《事故调查报告》中的归责不能作为定案的根据。

四、模拟演练

案例

2014年4月18日11时许，安某到D市华山村挖野菜烧烤。其间，安某在生火点烧烤炉时，不慎将周边枯草引燃，安某见火势蔓延便驾车驶离现场，火势蔓延至华山、东窝棚山，引发森林火灾。经火灾现场鉴定：过火林地总面积594亩。经D市价格认证中心认定，被烧毁林木损失总价值47万元。其中，胡某的林木损失为18万元；李某的林木损失为29万元。

审查起诉阶段，在D市检察院主持之下，安某与胡某达成和解协议，和解协议约定在安某向胡某赔偿之后，司法机关对安某免除处罚。

在审判阶段，李某因病去世，李某的妻子与安某自行和解，但李某的父亲明确表示不同意和解，在D市法院制作和解协议书之后，安某表示暂时无力履行和解协议的赔偿内容，D市法院允许安某在判决生效后再履行和解协议。D市法院鉴于安某有悔罪表现，没有再犯罪的危险，将案件退回检察院，检察院建议公安机关撤销案件。

问题

本案的和解程序存在哪些程序违法之处？

答案与解析

本案的和解程序存在以下违法之处：

1. D市检察院主持安某与胡某和解，是错误的。《高检规则》第496条规定："双方当事人可以自行达成和解，也可以经人民调解委员会、村民委员会、居民委员会、当事人所在单位或者同事、亲友等组织或者个人调解后达成和解。人民检察院对于本规则第四百九十二条规定的公诉案件，可以建议当事人进行和解，并告知相应的权利义务，必要时可以提供法律咨询。"因此，在本案中，D市检察院不得主持安某与胡某和解，但可以建议二人和解。

2. 安某与胡某通过和解协议约定"司法机关对安某免除处罚"，是错误的。因为，《高检规则》第495条规定："双方当事人可以就赔偿损失、赔礼道歉等民事责任事项进行和解，并且可以就被害人及其法定代理人或者近亲属是否要求或者同意公安机关、人民检察院、人民法院对犯罪嫌疑人依法从宽处理进行协商，但不得对案件的事实认定、证据采信、法律适用和定罪量刑等依法属于公安机关、人民检察院、人民法院职权范围的事宜进行协商。"本案中，"司法机关对安某免除处罚"属于量刑问题，不能由当事人双方进行协商。

3. 李某的妻子与安某自行和解，但李某的父亲明确表示不同意和解，法院适用和解程序，是错误的。《高法解释》第588条第1款规定："符合刑事诉讼法第二百八十八条规定的公诉案件，被害人死亡的，其近亲属可以与被告人和解。近亲属有多人的，达成和解协议，应当经处于最先继承顺序的所有近亲属同意。"同时，《民法典》第1127条第1款规定："遗产按照下列顺序继承：（一）第一顺序：配偶、子女、父母；（二）第二顺序：兄弟姐妹、祖父母、外祖父母。"由此可见，李某的妻子和父亲属于第一继承顺序的近亲属，二人都同意后才能达成和解。

4. 法院允许安某在判决生效后再履行和解协议，是错误的。依据《高法解释》第593条第1款的规定："和解协议约定的赔偿损失内容，被告人应当在协议签署后即时履行。"由此可见，法院制作的和解协议书，应当在协议签署后即时履行，不能在判决生效后再履行。

5. 法院鉴于安某有悔罪表现，没有再犯罪的危险，将案件退回检察院，检察院建议公安机关撤销案件，是错误的。因为，《高法解释》第596条第1款规定：“对达成和解协议的案件，人民法院应当对被告人从轻处罚；符合非监禁刑适用条件的，应当适用非监禁刑；判处法定最低刑仍然过重的，可以减轻处罚；综合全案认为犯罪情节轻微不需要判处刑罚的，可以免予刑事处罚。”由此可见，法院在当事人和解后不得作出退回检察院的处理。

《刑事诉讼法》第288条	刑事和解适用的条件
《刑事诉讼法》第290条	刑事和解后的处理方式

专题二十二　缺席审判程序

一、主观题考情分析

本专题是2018年《刑事诉讼法修正案》增加的内容。对于本专题，考生应着重把握缺席审判程序适用条件，对境外的被告人缺席审判的管辖法院、审判组织、庭前审查后的处理、送达程序、委托或者指定辩护人、被告人的近亲属参加诉讼、裁判方式、救济程序等知识点。此外，考生还应注意对在境外的被告人的缺席审判程序和严重疾病的被告人、死亡被告人的缺席审判程序的区别之处；对境外的被告人缺席审判与犯罪嫌疑人、被告人逃匿、死亡案件违法所得没收程序之间的区别与联系。2021年修改的《高法解释》中关于缺席审判程序的修改之处，考生也应高度重视。

二、必背精华

★1. 适用条件（口诀）：贪贿国恐外逃犯，死亡有病缺席判。

（1）境外的被告人：

①贪贿案件；（需要及时审判，经最高检察院核准的）严重国、恐案件。

②被告人在境外。

③检察院认为犯罪事实已经查清，证据确实、充分，依法应当追究刑事责任的，可提起公诉。

④法院审查后认为起诉书中有明确的指控犯罪事实，符合缺席审判程序适用条件。

（2）严重疾病的被告人：中止审理超6个月无法出庭，丧失受审能力，被告人及其法代、近亲属申请或者同意恢复审理。

（3）死亡的被告人：

①审理时，死亡且有证据证明无罪或证据不足以认定有罪，应判无罪。

②按审监程序重新审判的，被告人死亡的，有证据证明无罪或量刑畸重。

★2. 对境外被告人缺席案件的办理程序

（1）到案后的重新审查：嫌疑人、被告人到案后，检察院应重新审查案件。

（2）庭前审查后，认为不属于“贪贿国恐”，应退回检察院。

（3）管辖：犯罪地、被告人离境前居住地或最高法院指定的中级法院。

（4）审判组织：合议庭。

（5）送达：

①向被告人送达：A. 送达方式——国际条约规定的或者外交途径提出的司法协助方式；被告人所在地法律允许的其他方式。

B. 送达内容——传票和起诉书副本。

②向被告人近亲属的送达：送达起诉书副本。

（6）辩护：被告人及其近亲属均可委托（1—2名）辩护人；若委托律师，只能委托中国律师；境外委托的，应进行公证、认证；未委托的，法院应当通知法律援助机构指派律师为其提供辩护（注意：对公安机关、检察院无此要求）。

（7）被告人的近亲属参加诉讼：

①应在收到起诉书副本后、第一审开庭前提出，并提供与被告人关系的证明材料。有多名近亲属的，应推选1—2人参加诉讼。

②可参加法庭调查和法庭辩论。

（8）裁判方式：

①作出有罪判决的，应达到确实、充分标准。

②经审理认定的罪名不属于“贪贿国恐”案的，应当终止审理。

③可对违法所得及其他涉案财产一并处理。

（9）救济方式：

①上诉和抗诉：被告人和其近亲属均有独立上诉权，辩

护人可经被告人、其近亲属同意后上诉。

②重新审理：

A. 审理中到案后的，法院应重新审理（无须提出异议）。

B. 裁判生效后到案，法院应告知罪犯有权提出异议，若提出异议的，应重新审理。

三、模拟演练

案例

艾力木因组织、领导、参加恐怖组织罪被甲省乙市公安局立案侦查，后潜逃美国。乙市公安局侦查终结后，认为艾力木犯罪事实清楚，证据确实、充分，便移送乙市检察院审查起诉。乙市检察院认为应当追究艾力木的刑事责任，遂报请甲省检察院核准后，向乙市中级法院提起公诉。乙市中级法院认为该案不可能判处无期徒刑以上刑罚，且符合缺席审判条件，于是将该案交给乙市丙区法院审理，丙区法院向艾力木及其父亲送达了传票和起诉书副本，艾力木未到案。丙区法院决定由审判员李某开庭审理。在审理中，检察院派员出庭支持公诉，艾力木及其近亲属均未委托辩护人，艾力木的父亲、母亲、弟弟申请参加诉讼，法院予以准许。艾力木的父亲在法庭上申请法庭通知证人丁出庭作证，并参加了法庭辩论，进行了最后陈述。丙区法院以艾力木犯组织、领导、参加恐怖组织罪，判处其有期徒刑15年，并处没收财产。艾力木的伯父表示不服，提出上诉。乙市中级法院经过二审，裁定维持原判，驳回上诉。5年后，艾力木被美国遣返回国，法院宣布原判无效，对该案按照审判监督程序重新审理。

问题

1. 本案诉讼程序存在哪些程序违法之处？请说明理由。

2. 若法院在庭前审查阶段和庭审中，发现艾力木构成组织、领导、参加黑社会性质组织罪，应分别如何处理？

3. 若艾力木在审理过程中死亡，法院应当如何处理？

答案与解析

1. 本案诉讼程序存在下列程序违法之处：

（1）乙市检察院报请甲省检察院核准，是错误的。因为，《刑事诉讼法》第291条第1款规定："对于贪污贿赂犯罪案件，以及需要及时进行审判，经最高人民检察院核准的严重危害国家安全犯罪、恐怖活动犯罪案件，犯罪嫌疑人、被告人在境外，监察机关、公安机关移送起诉，人民检察院认为犯罪事实已经查清，证据确实、充分，依法应当追究刑事责任的，可以向人民法院提起公诉。人民法院进行审查后，对于起诉书中有明确的指控犯罪事实，符合缺席审判程序适用条件的，应当决定开庭审判。"本案中，艾力木涉嫌组织、领导、参加恐怖组织罪，乙市检察院应报请最高人民检察院核准，才可适用缺席审判程序。

（2）乙市中级法院将该案交给乙市丙区法院缺席审理，是错误的。依据《刑事诉讼法》第291条第2款的规定，对境外的被告人缺席的案件，由犯罪地、被告人离境前居住地或者最高人民法院指定的中级人民法院组成合议庭进行审理。因此，本案不得由乙市中级法院交给乙市丙区法院缺席审理，而应由乙市中级法院进行审理。

（3）丙区法院向艾力木的父亲送达了传票，是错误的。依据《高法解释》第600条的规定："对人民检察院依照刑事诉讼法第二百九十一条第一款的规定提起公诉的案件，人民法院立案后，应当将传票和起诉书副本送达被告人，传票应当载明被告人到案期限以及不按要求到案的法律后果等事项；应当将起诉书副本送达被告人近亲属，告知其有权代为委托辩护人，并通知其敦促被告人归案。"由此可见，艾力木的父亲是被告人的近亲属，法院向艾力木的父亲应送达起诉书副本，而不是传票。

（4）法院决定由审判员李某开庭审理，是错误的。依据

《刑事诉讼法》第291条第2款的规定，对境外的被告人缺席的案件，由犯罪地、被告人离境前居住地或者最高人民法院指定的中级人民法院组成合议庭进行审理。由此可见，对艾力木缺席一案，应组成合议庭审理，不得独任审理。

（5）艾力木的父亲、母亲、弟弟在缺席审理过程中申请参加诉讼，法院予以准许，是错误的。《高法解释》第602条第1款规定："人民法院审理人民检察院依照刑事诉讼法第二百九十一条第一款的规定提起公诉的案件，被告人的近亲属申请参加诉讼的，应当在收到起诉书副本后、第一审开庭前提出，并提供与被告人关系的证明材料。有多名近亲属的，应当推选一至二人参加诉讼。"由此可见，艾力木的近亲属应当在收到起诉书副本后、第一审开庭前提出申请，不能在审理中申请参加诉讼。此外，有多名近亲属，只能推选1—2名近亲属参加诉讼，不能由3名近亲属参加诉讼。

（6）法院未通知法律援助机构指派律师为艾力木提供辩护，是错误的。因为，《刑事诉讼法》第293条规定："人民法院缺席审判案件，被告人有权委托辩护人，被告人的近亲属可以代为委托辩护人。被告人及其近亲属没有委托辩护人的，人民法院应当通知法律援助机构指派律师为其提供辩护。"由此可见，在缺席审理中，艾力木必须有辩护人为其辩护，法院应当通知法律援助机构指派律师为艾力木提供辩护。

（7）艾力木的父亲作最后陈述，是错误的。《高法解释》第603条规定："人民法院审理人民检察院依照刑事诉讼法第二百九十一条第一款的规定提起公诉的案件，参照适用公诉案件第一审普通程序的有关规定。被告人的近亲属参加诉讼的，可以发表意见，出示证据，申请法庭通知证人、鉴定人等出庭，进行辩论。"由此可见，被告人艾力木的父亲不能作最后陈述。

（8）艾力木的伯父表示不服，提出上诉，是错误的。《刑事诉讼法》第294条第1款规定："人民法院应当将判决书送达被告人及其近亲属、辩护人。被告人或者其近亲属不服判决的，有权向上一级人民法院上诉。辩护人经被告人或者其近亲属同意，可以提出上诉。"《刑事诉讼法》第108条第6项规定："'近亲属'是指夫、妻、父、母、子、女、同胞兄弟姊妹。”本案中，艾力木的伯父不是其近亲属，故其无权上诉。

(9) 乙市中级法院裁定维持原判，驳回上诉，是错误的。《刑事诉讼法》第238条规定：“第二审人民法院发现第一审人民法院的审理有下列违反法律规定的诉讼程序的情形之一的，应当裁定撤销原判，发回原审人民法院重新审判：(一) 违反本法有关公开审判的规定的；(二) 违反回避制度的；(三) 剥夺或者限制了当事人的法定诉讼权利，可能影响公正审判的；(四) 审判组织的组成不合法的；(五) 其他违反法律规定的诉讼程序，可能影响公正审判的。”本案中，艾力木未委托辩护人，法院也未通知法律援助机构为其指派律师辩护，剥夺了其辩护权，可能影响公正审判，而且第一审的审判组织不合法，故法院应当裁定撤销原判，发回重审。

(10) 5年后，艾力木被美国遣返回国，法院宣布原判无效，对该案按照审判监督程序重新审理，是错误的。因为，《刑事诉讼法》第295条第2款规定：“罪犯在判决、裁定发生法律效力后到案的，人民法院应当将罪犯交付执行刑罚。交付执行刑罚前，人民法院应当告知罪犯有权对判决、裁定提出异议。罪犯对判决、裁定提出异议的，人民法院应当重新审理。”本案中，对艾力木的缺席判决生效后，艾力木到案，法院宣布原判无效，是错误的。因为，只有在艾力木提出异议后，该判决才归于无效。此外，法院在艾力木归案后即重新审理，也是错误的，因为，缺席判决生效后，必须在艾力木提出异议后，法院才应对该案重新审理。并且，对该案重新审理，不是按照审判监督程序进行审理，而是按照第一审程序进行重新审理。

2. 在庭前审查阶段，法院发现艾力木构成组织、领导、参加黑社会性质组织罪，应当退回检察院。因为，《高法解释》第599条规定：“对人民检察院依照刑事诉讼法第二百九十一条第一款的规定提起公诉的案件，人民法院审查后，应当按照下列情形分别处理：……（二）不属于可以适用缺席审判程序的案件范围、不属于本院管辖或者不符合缺席审判程序的其他适用条件的，应当退回人民检察院……”艾力木的组织、领导、参加黑社会性质组织罪不属于可以适用缺席审判程序的案件范围，在庭前审查阶段，法院应退回检察院。

在庭审中，法院发现艾力木构成组织、领导、参加黑社会性质组织罪，应当裁定终止审理。因为,《高法解释》第604条第3款规定：“对人民检察院依照刑事诉讼法第二百九十一条第一款的规定提起公诉的案件（即检察院对境外的被告人按缺席审判程序起诉的案件），法院经审理认定的罪名不属于刑事诉讼法第二百九十一条第一款规定的罪名（注：即“贪贿国恐”）的，应当终止审理。”

3. 在审判过程中，如被告人艾力木死亡，法院应当裁定终止审理或者作出无罪判决。《刑事诉讼法》规定，在缺席审判中，被告人死亡的，法院应当裁定终止审理，但有证据证明被告人无罪，法院经缺席审理确认无罪的，应当依法作出判决。作为无罪判决的前提包括案件事实清楚，证据确实、充分，依据法律认定被告人无罪的情形，以及证据不足不能认定被告人有罪的情形。因此，法院应当根据证据情况，或者裁定终止审理，或者作出无罪判决。

重点法条提示

《刑事诉讼法》第291—297条、《高法解释》第599—607条	缺席审判适用的条件和程序

专题二十三　犯罪嫌疑人、被告人逃匿、死亡案件违法所得没收程序

一、主观题考情分析

本专题在历年法律职业资格考试（司法考试）中未曾考查过主观题。对于本专题，考生应把握犯罪嫌疑人、被告人逃匿、死亡案件违法所得没收程序的适用条件，检察院对没收意见的审查程序，法院对没收违法所得申请的审查和审理程序，对违法所得没收裁决的救济程序，犯罪嫌疑人、被告人到案并对没收裁定提出异议的处理，等等。同时，要注意违法所得没收程序是一种未经定罪的没收程序，是一种对物的诉讼，而不是对人的诉讼。基于这一特点，要灵活地把握违法所得没收程序与追究刑事责任的普通程序之间的切换和衔接。

二、必背精华

★1. 适用条件（口诀）：贪恐（以及失职渎职、洗钱罪和其上游犯罪）重大逃一载，死亡没收不义财。

2. “违法所得”包括犯罪直接或间接产生、获得的任何财产、违法所得转变、转化后的其他财产及其收益。

3. 检察院对没收意见的审查处理：

（1）符合没收条件的，向法院提出没收申请。

（2）不符合没收条件的，应当作出不提出没收违法所得申请的决定。

（3）人回来了：应当终止审查，并将案卷退回监察或公安机关处理。

★4. 管辖法院、审理组织：犯罪地或居住地的中院组成合议庭。

5. 法院对没收违法所得申请的审查处理：

（1）不属于受案或管辖范围的，应退回检察院。

（2）不符合“有证据证明有犯罪事实”标准要求的，应当通知检察院撤回申请，检察院应当撤回（注意：庭前审查阶段审查犯罪事实，庭审中审理是否属于违法所得、涉案财产）。

★6. 公告：6个月。不适用中止、中断、延长的规定。

★7. 申请参加诉讼：

（1）犯罪嫌疑人、被告人的近亲属和其他利害关系人申请参加诉讼，也可以委托诉代参加诉讼。

（2）在公告期满后申请参加诉讼，能够合理说明理由的，法院应当准许。

（3）利害关系人在境外委托的，应当委托中国律师作为诉代。犯罪嫌疑人、被告人逃匿境外，也可委托诉代。

★8. 审理方式：

（1）利害关系人参加的，应开庭。

（2）没有利害关系人申请参加，可不开庭。

（3）开庭的，检察院应派员出庭。

★9. 举证责任：检察院承担。对违法所得和涉案财产的证明标准：具有高度可能。

10. 审理中启动没收程序：刑事案件审理中，被告人脱逃或死亡的，符合违法所得没收程序适用条件的，检察院可向法院提出没收违法所得的申请。

★11. 处理方式：

（1）符合没收条件的，裁定没收；不符合的，裁定驳回申请。

（2）审理中人回来了，法院终止审理，检察院应当将案卷退回监察或公安机关处理。

★12. 救济方式：对没收违法所得或者驳回申请的裁定，嫌疑人、被告人的近亲属和其他利害关系人或检察院可上诉、抗诉。

13. 二审程序：

（1）审理方式：对第一审的事实、证据没有争议的，可不开庭。

（2）审查范围：就上诉、抗诉请求的有关事实和适用法律进行审查。

（3）处理方式：与普通案件第二审的处理方式相同。

（4）利害关系人非因故意或者重大过失在第一审期间未参加诉讼，在第二审期间申请参加诉讼的，法院应准许，并撤销原裁定，发回重审。

14. 没收裁定生效后，嫌疑人、被告人到案并对没收裁定提出异议，检察院提起公诉的，可以由同一审判组织审理：正确的，予以维持；错误的，应当撤销原裁定，并对涉案财产一并处理。若不是上述情况，对生效的没收裁定，应依审监程序纠正。

三、模拟演练

案例

2003 年 12 月至 2014 年 1 月间，S 省 K 公司以虚假债权、虚假担保为核心开展自融自保式非法集资活动，K 公司总经理韩某被 S 省 H 市公安局以涉嫌集资诈骗罪立案侦查，韩某潜逃美国，H 市公安局上报公安部，公安部通过国际刑警组织对韩某发出红色国际通报。1 年后，H 市公安局向 H 市检察院提出没收违法所得意见书，H 市检察院经审查，认为符合违法所得没收程序适用的条件，向 H 市中级法院提出没收违法所得的申请，H 市中级法院经过审查后，认为没有证据证明韩某有集资诈骗的犯罪事实，决定退回 H 市检察院。H 市检察院经过补充收集证据，再次向 H 市中级法院提出没收违法所得的申请，H 市中级法院受理后，发出公告，法院仅将公告在 H 市韩某的财产所在地进行张贴。H 市中级法院知悉居住于美国洛杉矶的韩某的联系方式，询问韩某是否可以通过电子邮件的方式向其告知公告的内容，韩某未予回复。H 市中级法院决定不予送达。在公告期内，韩某的父亲在瑞士日内瓦提出委托其堂哥做诉讼代理人参加诉讼，韩某也提出委托姜律师担任诉讼代理人参加诉讼，H 市中级法院均表示同意。公告 1 年后，H 市中级法院公开开庭审理时，H 市检察院出庭就该案的犯罪事实以及申请没收的财产属于违法所得等相关事实出示、宣读证据。H 市中级法院认为有的证据可能妨碍正在进行的刑事侦查，于是将该案转为不公开审理。H市中级法院在审结后，认为该案证据未达到确实、充分的标准，决定驳回H市检察院的没收申请。H市检察院不服，提出抗诉。S省高级法院在二审时，鉴于检察院、利害关系人对第一审认定的事实、证据没有争议，决定不开庭审理。在S省高级法院经过全面审查后，作出二审裁定前，K公司的债权人提出申请参加诉讼，S省高级法院予以准许，并撤销原裁定，发回H市中级法院重新审理。

问题

本案诉讼程序存在哪些违法之处？请说明理由。

答案与解析

本案的诉讼程序存在以下违法之处：

1. H市中级法院经过审查后，认为没有证据证明韩某有集资诈骗的犯罪事实，决定退回H市检察院，是错误的。《关于适用犯罪嫌疑人、被告人逃匿、死亡案件违法所得没收程序若干问题的规定》第9条规定："对于没收违法所得的申请，人民法院应当在三十日内审查完毕，并根据以下情形分别处理：（一）属于没收违法所得申请受案范围和本院管辖，且材料齐全、有证据证明有犯罪事实的，应当受理；（二）不属于没收违法所得申请受案范围或者本院管辖的，应当退回人民检察院；（三）对于没收违法所得申请不符合'有证据证明有犯罪事实'标准要求的，应当通知人民检察院撤回申请，人民检察院应当撤回；（四）材料不全的，应当通知人民检察院在七日内补送，七日内不能补送的，应当退回人民检察院。"依据此条中的第3项规定，H市中级法院应当通知H市检察院撤回申请，H市检察院应当撤回。

2. H市中级法院仅将公告在H市韩某的财产所在地进行张贴，是错误的。依据《关于适用犯罪嫌疑人、被告人逃匿、死亡案件违法所得没收程序若干问题的规定》第12条第1款的规定，公告应当在全国公开发行的报纸、信息网络等媒体和最高人民法院的官方网站刊登、发布，并在人民法院公告栏张贴。必要时，公告可以在犯罪地、犯罪嫌疑人、被告人居住地或者被申请没收财产所在地张贴。

3. 在公告期内，韩某的父亲在瑞士日内瓦提出委托其堂哥做诉讼代理人参加诉讼，是错误的。《关于适用犯罪嫌疑人、被告人逃匿、死亡案件违法所得没收程序若干问题的规定》第13条第2款规定："利害关系人可以委托诉讼代理人参加诉讼。利害关系人在境外委托的，应当委托具有中华人民共和国律师资格并依法取得执业证书的律师，依照《最高人民法院关于适用〈中华人民共和国刑事诉讼法〉的解释》第四百零三条（现第四百八十六条）的规定对授权委托进行公证、认证。"由此可见，韩某的父亲作为利害关系人，其在境外只能委托中国的执业律师担任诉讼代理人，不能委托其堂哥（系普通公民）担任诉讼代理人。

4. H市中级法院在公告1年后开庭审理，是错误的。《关于适用犯罪嫌疑人、被告人逃匿、死亡案件违法所得没收程序若干问题的规定》第11条第1款规定："人民法院受理没收违法所得的申请后，应当在十五日内发布公告，公告期为六个月。公告期间不适用中止、中断、延长的规定。"《关于适用犯罪嫌疑人、被告人逃匿、死亡案件违法所得没收程序若干问题的规定》第14条第1款规定："人民法院在公告期满后由合议庭对没收违法所得申请案件进行审理。"由此可见，H市中级法院应在公告6个月期满后对该案进行审理。

5. H市检察院出庭就该案的犯罪事实出示、宣读证据，是错误的。《关于适用犯罪嫌疑人、被告人逃匿、死亡案件违法所得没收程序若干问题的规定》第15条第1款规定："出庭的检察人员应当宣读没收违法所得申请书，并在法庭调查阶段就申请没收的财产属于违法所得及其他涉案财产等相关事实出示、宣读证据。"由此条可知，H市检察院在该案审理中无须就犯罪事实出示、宣读证据，该案的犯罪事实已经在庭审审查中予以审查。

6. H市中级法院认为有的证据可能妨碍正在进行的刑事侦查，于是将该案转为不公开审理，是错误的。《关于适用犯罪嫌疑人、被告人逃匿、死亡案件违法所得没收程序若干问题的规定》第15条第2款规定："对于确有必要出示但可能妨碍正在或者即将进行的刑事侦查的证据，针对该证据的法庭调查不公开进行。”本案中，H市中级法院不应将该案转为不公开审理，而应对该证据的法庭调查不公开进行。

7. H市中级法院在审结后，认为该案证据未达到确实、充分的标准，决定驳回H市检察院的没收申请，是错误的。《关于适用犯罪嫌疑人、被告人逃匿、死亡案件违法所得没收程序若干问题的规定》第17条第1款规定：“申请没收的财产具有高度可能属于违法所得及其他涉案财产的，应当认定为本规定第十六条规定的‘申请没收的财产属于违法所得及其他涉案财产’。”由此可见，上述做法存在两处错误：第一，法院不得以未达到确实、充分的标准，驳回检察院的没收申请，因为申请没收的财产只需达到高度可能属于违法所得及其他涉案财产即可。第二，法院决定驳回检察院的没收申请，是错误的，即使法院驳回也应当用“裁定”，而非“决定”。

8. S省高级法院在二审时全面审查，是错误的。因为，《关于适用犯罪嫌疑人、被告人逃匿、死亡案件违法所得没收程序若干问题的规定》第20条第3款规定：“第二审人民法院应当就上诉、抗诉请求的有关事实和适用法律进行审查。”由此可见，S省高级法院在二审时无须全面审查。

9. S省高级法院在作出二审裁定前，K公司的债权人提出申请参加诉讼，S省高级法院予以准许，并撤销原裁定，发回H市中级法院重新审理，是错误的。《高法解释》第624条规定：“利害关系人非因故意或者重大过失在第一审期间未参加诉讼，在第二审期间申请参加诉讼的，人民法院应当准许，并撤销原裁定，发回原审人民法院重新审判。”K公司的债权人必须是非因故意或者重大过失在第一审期间未参加诉讼，S省高级法院才应当准许，并撤销原裁定，发回原审法院重新审理。

重点法条提示

《关于适用犯罪嫌疑人、被告人逃匿、死亡案件违法所得没收程序若干问题的规定》第1、9、14、15、16、18、20条	违法所得没收程序的适用条件、庭前审查后的处理、审理程序
《刑事诉讼法》第300条	违法所得没收程序的救济方式

专题二十四　依法不负刑事责任的精神病人的强制医疗程序

一、主观题考情分析

年份	考点	题型
2014 年	强制医疗的适用条件、审理程序、救济程序	逐步发问型案例分析（含找错型案例分析）

强制医疗程序自成体系，考生应掌握强制医疗程序适用的条件、检察院对强制医疗意见的审查程序、法院对强制医疗案件的审理程序和处理方式、强制医疗决定的救济程序、强制医疗的解除程序，等等。同时，该程序与其他诉讼制度依然有着一定的联系，例如与附带民事诉讼的关系，与审查起诉程序、审判程序的衔接。此外，考生应当注意强制医疗程序与普通的诉讼程序之间的区别。

二、必背精华

★1. 适用条件（口诀）：暴力危害公民权，鉴定有病仍危险。

2. 管辖：行为所在地为主、被申请人居住地为辅的基层检、法。

3. （1）启动主体：检、法（检察院在审查起诉中发现嫌疑人系精神病人，符合强疗条件，应在不起诉同时提强制医疗申请）。

（2）决定主体：法院。

（3）交付执行主体：公安。

（4）监督主体：检察院。

4. 检察院对强制医疗意见的审查处理：符合强疗条件，

向法院提出强疗申请；不符合强疗条件的，应作出不提出强疗申请的决定。

★5. 审理程序：

（1）审理组织：合议庭。

（2）审理方式：开庭（被申请人、被告人的法代请求不开庭，并经法院审查同意的除外）。

（3）开庭的，检应派员出庭。

（4）被申请人要求出庭，法院可以让其出庭，出庭后可发表意见。

（5）应当会见被申请人，听取被害人及其法代的意见。

（6）开庭审理的，应区分法庭调查与法庭辩论。

（7）应通知法代到场，法代经通知未到场的，可通知其他近亲属到场；未委托诉代的，应指派律师为其提供法律帮助。

（8）公安可以采取临时的保护性约束措施。

★6. 检察院提出强制医疗申请，法院审理后的处理方式：

（1）符合强疗条件的，应作出强疗决定。

（2）是精神病人，但不符合强疗条件的，应作出驳回强疗申请的决定。

（3）具有完全或部分刑事责任能力，应追究刑责的，应作出驳回强疗申请的决定，并退回检察院处理。

★7. 法院在审理案件过程中作出强制医疗决定的程序：

（1）符合强疗条件的，应判决不负刑责，作出强疗决定。

（2）属于精神病人，但不符合强疗条件的，应判决无罪或不负刑责。

（3）具有完全或部分刑责能力，应追究刑责的，应依照普通程序继续审理。

8. 二审中发现符合强疗情形的处理：可以依照强疗程序作出处理，也可发回重审。

★9. 救济方式：被决定强疗的人、被害人及其法代、近亲属对强疗决定可以申请复议。复议期间不停止执行强疗决定。（该复议程序并非二审程序）复议后认为不符合强疗条件的，应当撤销原决定。

10. 强疗的解除程序：被强疗的人及其近亲属申请解除强疗（被驳回的，6个月后再次申请）、强疗机构提出解除强疗意见的，法院审查后作出解除强疗或继续强疗的决定。必要时，法院可开庭审理，通知检派员出庭。

11. 检察院对强疗的决定和执行以提意见的方式监督。

三、模拟演练

案例

2020年12月7日，某大学研究生朱某尾随同校学生吴某至所在大学教学楼D楼西侧女厕所内，趁吴某准备洗手时，从背后上前持刀顶住吴某的颈部，挟持吴某进入厕所东侧靠窗的隔间，强迫吴某交出随身携带的iPhone12手机。此后，朱某又对吴某进行强制猥亵并试图强奸，但未得逞。后朱某携吴某的手机逃逸。吴某向H区公安局报案，公安机关于次日将朱某抓获。

H区公安局对该案侦查终结，移送检察院审查起诉，H区检察院委托鉴定机构进行鉴定，朱某在案发时系完全无刑事责任能力的精神病人，遂向H区法院提出强制医疗申请。H区法院由审判员周某独任审理，在对该案公开开庭审理过程中，吴某欲向H区法院提出意见，被法院拒绝。H区法院通知朱某的父亲到场，朱某的父亲未到场，法院又通知朱某的弟弟到场。同时，法院指派朱某所在社区居委会主任刘某作为朱某的诉讼代理人为其提供法律帮助。朱某的父亲提出，朱某不需要强制医疗，可由家属自行治疗。刘某认为，朱某是否有继续危害社会的可能应由医疗机构作出评估，本案没有医疗机构的评估报告。吴某在开庭前提起附带民事诉讼，要求赔偿被朱某抢走的手机，法院予以受理。H区法院审理中，鉴于朱某可能再次伤害吴某，对朱某决定逮捕。H区法院经审理，认为朱某符合强制医疗条件，对朱某判决不负刑事责任，同时决定强制医疗。在强制医疗期间，强制医疗机构经评估，认为朱某已不具有人身危险性，不需要继续强制医疗，故作出解除强制医疗的决定。

问题

1. 对朱某是否有继续危害社会的可能，是否需要医疗机构进行评估？

2. 本案存在哪些程序违法之处？请说明理由。

答案与解析

1. 在强制医疗中如何认定被申请人是否有继续危害社会的可能，需要根据以往被申请人的行为及本案的证据进行综合判断，而医疗机构对其评估也只是对其病情痊愈的评估，法律没有赋予医疗机构对患者是否有继续危害社会可能性方面的评估权利。法院审理强制医疗案件，对被申请人或者被告人是否“有继续危害社会的可能”，应当综合被申请人或者被告人所患精神病的种类、症状，案件审理时其病情是否已经好转，以及其家属或者监护人有无严加看管和自行送医治疗的意愿和能力等情况予以判定。必要时，可以委托相关机构或者专家进行评估。

2. 本案存在以下程序违法之处：

(1) H区检察院未对朱某作不起诉决定，是错误的。《高检规则》第543条规定：“在审查起诉中，犯罪嫌疑人经鉴定系依法不负刑事责任的精神病人的，人民检察院应当作出不起诉决定。认为符合刑事诉讼法第三百零二条规定条件的，应当向人民法院提出强制医疗的申请。”本案中，H区公安局侦查终结，移送H区检察院审查起诉，H区检察院认为朱某在案发时系完全无刑事责任能力的精神病人，不仅应向H区法院提出强制医疗申请，还应作出不起诉决定。

(2) H区法院由审判员周某独任审理，是错误的。依据《刑事诉讼法》第304条第1款的规定，人民法院受理强制医疗的申请后，应当组成合议庭进行审理。

(3) H区法院对该强制医疗案件公开审理，是错误的。《刑事诉讼法》第188条第1款规定：“人民法院审判第一审案件应当公开进行。但是有关国家秘密或者个人隐私的案件，不公开审理；涉及商业秘密的案件，当事人申请不公开审理的，可以不公开审理。”本案中，朱某涉嫌强制猥亵罪和强奸罪，涉及个人隐私，故应当不公开审理。

(4) 吴某欲向H区法院提出意见，法院予以拒绝，是错误的。因为，依据《高法解释》第635条第2款的规定，人民法院审理该强制医疗案件，应当听取被害人吴某及其法定代理人的意见。

(5) H区法院指派朱某所在社区居委会主任刘某作为朱某的诉讼代理人为其提供法律帮助，是错误的。《刑事诉讼法》第304条第2款规定：“人民法院审理强制医疗案件，应当通知被申请人或者被告人的法定代理人到场。被申请人或者被告人没有委托诉讼代理人的，人民法院应当通知法律援助机构指派律师为其提供法律帮助。”由此可见，若朱某未委托诉讼代理人，H区法院应当通知法律援助机构指派律师为朱某担任诉讼代理人。

(6) 吴某在开庭前提起附带民事诉讼，要求赔偿被朱某抢走的手机，法院予以受理，是错误的。依据《高法解释》第176条的规定：“被告人非法占有、处置被害人财产的，应当依法予以追缴或者责令退赔。被害人提起附带民事诉讼的，人民法院不予受理……”本案中，朱某抢走吴某的手机，属于非法占有被害人财产的行为，吴某提起附带民事诉讼，法院不予受理。

(7) 法院对朱某决定逮捕，是错误的。《刑事诉讼法》第303条第3款规定：“对实施暴力行为的精神病人，在人民法院决定强制医疗前，公安机关可以采取临时的保护性约束措施。”由此可见，在强制医疗程序中，不能对朱某采取逮捕这一强制措施，只能由公安机关对朱某采取临时的保护性约束措施。

(8) H区法院经审理，认为朱某符合强制医疗条件，对朱某判决不负刑事责任，是错误的。因为，依据《高法解释》

第637条的规定："对申请强制医疗的案件，人民法院审理后，符合刑事诉讼法第三百零二条规定的强制医疗条件的，应当作出对被申请人强制医疗的决定。"故法院无须对朱某判决不负刑事责任。

(9) 强制医疗机构对朱某作出解除强制医疗的决定，是错误的。《刑事诉讼法》第306条第1款规定："强制医疗机构应当定期对被强制医疗的人进行诊断评估。对于已不具有人身危险性，不需要继续强制医疗的，应当及时提出解除意见，报决定强制医疗的人民法院批准。"本案中，强制医疗机构不能直接对朱某作出解除强制医疗的决定，只能向H区法院提出解除强制医疗的意见，由H区法院决定是否解除强制医疗。

重点法条提示

《刑事诉讼法》第302条	强制医疗程序适用的条件
《高法解释》第637、639条	强制医疗案件审理后的处理方式
《刑事诉讼法》第305条	对强制医疗决定的救济方式

附　录

刑事法律文书备考方法与重要刑事法律文书范本

对于与刑事诉讼相关的法律文书题而言，历年司法考试（法考）中曾出现直接撰写法律文书和对法律文书找错误这两种考查方式。法律职业资格考试大纲中所要求掌握的法律文书多数为刑事法律文书，考生应集中针对刑事判决书、刑事附带民事诉讼判决书、起诉书、辩护词、刑事自诉状、附带民事起诉状等主要的刑事法律文书进行复习。一方面，应注意每种法律文书的固定格式（尤其是法院、检察院的法律文书）；另一方面，学会运用证据认定案件事实，适用刑事法律乃至民事法律等规定，有理有据地进行论证，提出控辩双方的主张或者作出最终的裁决。以下为考生们附上重要的刑事法律文书范本：

×××人民检察院
起诉书
（普通程序案件适用）

×检刑诉［××××］×××号

被告人×××（写明姓名、性别、出生年月日、身份证号码、籍贯、民族、文化程度、职业或者工作单位及职务、住址、曾受到行政处罚、刑事处罚的情况和因本案采取强制措施的情况等）。

辩护人×××，××律师事务所律师。

本案由×××（侦查机关或监察机关）侦查（调查）终结，以被告人×××涉嫌××罪，于××××年×月×日向本院移送审查起诉。本院受理后，于××××年×月×日已告知被告人有权委托辩护人，××××年×月×日已告知被害人及其法定代理人（或者近亲属）、附带民事诉讼的当事人及其法定代理人有权委托诉讼代理人，依法讯问了被告人，听取了被害人的诉讼代理人×××和被告人的辩护人×××的意见，审查了全部案件材料________（写明退回补充侦查或补充调查、延长审查起诉期限等情况）。

［对于侦查机关移送审查起诉的需变更管辖权的案件，表述为："本案由×××（侦查机关）侦查终结，以被告人×××涉嫌××罪，于××××年×月×日向×××人民检察院移送审查起诉。×××人民检察院于××××年×月×日转至本院审查起诉。本院受理后，于××××年×月×日已告知被告人有权________。"

对于本院侦查终结并审查起诉的案件，表述为："被告人×××涉嫌××罪一案，由本院侦查终结。本院于××××年×月×日已告知被告人有权________。"

对于其他人民检察院侦查终结的需变更管辖权的案件，表述为："本案由×××人民检察院侦查终结，以被告人×××涉嫌××罪，于××××年×月×日向本院移送审查起诉。本院受理后，于××××年×月×日已告知被告人有权________。"］

经依法审查查明：________（写明经检察机关审查认定的犯罪事实，包括犯罪时间、地点、经过、手段、目的、动机、危害后果等与定罪有关的事实要素。应当根据具体案件情况，围绕刑法规定的该罪构成要件叙写）。

（对于只有一个犯罪嫌疑人的案件，犯罪嫌疑人实施多次犯罪的犯罪事实应逐一列举；同时触犯数个罪名的犯罪嫌疑人的犯罪事实应该按照主次顺序分类列举。对于共同犯罪的案件，写明犯罪嫌疑人的共同犯罪事实及各自在共同犯罪中的地位和作用后，按照犯罪嫌疑人的主次顺序，分别叙明各个犯罪嫌疑人的单独犯罪事实。）

认定上述事实的证据如下：________（针对上述犯罪事实，分列相关证据）。

本院认为，________（概括论述被告人行为的性质、危害程度、情节轻重），其行为触犯了《中华人民共和国刑法》

第××条（引用罪状、法定刑条款），犯罪事实清楚，证据确实、充分，应当以××罪追究其刑事责任。根据《中华人民共和国刑事诉讼法》第一百七十六条的规定，提起公诉，请依法判处。

此致

×××人民法院

检察员：×××

××××年×月×日

（院印）

×××人民法院
刑事附带民事判决书
（一审公诉案件普通程序适用）

（20××）××××刑初××号〔1〕

公诉机关：×××人民检察院。

附带民事诉讼原告人：________（写明姓名、性别、出生年月日、民族、出生地、文化程度、职业或者工作单位和职务、住址等）。

被告人：________（写明姓名、性别、出生年月日、民族、出生地、文化程度、职业或者工作单位和职务、住址和因本案所受强制措施情况等，现羁押处所）。

辩护人：________（写明姓名、工作单位和职务）。

×××人民检察院以×检刑诉［××××］×××号起诉书指控被告人×××犯××罪，于××××年×月×日向本院提起公诉。在诉讼过程中，附带民事诉讼原告人向本院提起附带民事诉讼。本院依法组成合议庭，于××××年×月×日在本院公开（或不公开）开庭对本案进行了合并审理。×××人民检察院指派检察员××出庭支持公诉，附带民事诉讼原告人×××及其法定（诉讼）代理人×××，被告人×××及其法定代理人×××、辩护人×××，证人×××，

〔1〕案号各基本要素的编排规格为："（"+收案年度+"）"+法院代字+类型代字+案件编号+"号"。

鉴定人×××，翻译人员×××等到庭参加诉讼，现已审理终结。

×××人民检察院指控__________（概述人民检察院指控被告人犯罪的事实、证据和适用法律的意见）。附带民事诉讼原告人诉称__________。被告人辩称__________（概述被告人对人民检察院指控的犯罪事实和对附带民事诉讼原告人的诉讼请求予以供述、辩解、自行辩护的意见和有关证据）。辩护人×××提出的辩护意见是__________（概述辩护人的辩护意见和有关证据）。

经审理查明，________（首先写明经法庭审理查明的事实，既要写明经法庭查明的全部犯罪事实，又要写明由于被告人的犯罪行为使被害人遭受经济损失的事实；其次写明据以定案的证据及其来源；最后对控辩双方有异议的事实、证据进行分析、认证）。

本院认为，__________（根据查证属实的事实、证据和法律规定，论证公诉机关指控的犯罪是否成立，被告人的行为是否构成犯罪，犯的什么罪，应否追究刑事责任；论证被害人是否由于被告人的犯罪行为而遭受经济损失，被告人对被害人的经济损失应否负赔偿责任；应否从轻、减轻、免除处罚或者从重处罚。对于控辩双方关于适用法律方面的意见，应当有分析地表示是否予以采纳，并阐明理由）。依照__________（写明判决的法律依据）的规定，判决如下：

__________［写明判决结果。分四种情况：

第一，定罪判刑并应当赔偿经济损失的，表述为：

“一、被告人×××犯××罪，判处__________（写明主刑、附加刑）（刑期从判决执行之日起计算。判决执行以前先行羁押的，羁押一日折抵刑期一日即自××××年×月×日起至××××年×月×日止）。

二、被告人×××赔偿附带民事诉讼原告人__________（写明受偿人的姓名、赔偿的金额和支付的日期）。”

第二，定罪免刑并应当赔偿经济损失的，表述为：

“一、被告人×××犯××罪，免予刑事处罚。

二、被告人×××赔偿附带民事诉讼原告人__________（写明受偿人的姓名、赔偿的金额和支付的日期）。”

第三，宣告无罪但应当赔偿经济损失的，表述为：

“一、被告人×××无罪。

二、被告人×××赔偿附带民事诉讼原告人__________（写明受偿人的姓名、赔偿的金额和支付的日期）。”

第四，宣告无罪且不赔偿经济损失的，表述为：

“一、被告人×××无罪。

二、被告人×××不承担民事赔偿责任。”]

如不服本判决，可在接到判决书的第二日起十日内，通过本院或者直接向×××人民法院提出上诉。书面上诉的，应当提交上诉状正本一份，副本×份。

审判长　×××

审判员　×××

审判员　×××

××××年×月×日

（院印）

本件与原本核对无异

法官助理　×××

书记员　×××

附带民事起诉状

附带民事诉讼原告人：________（写明姓名、性别、出生年月日、民族、出生地、文化程度、职业或者工作单位和职务、住址等事项）。

附带民事诉讼被告人：________（写明姓名、性别、出生年月日、民族、出生地、文化程度、职业或者工作单位和职务、住址等事项，对被告人的出生年月日确实不知的，可写其年龄）。

诉讼请求

（写明具体的诉讼请求）

事实与理由

（证人姓名和住址，其他证据名称、来源）

此致

×××人民法院

附带民事诉讼原告人：×××

××××年×月×日

附：本诉状副本×份。

刑事自诉状

自诉人：________（写明姓名、性别、出生年月日、民族、出生地、文化程度、职业或者工作单位和职务、住址等事项）。

被告人：__________（写明姓名、性别、出生年月日、民族、出生地、文化程度、职业或者工作单位和职务、住址等事项，对被告人的出生年月日确实不知的，可写其年龄）。

案由：________（被告人被指控的罪名）。

诉讼请求

（写明具体的诉讼请求）

事实与理由

（被告人犯罪的时间、地点，侵害的客体、动机、目的、情节、手段及造成的后果，理由应附明被告人构成犯罪的罪名和法律依据）

证人姓名和住址，其他证据名称、来源

（主要证据及其来源，证人姓名和住址。如证据、证人在事实部分已经写明，此处只需点明证据名称、证人详细住址）

此致

×××人民法院

自诉人：×××

××××年×月×日

附：本诉状副本×份。

关于×××（姓名）×××（案由）一案的辩护词

尊敬的审判长、审判员：

根据《中华人民共和国刑事诉讼法》第34条第1款的规定，×××律师事务所接受×××（被告人姓名）×××

（案由）一案的被告人×××（如果是被告人的监护人、近亲属的委托，写监护人、近亲属的名字）的委托，指派我担任被告人×××的辩护人，在接受案件委托后，辩护人研究了×××人民检察院对本案的起诉书，查阅了卷宗材料，会见了被告人，调查核实有关证据，参加了本案庭审，对本案有了详细的了解，现结合本案事实和法律规定，发表如下辩护意见：

辩护人认为起诉书指控的犯罪____________________。

理由如下：____________________。

综上所述，辩护人认为，____________________。根据《中华人民共和国刑法》第×××条第×款之规定，请求法庭对被告人宣告无罪（或免除处罚或从轻、减轻处罚）。

以上是辩护人的辩护意见，希望合议庭在合议时予以采纳。

辩护人：×××

××××年×月×日

瑞达法考直属分校联系方式

北方分校

办公地址：北京市海淀区西三环北路72号世纪经贸大厦B座27层2700

上课地址：天津市武清区新源道18号奥蓝际德商务酒店（园区免费停车）

1. 客服值班电话：400－1660－360转1转1再转1；王老师：17343174185（同微信） 杨老师：17812032760（同微信）；2. 北京市面授及网课咨询：闫老师：15910626131（同微信） 卜老师：15901252307（同微信）；王老师：17810798753（同微信）；3. 天津市面授及网课咨询：王老师：17810798753（同微信）；4. 河北省面授及网课咨询：卜老师：15901252307（同微信）；5. 辽宁省面授及网课咨询：陈小龙老师：17810632673（同微信）；6. 吉林省面授及网课咨询：陈鸿丰老师：17810712815（同微信）；7. 黑龙江面授及网课咨询：陈鸿丰老师：17810712815（同微信）；8. 内蒙古面授及网课咨询：陈鸿丰老师：17810712815（同微信）；9. 河南省面授及网课咨询：陈小龙老师：17810632673（同微信）；10. 山西省、陕西省咨询：卜老师：15901252307（同微信）；11. 甘肃省、新疆区域咨询：闫老师：15910626131（同微信）；12. 青海省、宁夏区域咨询：杨老师：17812032760（同微信）

南京分校

客服值班电话：4001660360转1转1再转5

江苏、安徽、山东报名咨询：沙老师13812318935；办公地址：南京市鼓楼区新楼花马路66号南邮大厦1714室

上海分校

客服值班电话：4001660360转1转1再转2

1.（市区报名）上海市静安区汉中路158号汉中广场902室；地铁1号线、12号线、13号线汉中路站下。电话：021－52902865、021－52902869、18516307172（微信同号）陈老师、13738188215（微信同号）；2.（大学城报名）上海市松江区三新北路1800弄8号楼3002室（松江大学城六期）；上海海事大学、江西省报名咨询：13052397071（微信同号）余老师；3. 上海政法学院、上海商学院、华东理工、上师大、厦门报名咨询：13052393272（微信同号）陈老师；4. 上大、贤达、金融、衫达、海关、漳州、泉州咨询：13395718787（微信同号）李老师

杭州分校

客服值班电话：4001660360转1转1转4

1. 杭州分校报名咨询：0571－87756276、13738188215（微信同号）；地址：杭州市西湖区文二路195号（靠近教工路）耀江文欣大厦1503室；2. 浙大宁波理工、温州、嘉兴地区：梅老师13738188215（微信同号）；3. 下沙地区、杭州商学院、现科、浙大城院：梅老师13738188215（微信同号）；4. 万里学院、宁波科技学院、浙江工业大学、杭州师范大学：梅老师13738188215（微信同号）；5. 绍兴地区、金华地区、农林大学、警官学院、东方财经、科艺学院：谢老师15168367817（微信同号）

广州分校

客服值班电话：4001660360转1转1再转3

广州地址：广州市天河区广州大道北613号城光大厦700A－B

咨询热线：020－62875806　手机：17688466828

乘车路线：地铁天号线平架A出口（南洋长胜酒店方向）；公交：兴华路口站

1. 广技师、五邑大学、新华学院（林老师）：16624710323；2. 广外、广大、广警、北理、北师（李老师）：18124065249；3. 广海、岭师、广油、华农、中山电子（林华老师）：13922309460；4. 广应科、培正、华师（柳老师）：13602889765；5. 韶关学院、广东工业大学、广东财经大学、广州商学院、嘉应学院、惠州学院、肇庆学院、东莞理工学院城市学院（张老师）：18620087770

深圳分校

客服值班电话：4001660360转1转1再转6

深圳地址：深圳市福田区深南中路2016号兴华大厦B座829

咨询热线：0755－23964781，手机：13316856786

乘车路线：地铁科学馆站B口出前行150米

深圳大学、海南三亚学院、海南大学咨询：13311520165（王老师）

法考 主观题加密课程获课流程

PC获课流程

① 通过浏览器输入瑞达法考的网址进行搜索，进入瑞达法考官网首页。

https://www.ruidaedu.com

② 进入首页后，点击导航上的“主观题”进入加密课程专题页面。

首页 免费课堂 配套教材 瑞达讲师 ………… 学习部落 主观题 机考模拟

③ 进入主观题专题页后点击 “加密课程”进行登录。

（提示：若无官网账号，请先进行注册再登录）

④ 登录后需要刮开获课码，输入20位获课码将加密课程与账号绑定，完成后即可学习加密课程。

（提示：课程上传后才会生效，若已有获取的课程，则直接进入加密课程页面进行学习）

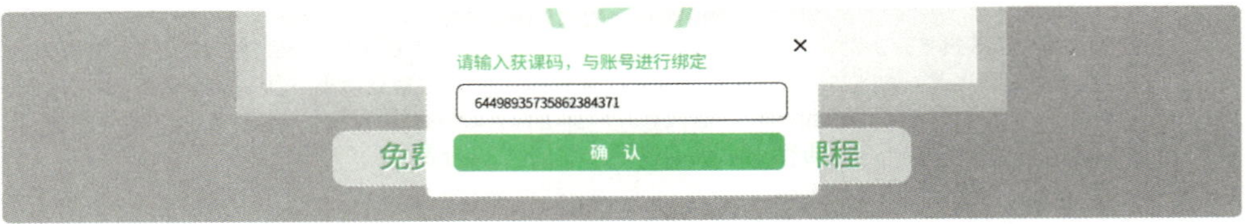

APP获课流程

扫码下载“瑞达法考”APP。

（如手机应用商店无法检索，请联系客服获取下载途径）

扫码下载APP

点击“学习”进入学习模块

点击“+”进入课程获取界面

点击“图书产品”输入20位获课码，点击“→”课程获取成功后会跳转到学习界面

获课成功后，在“权限课”中可查看，进入课程界面，点击目录选择课程进行听课。